RECLAM-BIBLIOTHEK

Serial Killers sind, so würde man meinen, ekelhaft und abstoßend. Und doch stehen Gewaltverbrechen in der Kunst wie im Leben häufig in enger Verbindung zu Liebesgeschichten. Der Spur des unheimlichen Reizes folgt dieses Lesebuch. Es sucht nach Beweggründen und wirft die Frage nach der Poesie des Verbrechens auf. Es beleuchtet die unterschiedlichen Erzählweisen im Spannungsfeld von Groteske und dokumentarischer Sachlichkeit. Wer zeichnet den Tathergang grauenerregender nach? E. T. A. Hoffmann? Bram Stoker? Fritz Haarmann? Jeffrey Dahmer? Erstaunlicherweise: Unterschiede gibt es über die Jahrhunderte hinweg kaum.

Die Geschichte der Serial Killers – so machen Annette Keck und Ralph J. Poole durch ihre Auswahl deutlich – ist keine Geschichte der ansteigenden Brutalität, sondern es sind historische und gegenwärtige Geschichten, die sich einem Phänomen nähern: dem Faszinosum der Gewalt.

Serial Killers

Das Buch der blutigen Taten

Herausgegeben von Annette Keck
und Ralph J. Poole

RECLAM VERLAG LEIPZIG

ISBN 3-379-01596-2

Reclam-Bibliothek Band 1592
1. Auflage, 1997
Reihengestaltung: Hans Peter Willberg
Umschlaggestaltung: Matthias Gubig
Gesetzt aus Meridien
Satz: abg satz und bild GmbH, Altenburg
Druck und Bindung: Ebner Ulm
Printed in Germany

Inhalt

1 Serienmorde sind poetisch?

2 Einer von uns?

3 Blut ist Leben?

4 Wo liegt Dein Geheimnis?

5 Ich will es wissen!

1 Serienmorde sind poetisch?

LUDWIG TIECK

Moralität

So oft ich über dieses Wort nachgedacht habe, habe ich immer empfunden, daß das Denken darüber mit vielen Schwierigkeiten verbunden sei. Ein Mann, der viel Erfahrung in tausend Sachen hat, hat mich versichern wollen, daß man sich sogar bei'm vielen Denken leicht der Gefahr aussetze, über alle diese Grübeleien konfus zu werden, und plötzlich, ohne daß man wisse, wie es geschehe, unmoralisch zu handeln. Ja, fügte er hinzu, es gibt so wunderbare Seiten in dieser Wissenschaft, so seltsame Ansichten, daß einem raffinierenden Kopfe gerade das höchst moralisch vorkommen kann, was der gewöhnliche Dilettant der Moralität schändlich nennen würde, und wie es bei allen übrigen Künsten geht, daß man nur dadurch Kenner wird, indem man den einseitigen Enthusiasmus verliert, so auch hier. Der Mann, den ich hier nicht nennen will, weil seine Bescheidenheit darüber erröten würde, schwur mir zu, die ganze Welt nenne ihn bloß deswegen den elendesten Egoisten, weil er im Grunde gar zu uneigennützig sei, und er sei schon zuweilen darauf gekommen, etwas von seiner strengen Tugend nachzulassen, damit ihn die Menschen nur besser verstehn möchten.

So mag es hin und wieder gar Manchem gehn; zu großer Glanz wird wieder Finsternis, indem er die gewöhnlichen Augen blendet. Viele Leute üben die großen Tugenden aus, und müssen dann notwendig die kleinen vernachlässigen, denn man kann nicht alles in allem sein. Ich weiß hundert meiner Bekannten, die von Tag zu Tag darauf warten, das Vaterland zu retten, eine Erfindung zu machen, die der ganzen Erde wohltätig ist, einen Telegraphen zu entdecken, der vom Volke hinaus bis zur Regierung reiche, um beide miteinander sich über ihre wahre Lage besprechen zu lassen; aber dergleichen Leute können sich unmöglich mit jenen Bagatellen von Tugenden abgeben, die nur den Subaltern kleiden. Wo die übrigen Erdbewohner Berge und Täler sehn, können sie nicht einmal Hügel bemerken, weil ihr Standpunkt zu erhaben ist.

Es gibt noch tausend andere Rücksichten und Gründe und Ursachen, warum es mit der ganzen Moralität in der Welt nicht so recht fort will. Der Leser kann unmöglich verlangen, daß ich hierüber zu weitläufig sein sollte, denn Niemand anders, als er, würde es mit der Langenweile entgelten müssen: denn ich sehe mich hier genötigt, die Ehre zu haben, zu versichern, daß es mir so ziemlich einerlei ist, was ich schreibe, wie es denn jedem redlichen Schriftsteller sein muß, und indem ich mich über die Tugend recht weitläufig ausließe, fände ich vielleicht Gelegenheit, mich selber noch zu bessern. Außer des Lesers Langenweile gibt es aber noch eine andre und viel bessere Ursach, warum ich hier abbreche; der Leser wird sie weiter unten erfahren.

Der größte Teil der bewohnten Welt hat nun auch eingesehn, daß die Moralität zwar an sich etwas Vortreffliches sei, daß sich jeder Mensch auch kennenlernen müsse, eben so, wie er Rezensionen lesen muß, um im Stande zu sein, ein Urteil zu fällen, oder um sich wenigstens vor allem Moralischen zu hüten. Die Moralität ist nichts weiter, als das unbeholfene eiserne Geld der Spartaner, das allen Handel unmöglich machte, das sich nicht fortbringen läßt, denn die Akademiciens in Sparta mußten sich ihre Pension immer durch einen Wagen mit sechs Pferden abholen lassen; das Schlimmste aber ist, daß die Nachbarn diese eisernen Münzsorten gar nicht für Münzen wollen gelten lassen, daß sie ihnen immer nur wie Eisen vorkamen. Dieses eiserne Geld findet man daher nur noch in den Antikensammlungen, wo man so manches Unnütze aufbewahrt, und die aufgeklärte Welt gebraucht jetzt allenthalben das gestempelte Gold, oder das Papiergeld der Klugheit, und Handel und Wandel, Wissenschaften und Künste, Gewerbe und Fabriken und Philosophie treiben und blühen seit der Zeit, daß es den Gärtnern allenthalben die größte Freude macht.

Es wäre aber wirklich zu bedauern gewesen, wenn die Moralität so ganz hätte in Vergessenheit kommen sollen; es wurde daher darauf gedacht, sie irgendwo unterzubringen, wo man ihrer gleich und ohne Umstände habhaft werden könne, wenn man in müßigen Stunden einen Trieb nach ihr empfinde. Da sahen die Klügsten unter dem Volke die nichtstuende, leichte, gewandte Landstreicherin Poesie einhertanzen, die mit einem zierlichen Korbe voll Blumen über die Erde ging und Augenpracht und süßen Duft einem Jeden anbot. Gleich war der Entschluß gefaßt. Wozu, sagte man, soll sie in unsern fleißigen Zeiten allein müßig gehn? Könnte die leichtsinnige Dirne nicht spinnen, oder sich in einer Fabrik unterbringen, wo es immer noch an Händen und Füßen fehlt? Man fange sie und bringe sie vor uns.

Die Poesie sträubte sich und wollte bald fortspringen, bald fortfliegen, aber die rüstigen Arme der Geschäftsmänner waren ihr zu mächtig, sie mußte sich ergeben und ward nun vor den Rat geführt. Man gab ihr erst ihres Müßiggehens wegen derbe Verweise, da sie nun aber doch einmal nicht anders zu brauchen sei, so solle sie wenigstens Alles, was von Moralität da herumliege, mit in den Blumenkorb legen und sich nicht unterstehen, eine Rose zu verschenken, ohne auch zugleich ein Stückchen Moral mit abzubrechen. Die Poesie schüttelte den Kopf, aber die Richter kümmerten sich wenig darum, denn das Urteil war einmal gesprochen, sie waren froh, die Moralität nun ganz los zu sein, und hin und wieder läuft noch einer zur Poesie hin, um zu sehn, ob sie auch dem Befehle gehorcht. Die Poesie tanzt nun nicht mehr, sie hat schwere Last zu tragen und ist in der Ferne nicht von den alten Semmelweibern zu unterscheiden, die mit ihrem Korbe von einem Dorfe zum andern wandern.

Seit der Zeit ist es für den Schriftsteller eine wahre Freude, zu arbeiten, denn er kann sich darauf verlassen, und es ist ihm nun erst möglich gemacht, Nutzen zu stiften. Nebenher, daß er irgend eine schöne Liebesgeschichte erzählt, macht er dem Leser das Ermorden leid, oder warnt ihn, nicht zu stehlen, und bringt ihm überhaupt auf eine geschickte Weise irgend eins der zehn Gebote bei, wobei der beste Spaß noch der ist, daß der Leser es gar nicht recht merkt, sondern in aller Unschuld meint, Alles sei der liebe pure Kunstgenuß, und es gehöre so zur Sache, und es ihm also auch wirklich leicht ist, sich auf eine Minute zu bessern.

Sehr natürlich sind also die Schriftsteller zu verwerfen, die sich unterstehn, etwas ohne moralische Anwendung zu schreiben, denn wozu kann das nützen? Was helfen mir die fingierten Prinzessinnen, und Castelle, und Liebe und alle Rührung, da ich doch vorher weiß, daß es nicht wahr ist, wenn nicht irgend ein Satz darin liegt, der mich bessern kann? Ja, wo soll denn überhaupt die Tugend hin, wenn sie in den Erfindungen der Romanschreiber kein Quartier mehr findet? Wenn man alle Poesie zusammenschmelzen wollte, muß aus jedem Kunstwerke ein moralischer Satz als *caput mortuum* zurückbleiben, und die Scheidekünste, die die Kunstrichter bei allen Büchern anwenden, beweisen, wie bald sich die luftige Erfindung und die wässerige Einkleidung verflüchtigen lassen, und die trockne Erde, die Moral, das Element der Kunst zurückbleibt.

Außer der Moral muß auch noch die poetische Gerechtigkeit beobachtet werden, und hierin lassen sich oft sonst löbliche Schriftsteller zu Fehlern verleiten, weil sie nicht das Criminalgesetzbuch der Kunst genug im Kopfe haben. Es wundert mich um so mehr, da diese Gesetze so einfach sind; denn da es ohne Tod und Ermorden in den Büchern nicht hingeht, so muß der Schuldige seinen Tod verdienen, und der Unschuldige, der stirbt, muß wenigstens dem Mörder so viel Gelegenheit zur Reue und Zerknirschung vor dem Gnadenstoß auf dem letzten Blatte geben, daß der Leser selbst die Hinrichtung beschleunigt wünscht. In allen diesen Sachen hat sich der sonst vortreffliche Peter Lebrecht in seinem Stücke: Ritter Blaubart, vergangen; denn weder poetische Justizpflege, noch Moralität herrschen hinlänglich darin. Die

Richter des heimlichen Gerichts, die Rezensenten, die über Beides wachen, werden es ihm schon vorrücken, daß er seiner Phantasie zu sehr gefolgt ist, denn wenn man sein Märchen verflüchtigen wollte, so würde gerade gar nichts Anschauliches zurückbleiben. Ich führe dies nur zum Exempel an, wie selbst sonst große Männer gar zu leicht den wahren Weg verfehlen können.

Ich mache nun den Übergang zu gegenwärtiger Geschichte. Der Leser wird schon merken, daß Viel darin umkommt, und die Personen tun mir schon jetzt im Voraus mehr leid, als ihm, aber es ist nicht zu ändern, denn es ist nichts weiter, als ein großes Opferfest, das angestellt wird, um den Leser zu bessern. Es muß also dabei bleiben, und alle Anstalten sind auch schon dazu getroffen. Ich muß fast lachen, wenn ich daran denke, wie die Charaktere, die nun auftreten werden, sich im Anfang nichts weniger vermuten, als daß man sie umbringen wird; aber warum sind auch Leser und Leserinnen so schlimm, daß man sich solche Exekutionen vorzunehmen genötigt sieht?

Der Leser darf also nicht besorgen, nicht hinlängliche Lehren zu bekommen, denn wo es nur die Gelegenheit im Mindesten mit sich bringt, werd' ich es nicht unterlassen, ihn auf seine Laster aufmerksam zu machen. Der Ton soll auch nicht zu sanft sein, sondern eine gewisse Härte kriegen, damit ich es in einem folgenden Buche desto bequemer habe, und schon säuberlicher mit ihm verfahren kann. Weil also das ganze Werk so viel Moral erfordert, so muß ich darauf bedacht sein, sie weise zu verteilen, und darum wollte ich mich nicht schon im ersten Kapitel mit Anmerkungen darüber erschöpfen.

Ich nenne übrigens diese Geschichte eine wahre Geschichte, weil sie wirklich wahr ist, so wahr, wie irgend etwas Anderes, das man lesen kann. Es ist Alles aus Dokumenten und geheimen Papieren gezogen, und ich würde auch diese abdrucken lassen, wenn ich's mit manchen Familien verderben wollte. Manche der Nachkommen Blaubarts haben immer noch etwas von ihrem Vorfahren an sich, und manche Ehescheidungen und

Wiederverheiratungen sind nur ein Naturfehler. Alle diese Leute würden sehr böse auf mich werden, wenn ich so die Wahrheit geradezu, ohne alle Umschreibung, sagte. Ich hoffe aber, meine Leser sollen mir auf's Wort glauben, was ich erzähle, wie es eigentlich mit Blaubarts Geschichte zusammenhängt.

1797

THOMAS DE QUINCEY

Der Leser lernt einen Mann von krankhafter Tugend kennen

Die meisten von uns, die Bücher lesen, haben vielleicht schon einmal etwas vom Höllenfeuerklub, einer Gesellschaft zur Förderung des Lasters, gehört, die im vorigen Jahrhundert von Sir Francis Dashwood und anderen gegründet wurde.

Auch in Brighton, glaube ich, entstand eine Gesellschaft zur Beseitigung der Tugend. Diese Gesellschaft wurde zwar ihrerseits wieder beseitigt, aber leider existiert in London eine weitere, von noch abscheulicherer Natur. Man mag sie ihrer Tendenz nach eine Gesellschaft zur Förderung des Mordes nennen, aber mit dem ihr eigenen vornehmen Euphemismus bezeichnet sie sich als eine Gesellschaft von Mordkennern. Die Mitglieder bekennen sich zu ihrem Interesse am Totschlag, wollen Amateure und Dilettanten in den verschiedenen Arten des Blutvergießens, kurz: Mord-Liebhaber sein. Jede einschlägige Greueltat, die von den Polizeiberichten Europas ans Licht gebracht wird, besprechen und kritisieren sie wie etwa ein Bild, eine Skulptur oder ein anderes Kunstwerk. Aber ich brauche mich nicht mit dem Versuch aufzuhalten, den Geist ihrer Betätigung mit meinen Worten zu schildern. Der Leser wird diesen viel besser in einer der monatlichen Vorlesungen aus dem letzten Jahr erkennen, die mir trotz aller Vorsichtsmaßnahmen, mit denen sie ihre Verhandlungen vor der Öffentlichkeit geheimhalten, per Zufall in die Hände gefallen ist. Die Veröffentlichung dieser Vorlesung wird ihnen eine Warnung sein, und das soll sie auch sein. Ich möchte sie nämlich durch den Appell an die öffentliche Meinung lieber in aller Stille zum Aufgeben zwingen als durch die Bloßstellung von Namen, die unvermeidlich wäre, wenn ich mich an Bow Street wende. Zu diesem letzten Mittel möchte ich erst dann meine Zuflucht nehmen, wenn meine Warnung ungehört verhallen sollte. Denn mein ganzes moralisches Empfinden empört sich dagegen, solche Dinge in einem christlichen Lande zu dulden. Hat doch schon zu Zeiten des antiken Heidentums der christliche Autor Lactantius die Duldung des Mordes – ich meine die gräßlichen Schauspiele in den römischen Arenen – als eine himmelschreiende Schande für die öffentliche Moral empfunden. Mit seinen Worten, die eigens auf das von mir angeschnittene Thema gemünzt zu sein scheinen, will ich schließen:

– *»Quid tam horribile«* sagt er, *»tam tetrum, quam hominis trucidatio? Ideo severissimis legibus vita nostra munitur; ideo bella execrabilia sunt. Invenit tamen consuetudo quatenus homicidium sine bello ac sine legibus faciat; et hoc sibi voluptas quod scelus vindicavit. Quod, si interesse homicidio sceleris conscientia est, et eidem facinori spectator obstrictus est cui et admissor, ergo et in his gladiatorum caedibus non minus cruore profunditur qui spectat quam ille qui facit: nec potest esse immunis a sanguine qui voluit effundi; aut videri non interfecisse qui interfectori et favit et praemium postulavit.«*

»Was ist so scheußlich«, sagt Lactantius, »so verabscheuenswürdig und empörend wie der Mord an einem menschlichen Wesen? Deshalb gewährleisten die strengsten Gesetze bei uns die Sicherheit des Lebens, und deshalb gilt uns der Krieg als ein Fluch. Und doch hat die Gewohnheit Wege gefunden, um Mordtaten in Friedenszeiten ohne Furcht vor den Gesetzen zu verüben; und das Verbrechen zollt dem Vergnügen seinen Tribut.«

Das mag die Gesellschaft der Herren Mordkünstler sich gesagt sein lassen und besonders den Sinn des folgenden Satzes beherzigen, der mir so schwerwiegend erscheint, daß ich es versuchen möchte, ihn ebenfalls in unserer Sprache hier wiederzugeben.

»Wenn unsere bloße Anwesenheit bei einem Morde unser Einverständnis bekundet und der Zuschauer wie der Täter in dasselbe Verbrechen verwickelt sind, so folgt daraus, daß die Hand des Zuschauers nicht minder blutbefleckt ist als die Hand desjenigen, der den tödlichen Streich führt. Wer das Blutvergießen billigt, ist selbst nicht rein vom Blut, und der ist mitschuldig, der dem Mörder Beifall klatscht und Belohnung für ihn verlangt.«

Wenn nun auch meines Wissens die Londoner Mordliebhaber noch nie des *»praemia postulavit«* beschuldigt worden sind, obwohl ihre Neigungen und Bestrebungen unzweideutig nach dieser Richtung zielen, so liegt jedoch das *»interfectori favit«* schon im Titel jener Gesellschaft und in jeder Zeile nachstehender Abhandlung. X.Y.Z.

1827

OSCAR WILDE

Stift, Gift, Schrift

[Wainewrights] Verbrechen haben sicherlich bedeutenden Einfluß auf seine Kunst ausgeübt. Sie gaben seinem Stil etwas stark Persönliches, das seinen früheren Werken fehlte. In einer Anmerkung zu seiner Dickens-Biographie erwähnt Forster, daß Lady Blessington 1847 von ihrem Bruder, dem Major Rower, der in Hobart-Town eine militärische Stellung bekleidete, das Ölportrait einer jungen Dame von seinem kundigen Pinsel erhielt, und man sagt, »er habe versucht, den Ausdruck seiner eigenen Verworfenheit in das Gesicht eines hübschen und gutherzigen Kindes zu tragen«. Zola erzählt in einem Roman von einem jungen Menschen, der einen Mord begangen hat und sich dann der Kunst widmet. Er malt grünliche, impressionistische Porträts von völlig ehrbaren Menschen, die alle eine seltsame Ähnlichkeit mit seinem Opfer zeigen. Mir scheint, die Entwicklung von Wainewrights Stil ist bedeutend feiner und vielsagender. Man kann sich eine starke Persönlichkeit vorstellen, die nur aus Sünde geschaffen ist.

Diese seltsame, bezaubernde Gestalt, die ein paar Jahre hindurch das literarische London blendete und ein so glänzendes début im Leben und in der Literatur machte, ist ohne Frage ein höchst interessantes Problem. W. Carew Hazlitt, sein letzter Biograph, dem ich manche der obigen Tatsachen verdanke, und dessen kleines Buch wirklich in seiner Art äußerst wertvoll ist, glaubt, seine Liebe zur Kunst und Natur sei nichts als Spiel und Anmaßung gewesen, und andere haben ihm jede literarische Bedeutung abgesprochen. Dieser Standpunkt scheint mir oberflächlich oder mindestens verfehlt. Daß jemand ein Giftmörder ist, sagt nichts gegen seine Prosa. Häusliche Tugenden gehen die Kunst nichts an, wenn sie auch Künstlern zweiten Ranges zur Empfehlung gereichen mögen. Mag sein, daß de Quincey seine kritischen Anlagen überschätzte, und ich kann nicht umhin, nochmals hervorzuheben, daß in seinen öffentlich zugänglichen Werken vieles zu gewöhnlich, zu aufdringlich, im schlechten Sinne des Wortes zu journalistisch ist. Hie und da ist sein Ausdruck entschieden vulgär, und immer fehlt ihm die Selbstzucht des großen Künstlers. Aber einige seiner Fehler entschuldigt die Zeit, in der er lebte, und schließlich hat eine Prosa, die Charles Lamb »großartig«

nannte, kein kleines historisches Interesse. Daß er die Kunst und Natur wirklich liebte, scheint mir unzweifelhaft. Verbrechen und Kultur haben nichts, das sich ausschlösse. Wir dürfen die Geschichte nicht umschreiben, um unseren moralischen Sinn zu befriedigen.

Natürlich steht er unserer Zeit zu nahe, um ein endgültiges künstlerisches Urteil über ihn zu fällen. Man kann sich eines Vorurteils gegen einen Mann nicht erwehren, der hätte Lord Tennyson oder Gladstone vergiften können. Jedoch, hätte er ein anderes Kleid getragen, eine andere Sprache gesprochen als wir, hätte er im kaiserlichen Rom gelebt, oder zur Zeit der italienischen Renaissance, oder in Spanien im 17. Jahrhundert, oder irgendwo und irgendwann, nur nicht in England und im 19. Jahrhundert, so könnten wir ohne weiteres ein unbefangenes Urteil über seine Stellung und seinen Wert fällen. Ich weiß, es gibt viele Historiker, oder mindestens Leute, die über Geschichte schreiben, welche es noch immer für notwendig halten, die Moral auf die Geschichte anzuwenden und Lob und Tadel mit der feierlichen Selbstgefälligkeit eines avancierten Oberlehrers zu erteilen. Aber das ist eine törichte Gewohnheit und zeigt nur, daß man den moralischen Instinkt so ausbilden kann, daß er überall hervorbricht, wo er überflüssig ist. Kein historisch empfindender Mensch denkt daran, Nero zu tadeln, oder Tiberius zu schelten und Cesar Borgia zu verurteilen. Sie sind gleichsam Gestalten eines Schauspiels geworden. Sie erfüllen uns mit Schrecken, Abscheu oder Bewunderung, aber sie verletzen uns nicht. Sie haben keine direkte Beziehung zu uns. Wir haben nichts von ihnen zu fürchten. Sie sind in die Sphäre der Kunst und der Wissenschaft übergetreten, und weder Kunst noch Wissenschaft kennen moralische Urteile. So möge es auch mit Charles Lambs Freund sein. Ich fühle, noch ist er ein wenig zu modern, um mit jenem feinen Sinn unbefangener Neugier behandelt zu werden, dem wir so manche reizvolle Arbeit über die großen Verbrecher der Renaissance verdanken. Doch die Kunst hat ihn nicht vergessen. Er ist der Held in Dickens' *»Hunted*

Down«, der Varney in Bulwers »*Lucretia«*; und es gewährt Befriedigung, zu wissen, daß wenigstens die Kunst dem Manne huldigte, der durch Schrift, Stift und Gift so mächtig war. Der Dichtung Anregung zu geben, das ist mehr wert als eine Tatsache.

1891

BERTOLT BRECHT

Auf den Tod eines Verbrechers

1

Dieser, hör ich, wurde abberufen
Und sie trugen ihn nach dem Erkalten
In den »kleinen Keller ohne Stufen«
Aber dann blieb alles doch beim alten:
Einer nämlich ist jetzt abberufen
Aber viele bleiben uns erhalten.

2

Diesen, hör ich, sind wir losgeworden
Und er wird es nicht mehr weiter treiben
Er hat aufgehört, uns zu ermorden
Leider gibt es sonst nichts zu beschreiben.
Diesen nämlich sind wir losgeworden
Aber viele weiß ich, die uns bleiben.

1925

FRANZ BLEI

Thomas Griffith Wainewright

Bei der Londoner Regierung lief ein vom Leutnant-Governor der Siedlung Van Diemensland eingeforderter und geschriebener Bericht ein über die Umstände beim Ableben des im Jahre 1841 dahin wegen schweren Betruges deportierten Sträflings Thomas Griffith Wainewright, der hier im Jahre 1849 gestorben war und ein Alter von achtundfünfzig Jahren erreicht hatte. Sir John Eardley Wilmot, der Leutnant-Governor, benützt in seinem Bericht nicht nur das Material, das ihm der amtliche Verkehr mit dem Deportierten verschaffte. Da Wainewright nach kurzem Aufenthalt im Hospital von Hobbard Town einige Freiheiten gewährt wurden, hatten verschiedene Personen Gelegenheit genommen, zu dem Sträfling in Beziehungen zu treten, welche allerdings in keinem Falle von Dauer waren, denn der Deportierte habe es nicht verstanden, sich währende Freunde oder auch nur wohlwollende Gönner zu verschaffen. Er schien, so berichtet Sir John Eardley Wilmot, auch keinen Wert darauf zu legen, sich irgendeinem Mitmenschen durch Nachgiebigkeit oder Complaisance zu verpflichten.

Alle Zärtlichkeit, deren er fähig war, schenkte er einer dreifarbigen Katze, die ihn wie ein Hündchen auf seinen Spaziergängen begleitete. Unter denen, die es am längsten mit ihm ertrugen, nennt Sir Wilmot den ehemaligen Major Povor, der aus christlichem Erbarmen mit dem dürftigen Zustande des Sträflings ihn beauftragte, seine, des Majors Nichte in Ölfarben zu malen. Wainewright habe, wie man Sir Wilmot erzählte, früher in dieser Kunst sich geübt und soll Ansprechendes in ihr geleistet haben. Das Bildnis der Nichte des Majors besorgte er aber nach dem Urteile Kundiger, zu denen sich Wilmot nicht weiter zähle, in einer Weise, welche die Zufriedenheit des Majors nicht finden konnte. In der weichlichen schwelgerischen

Art der neueren Maler sehr geschickt gefertigt, gab der Sträfling den unschuldigen Zügen des siebzehnjährigen Mädchens einen Ausdruck so obszöner Tücke und sinnlicher Grausamkeit, daß der Major den Maler entrüstet zur Rede stellte. Worauf dieser ihm antwortete: »Verabschiedete Majore und kachektische Onkel sind nicht in der Lage, die Schönheit ihrer Nichten zu erkennen. Das ist besseren Menschen vorbehalten.«

Auf die Klage des Majors wurde dem Sträfling für diese ungebührliche Rede der tägliche Spaziergang für die Dauer von acht Tagen entzogen. Die Nichte zum Zwecke des Berichtes zu befragen, sei dem Sir Wilmot nicht möglich, da sie bald nach jenem Vorfall aus Hobard Town spurlos verschwand, zum Schmerze ihres Onkels, der dem schlimmen Einfluß Wainewrights die Schuld an dem Verschwinden des Mädchens gab. Einige Leute wollen sie an Bord einer chinesischen Dschunke haben gehen sehen, die andern Tages nicht mehr im Hafen lag.

Dann fährt Sir Wilmots Bericht fort: »In diesem einer hohen Regierung erstatteten Bericht findet an gehöriger Stelle Platz, was der Strafgefangene Maxwell auszusagen hatte und eine Kitt Rowe genannte Weibsperson von üblem Rufe. Der erste war des Sträflings Zellengenosse im ersten Jahre seiner Deportation, während die Weibsperson ihm seine weiße Wäsche besorgte, auf deren Sauberkeit er große Stücke hielt. Den wichtigsten Teil in diesem Schriftstücke nehmen aber die Aufzeichnungen des Wainewright selber ein, die neben einem Fingerring, der sich als ein sogenannter Giftring herausstellte, der erwähnten Katze, einiger Spitzenwäsche, geringen Kleidungsstücken, einem Toilettekasten und einer Manteltasche, worin sich eben diese Papiere befanden, den vornehmsten Teil seines Nachlasses bilden und welche Aufzeichnungen in weit größerem Umfange den Verdacht zur Gewißheit machen, der auf den Sträfling schon beim ersten Anlaß fiel, der ihn vor die Londoner Gerichte brachte.

»Es soll«, fährt Sir Wilmot fort, »nicht unerwähnt bleiben, daß der Sträfling Wainewright selber wiederholt zu den genannten zwei Personen und auch zu andern von diesem Verdachte sprach, ja mehr als dieses: von den verbrecherischen Anlässen dieses Verdachtes sprach, als ob es den Gerichten nicht gelungen wäre, ihm diese Verbrechen selber nachzuweisen, die begangen zu haben er nun kein Hehl mache. Aber der Wainewright redete bei aller Bestimmtheit doch in einer solchen Weise darüber, daß man immer nur zu dem Schluß kam, es mit einem Narren oder einem schamlosen Schwätzer zu tun zu haben, der sich in solchen blasphemischen Reden gefiele. So sagte er einmal zu dem genannten Major: ›Helen Abercromby, meine junge Schwägerin, war ein viel zu gesundes Mädchen, als daß sie im Leben hätte eine glückliche Figur machen können. Werden Sie glauben, daß sie sieben Unzen Strychnin vertrug und erst bei der elften, die ich ihr verabreichte, nachgab? Ihr Oberschenkel maß neun Zoll und dem entsprach der Umfang ihrer Taille, Grund genug, sie umzubringen, nicht? Wenn schon durchaus ein Grund dafür sein soll. Besäßen Sie, lieber Major, meine Einsichten in die Zusammenhänge der Welt, Sie würden genau so wie ich gehandelt haben.‹ Ich muß hier bemerken, daß der verabschiedete Major Povor sich solches in einem Zustande anhörte, der als nicht mehr ganz nüchtern zu bezeichnen ist. Aber was man für das ebenso geschmacklose wie widerliche Gerede eines verkommenen Sträflings gehalten hatte, das machen die Aufzeichnungen dieses Wainewright zur Wahrheit: daß dieser wegen Betruges Deportierte wegen vielfachen Meuchelmordes das Rad verdient hätte. Er hat sich dieser irdischen Strafe entzogen, aber die himmlische Justiz wird nachholen, was hier auf Erden versäumt wurde.

Des Wainewrights hinterlassene Niederschriften betreffen nur zu einem kleinen Teil die verbrecherischen Handlungen seines ruchlosen Lebens. Zum andern enthalten die Hefte allerlei Notizen über die bildenden Künste mit Zeichnungen nach den Meisterwerken, deren Gewandtheit um so erstaunlicher ist, als der Mensch sie aus der Erinnerung gezeichnet hat. Auf einigen Blättern spricht er von seiner im Anfang der zwanziger Jahre unter verschiedenen Pseudonymen getriebenen literarischen Tätigkeit, der kein Geringerer als Charles Lamb wiederholt ein auszeichnendes Zeugnis ausgestellt habe, wie sich denn überhaupt der Sträfling rühmen konnte, von den Besten seiner Zeit geschätzt zu werden oder worden zu sein, bevor er den Weg des Verbrechens beschritt. Es fanden sich Briefe von Coleridge, de Quincey, Lamb, dem Maler Constable und andern an ihn, die einen zuweilen verehrenden Ton anschlagen und seinen schriftstellerischen Versuchen nicht geringe Bedeutung zu geben geneigt sind. Es ist nicht meines Amtes und Auftrages, darüber zu urteilen. Aber ich gestehe, daß es mir nach der Lektüre dieser Briefe so bedeutender Männer an den genannten Wainewright schwer ist, zu entscheiden, ob dieser Mann mehr zu bemitleiden als zu verachten sei.

Ich setze nun aus den Aufzeichnungen des Sträflings jenes her, was vornehmlich von seinen Verbrechen handelt, und lasse dem anderes folgen, das mir geeignet erscheint, einige Anschauung von der Art dieses Mannes zu geben.«

Hier aber schließt, was die Archive von dem Schriftstück des Leutnant-Governor Wilmot bewahren. Vielleicht hat es W. C. Hazlitt an sich genommen, als er im Jahre 1880 die Aufsätze und Kritiken Wainewrights samt einem Berichte über das Leben dieses Mannes herausgab. Als Oscar Wilde seinen Aufsatz »Stift, Schrift und Gift« schrieb, hatte er nur Hazlitts Ausgabe als Material.

Früh verwaist verlebte Thomas Griffith Kindheit und Jugend im Hause eines reichen Onkels. Ein Skizzenbuch des Knaben zeigt subtile Beobachtung und eine auffallend sichere Hand. Der junge Mann tritt in die königliche Garde ein, aber »die Kunst«, so schreibt er später, »berührte dieses Renegatentum, und ihr hoher und reiner Einfluß vertrieb die bösen Nebel, belebte meine Empfindung und gab ihr den frischen Glanz zurück, als welcher den einfachen Gemütern gefällt.« Er gab die militärische Karriere und andere abenteuerliche Pläne auf und kehrte nach Linden House zurück zu seinem Onkel, entschlossen, ein Maler, ein Dichter zu werden. Aber weder in der Malerei noch in der Dichtung wurde was er dafür als Anlage, als Talent mitbrachte, Leidenschaft, die ihn über die Bedeutung seiner Leistung täuschte: ein scharfer Rest von Intelligenz blieb übrig und draußen, der ihn zweifeln ließ über den Wert seiner Leistung. Er fand sich interessanter als diese. Sie enthielt ihn nicht völlig, deutete ihn kaum an. Es fehlte ihm durchaus die an die Dummheit grenzende Naivität, die nötig ist, daß sich einer als ein Künstler vermeint. Darum erfand er sich aus diesen zwei ihn nicht aufsaugenden Übungen eine dritte, die ihn besser und deutlicher ausdrücken sollte. Daß auch dieser dritte Ausdruck ihn nicht völlig definierte, dürfte es erklären, daß er diese Arbeiten seines dritten Ausdrukkes mit wechselnden Pseudonymen signierte. Es waren kleine Prosastücke, die er im »London Magazine« veröffentlichte und die von einer bisher unbekannten Art sind, deren Schöpfer Wainewright ist. Diese Stücke sind Kunstkritiken, die einen sehr guten Kenner und Meisterer des Handwerkes immer merken lassen, der aber darauf verzichtet, daraus pedantische Urteile zu fällen, ja überhaupt Urteile zu haben, sondern dem es wichtiger erscheint, in nur so nebenbei mitgeteilten Kenntnissen seine intimeren Eindrücke von den Werken zu formulieren und dies in Sätzen, die ihren Wert gar nicht im sozusagen Sachlichen und Faktischen suchen, sondern in nichts als ihrer eleganten sprachlichen Schönheit. Wainewright war ein Dandy. Daß Kleider, die über dem Stuhl liegen oder beim Schneider hängen, weder schön noch sonst etwas sind, das wußte er. Ihre Schönheit zeigt erst der Träger. Ein Leib gehört dazu. Und er besaß ihn. Er war ein schöner junger Mensch. Er besaß in seinen Prosastücken eine gemeisterte Substanz. Aber die war jedermanns leichte Möglichkeit. Es kam darauf an, etwas aus ihr zu machen: die Schönheit. Unter dem Diktat seines vollendeten Leibes irrte er sich nie in seiner Toilette. Unter dem Diktat seiner Substanz irrte er sich nie in seinem Urteil. Er war der erste, der die Bedeutung Constables erkannt hat. Und die tiefere Leidenschaft des Lawrence. »Aber die zeitgenössischen Werke verwirren mich, betäuben mich. Ganz sicher sehe ich die Kunstwerke nur durch das Teleskop der Zeit. Es geht mir mit Bildern wie mit Gedichten: ich muß sie gedruckt sehen, um ihren Wert zu erkennen. Fünfzig Jahre müssen über ein Bild gegangen sein, damit ich Haltung dazu gewinne.« Quincey erzählt, daß Wainewright von den Griechen mit einem Akzent der Aufrichtigkeit und tiefer Bewegtheit gesprochen habe, so als ob er zu sich selber redete.

Von den Aquarellen, die Wainewright malte und ausstellte, sprach William Blake mit höchster Anerkennung. Was wir davon gesehen haben, hat nichts von der zierlichen Sauberkeit und Ängstlichkeit eines Mal-Dilettanten, der sich gefällt und dort mit dem Herzen malt, wo die Pinsel versagen. Er traut dem Mittel nicht mehr zu als es seiner Natur nach zu geben imstande ist. Und bleibt durchaus eingeschränkt im Porträt, ohne alles Vagabundieren im Sujet, dessen Wahl verblüffen soll. Er beherrscht sein Handwerk und sich selbst und vermag seine besondere Art in einer Nasenspitze auszudrücken.

Der junge Wainewright lebte im Glücke: er war jung, schön, reich, beliebt, elegant, gab vorzügliche Diners, galt als König der Mode, hatte ausgezeichnete Freunde und kam, als er die schöne Miß Abercrombie heiratete, in die vornehme Gesellschaft. Das Erstaunen war groß, als man diesen vollendeten Gentleman im Jahre 1837 verhaftete als einen Fälscher, einen Dieb und einen Mörder.

Wainewright liebte Linden House, den schönen Landsitz, wo er als Kind aufgewachsen war und als Junge sich getummelt hatte. Der alte Onkel, sein Wohltäter und Erzieher, der seinen Neffen über alles liebte und ihm Linden House vermacht hätte, starb ihm nicht schnell genug. So vergiftete er ihn. Das war vor acht Jahren gewesen, im Jahre 1829. Schon hier wird man am geringfügigen Motiv den Mörder als Künstler erkennen, den de Quincey an

Wainewright denkend in seiner bekannten Schrift apologisiert hat. Es folgen Morde, denen jedes Motiv sozialer Art fehlt. Beim Onkel Eduard Griffith gab es noch so etwas wie einen Vorteil, den Besitz von Linden House. Aber nichts derlei, als er ein Jahr darauf seine Schwiegermutter vergiftete, zu der er in den freundschaftlichsten Beziehungen stand. Und gleich darauf seine Schwägerin Helen, ein hübsches junges Mädchen, deren Porträt in Rötel er ein paar Tage vor der Ermordung gezeichnet hatte. Hier gab ihm seine Frau die Motive, die an dieser Vergiftung der Helen beteiligt gewesen scheint. Vielleicht gab sie ihre Eifersucht. Vielleicht auch den praktischeren Gedanken, das Leben der hungen Helen versichern zu lassen. Aber die Gesellschaft zahlte die Summe nicht aus: sie hatte keinen Glauben an den natürlichen Tod dieses eben versicherten gesunden jungen Mädchens. Daß seine Macht, an drei Morden erprobt, an der Macht einer lächerlichen Versicherungsgesellschaft zerbrechen sollte, empört Wainewright aufs höchste, und um sich an dieser Gesellschaft zu rächen, begeht er einen vierten Mord. Er veranlaßt in Boulogne-sur-Mer den Vater eines jungen Mädchens, das er liebt, sich auf dreitausend Pfund versichern zu lassen. Der Vertrag ist unterzeichnet und der Alte stirbt an dem Strychnin, das ihm Wainewright in den Kaffee geschüttet hat.

Er begibt sich nach Paris und verlebt hier vier, fünf Jahre – auf welche Weise, ist unbekannt geblieben. Er wußte, daß die Londoner Polizei die Beweise für einige Fälschungen und Betrügereien in Händen hatte, in der Zeit vor seinen Morden begangen. Aber die Eitelkeit einer Liebesaffäre ist stärker als seine Besorgnis, und sie bringt ihn im Jahr 1837 nach London, wo er in großer Zurückgezogenheit malend, schreibend, meditierend in einem Hotel in Covent Garden wohnt. Ein Lärm auf der Straße lockt ihn ans Fenster: ein Polizist sieht ihn, erkennt ihn und verhaftet ihn.

Wainewright wird nur wegen der Fälschungen zu dauernder Verbannung nach Tasmanien verurteilt, da zu dieser Zeit seine Morde noch nicht völlig erwiesen waren. Zwei Versuche, sich von ihm lästigen Personen durch Gift zu befreien, schlugen fehl; sie trugen ihm nur eine kleine Verschärfung seiner Strafe für ein paar Wochen ein, denn die Behörde konnte die Motive, die Wainewright gab, nicht ernst nehmen, ihn selber aber für einen Narren. Was er aber nur in einem sozialen, gar nicht in einem medizinischen Sinne war. Er starb mit achtundfünfzig Jahren an einem ganz gewöhnlichen Schlaganfall aus Verkalkung der Coronararterien mit einem völlig gesunden Hirn. Die Motivierungen, die Wainewright seinen Morden gab, mußten den durchaus in sozialen Rahmen sich bewegenden und denkenden Leuten gänzlich unzureichend erscheinen, was sie ja auch in der Tat waren, denn der mögliche praktische Vorteil stand in keinem Verhältnis zu dem Aufwand, ihn zu erreichen. Auch in gar keinem zu dem Risiko, welches das Schafott war.

Wainewright, der Dandy, war nicht in seiner Zeit behaust. Weit mehr bei den Griechen. Er war auch nicht in seiner zeitlichen Leistung behaust, weder in der seines Malens, noch der des Schreibens. Er sah darin keinerlei Realisationen seines von jeder Sozietät losgelösten Ich, sondern höchstens unwillig gemachte Konzessionen an seine Zeit, zu der er in prinzipieller Opposition stand. Er wollte sich ihr mit nichts nützlich machen. Nicht anders als Eugen Aram mit seiner menschlich sterilen Wissenschaftlichkeit. Dem sozial differenzierten Auge muß Aram wie Wainewright als Zyniker erscheinen, weil sich beide in ihrer sozialen Negativität nur negativ äußern können, wenn sie sich überhaupt äußern. Bis zum Verbrechen, das für sie kein moralisches Vorzeichen hat als eine schlechte Handlung, welches Vorzeichen nur die Sozietät gibt. Die Gesellschaft und ihr Gesetz verbannt und hängt sie beide auf, und beide wissen im Grunde nicht, weshalb. Beide verstehen nicht, weil sie nicht verstehen können. Die Sozietät verurteilt ein ihrem Leben widerstreitendes Faktum und tut dies, indem sie den

Träger des Faktums vernichtet. Das ist gewiß eine Ungerechtigkeit, aber sie kann nicht anders. Sie kann noch nicht anders.

1929

JEAN GENET

Notre-Dame-des-Fleurs

Weidmann, den Kopf in schmale weiße Bänder gehüllt, als Nonne und als verletzter, zwischen Roggenähren gestürzter Flieger, erschien euch in einer Fünf-Uhr-Ausgabe, an einem Septembertag ähnlich dem, an dem der Name von Notre-Dame-des-Fleurs bekannt wurde.

Sein schönes, von Maschinen vervielfältigtes Gesicht ging über Paris und Frankreich nieder, gelangte bis in den hintersten Winkel vergessener Dörfer, in Schlösser und Hütten, und offenbarte den bekümmerten Bürgern, daß es bezaubernde Mörder gibt, die ihren Alltag streifen, hinterhältig aufgezogen für ihren Schlaf, den sie, unter Benutzung einer Dienstbotentreppe – sie ist im Einverständnis mit ihnen und knarrt nicht – durchqueren. Unter seinem Bild glänzten wie Morgenröte seine Verbrechen: Mord Nummer 1, Mord Nummer 2, Mord Nummer 3 – bis zu sechs verkündeten sie seinen geheimen Ruhm und bereiteten sie seinen künftigen Ruhm vor.

Ein wenig früher hatte der Neger Ange Soleil seine Geliebte getötet. Ein wenig später ermordete der Soldat Maurice Pilorge seinen Geliebten Escudero, um ihm etwas weniger als tausend Francs zu stehlen; dann schnitt man ihm zu seinem zwanzigsten Geburtstag den Hals durch, gerade wie er – ihr erinnert euch – dem wütenden Henker eine lange Nase schnitt.

Ein Schiffsfähnrich schließlich, ein Kind noch, verriet um des Verrats willen: man erschoß ihn. Zu Ehren dieser Verbrechen schreibe ich mein Buch.

Dieses herrliche Blütenmeer voll schöner und düsterer Blumen erfuhr ich nur in Form von Bruchstücken: eines wurde mir auf einem Stück Zeitungspapier geliefert, ein anderes erwähnte beiläufig mein Rechtsanwalt, ein drittes erzählten, man kann fast sagen, sangen die Sträflinge, und ihr Gesang wurde zu einem phantastischen Trauergesang (einem De profundis), ebenso wie die Klagen, die sie am Abend singen, oder wie die Stimme, die die Zellen durchdringt und wirr, verzweifelt, entstellt zu mir gelangt. Am Ende einer Tonfolge zerspringt sie, und dieser Sprung verleiht ihr etwas so Einschmeichelndes, als wäre sie von Engelsmusik getragen – wovor mir graust. Denn vor Engeln graust mir wegen ihrer Zusammensetzung, die ich mir folgendermaßen denke: weder Geist noch Materie, weiß, schemenhaft und erschreckend wie der durchsichtige Körper von Gespenstern.

Diese jetzt toten Mörder haben dennoch bis zu mir gefunden, und jedesmal, wenn einer dieser Trauersterne in meine Zelle fällt, schlägt mein Herz wild wie der Trommelwirbel, der die Kapitulation einer Stadt verkündet. Darauf folgt eine Erregung, jener vergleichbar, in der ich mich wand und die mich einige Minuten in grotesker Stellung verkrampft ließ, damals, als ich über dem Gefängnis das deutsche Flugzeug hörte und gleich darauf den Einschlag der Bombe, die es nahebei abgeworfen hatte. Im gleichen Augenblick sah ich vor mir ein einsames Kind, das, von einem eisernen Vogel getragen, lachend den Tod säte. Dieses Kind allein entfesselte Sirenen, Glocken, die dem Thronfolger vorbehaltenen hundertundeins Kanonenschüsse, Schreie des Hasses und der Angst. Alle Zellen zitterten, klapperten mit den Zähnen, wahnsinnig vor Schrecken; die Gefangenen stießen gegen die Türen, rollten sich auf dem Fußboden, brüllten, weinten, verwünschten Gott oder beteten zu ihm. Im Flugzeug sah ich – oder glaubte ich zu sehen – ein achtzehnjähriges

Kind, und aus der Tiefe meiner Zelle 426 lächelte ich ihm in Liebe zu.

Ich weiß nicht, ob es ihr Gesicht ist, ihr wahres Gesicht, das die Wand meiner Zelle mit diamantenem Schmutz bespritzt, aber es kann kein Zufall sein, daß ich mir diese schönen Köpfe mit den leeren Augen aus Zeitschriften ausgeschnitten habe. Ich sage »leeren Augen«, denn alle sind klar und offenbar himmelblau, ähnlich den Messerschneiden, an die sich ein Stern durchsichtigen Lichtes hängt, blau und leer wie die Fenster von im Bau befindlichen Häusern, durch die hindurch man in den Fenstern der gegenüberliegenden Fassade den Himmel sieht. Wie die morgens allen Winden geöffneten, leer und rein geglaubten Kasernen, in denen es in Wahrheit von gefährlichen männlichen, durcheinander in ihre Betten gesunkenen Tieren wimmelt. Ich sage »leeren Augen«, aber wenn sie ihre Lider schließen, beunruhigen sie mich mehr, als das vorbeigehende heiratsfähige Mädchen die vergitterten Luken der ungeheuren Gefängnisse beunruhigt, hinter denen ein Volk von Mördern schläft und träumt, flucht und spuckt, so daß jede Zelle zu einer zischenden Schlangengrube wird und gleichzeitig etwas von einem Beichtstuhl mit verstaubtem Sergevorhang hat. Diese Augen haben scheinbar kein Geheimnis, wie gewisse verschlossene Städte, Lyon oder Zürich, und sie hypnotisieren mich wie leere Theater, verlassene Gefängnisse oder ausruhende Maschinen, wie Wüsten – denn Wüsten sind in sich abgeschlossen und ohne Verbindung mit dem Unendlichen. Die Männer, die zu solchen Gesichtern gehören, entsetzen mich, wenn ich sie tastend durchstreife; aber welche schwindelerregende Überraschung, wenn ich mich nähere, gebannten Herzens, und in ihrer Landschaft, an der Biegung eines verlassenen Gäßchens nichts entdecke, nichts als Leere – aufrecht, empfindsam und stolz wie eine hochgewachsene Digitalis!

Ich weiß nicht, sagte ich, ob es wirklich meine guillotinierten Freunde sind, deren Kopf sich hier befindet, aber an gewissen Zeichen habe ich erkannt, daß sie, die dort an der Mauer hängen, vollkommen geschmeidig sind wie Peitschenriemen und steif wie gläserne Messer, weise wie Wunderkinder und frisch wie Vergißmeinnicht – und ihre Körper sind auserwählt, von entsetzlichen Seelen besessen zu werden.

Die Zeitungen, wenn sie bis in meine Zelle gelangen, sind zerfleddert, und die schönsten Seiten sind ihrer schönsten Blumen, der Louis, beraubt wie Gärten im Mai. Die stattlichen, unerbittlichen, strengen Louis mit erblühten Geschlechtern, von denen ich nicht weiß, ob es Lilien sind oder ob Lilien und Geschlechter nicht völlig sie selbst sind, so daß ich in Gedanken abends auf den Knien ihre Beine mit meinen Armen umschlinge – soviel Steifheit wirft mich nieder und treibt mich zu Verwechslungen, und die Erinnerung, die ich meinen Nächten als Nahrung zu geben liebe, ist die Erinnerung an dich, der während meiner Liebkosungen regungslos ausgestreckt blieb; nur dein aufgerecktes und enthülltes Glied ging durch meinen Mund hindurch mit der plötzlich boshaften Rauheit eines Kirchturms, der eine Tintenwolke durchstößt, oder einer Hutnadel, die einen Busen durchsticht. Du rührtest dich nicht, du schliefst nicht, du träumtest nicht, du warst auf der Flucht, unbeweglich und blaß, eisig, gerade, steif ausgestreckt auf dem flachen Bett wie ein Sarg auf dem Meer, und ich wußte uns keusch, während ich darauf achtete, zu spüren, wie du in kleinen, ununterbrochenen Stößen lau und weiß in mich rannst. Vielleicht war dein Genuß nur gespielt. Im Höhepunkt durchstrahlte dich eine ruhige Ekstase und legte um deinen seligen Körper einen übernatürlichen Heiligenschein wie einen Mantel, den du mit Kopf und Füßen durchstießt.

Trotzdem: ich konnte ungefähr zwanzig Fotografien auftreiben, und ich klebte sie mit gekautem Brotteig auf die Rückseite der kartonierten Gefängnisordnung, die an der Wand hängt. Einige sind festgesteckt mit kleinen Enden von Messingdraht, die mir der Vorarbeiter bringt und auf die ich bunte Glasperlen aufreihen muß.

Von diesen Perlen, aus denen die Sträflinge von nebenan Friedhofskränze machen, habe ich für die makellosesten meiner Verbrecher sternförmige Rahmen hergestellt. Am Abend, wenn ihr euer Fenster zur Straße öffnet, drehe ich zu mir die Rückseite der Gefängnisordnung. Ihr Lächeln und ihre Schmollmünder, beide gleich unerbittlich, dringen durch alle Öffnungen, die ich darbiete; ihre Kraft durchströmt mich und läßt mich erigieren. Ich lebe zwischen diesen Abgründen. Sie lenken meine kleinen Gewohnheiten, die, mit ihnen zusammen, meine ganze Familie und meine einzigen Freunde sind. Unter die zwanzig hat sich vielleicht ein Junge verirrt, der nichts getan hat, um das Gefängnis zu verdienen: ein Champion, ein Athlet. Aber wenn ich ihn an meine Wand genagelt habe, so deswegen, weil er für mich am Mundwinkel oder am Rand der Lider das heilige Zeichen der Ungeheuer trägt. Der Spalt auf ihrem Gesicht oder in ihrer starren Gebärde zeigt mir an, daß sie mich sehr wahrscheinlich lieben; denn sie lieben mich nur, wenn sie Ungeheuer sind – und man kann also sagen, daß er selbst, dieser Verirrte, sein Hiersein gewählt hat. Um sie mit einem Gefolge und mit einem Hofstaat zu umgeben, habe ich gesammelt, hier und da, auf den bunten Umschlägen einiger Abenteuerromane: einen jungen mexikanischen Mestizen, einen Gaucho, einen kaukasischen Reiter und, auf den Seiten jener Romane, die man sich auf dem Spaziergang von Hand zu Hand reicht, unbeholfene Zeichnungen: Profile von Zuhältern und Apachen mit einem rauchenden Stummel, oder der Silhouette eines Schlägers, der spannt.

In der Nacht liebe ich sie, und meine Liebe beseelt sie. Am Tage gehe ich meinen kleinen Beschäftigungen nach. Ich bin die Hausfrau, die darüber wacht, daß keine Brotkrume und kein Aschenstäubchen auf das Parkett fällt. Aber in der Nacht! Die Angst vor dem Aufseher, der plötzlich die elektrische Birne anzünden und seinen Kopf durch das in die Tür eingelassene Schiebefenster stecken kann, zwingt mich zu abscheulichen Vorsichtsmaßnahmen, damit nicht das Rascheln der Laken mein Lustgefühl verrät; aber meine Gebärde, wenn sie auch an Adel verliert durch ihre Heimlichkeit, erhöht meine Wollust. Ich schlendere. Unter dem Laken verhält meine rechte Hand, um das abwesende Gesicht zu liebkosen, dann den ganzen Körper des Geächteten, den ich für diesen Abend zu meiner Beglückung ausgewählt habe. Die linke Hand schließt sich, die Finger formen sich zu einem Hohlorgan, das zu widerstehen sucht, sich schließlich darbietet, sich öffnet, und ein kräftiger Körper, ein Spiegelschrank, tritt aus der Mauer, kommt auf mich zu, fällt über mich und zermalmt mich auf diesem schon von hundert Sträflingen befleckten Strohsack, während ich an das Glück denke, in dem ich versinke, obwohl Gott und seine Engel existieren.

Niemand kann sagen, ob ich hier herauskomme, noch, wenn ich herauskomme, wann das sein wird.

Mit Hilfe meiner unbekannten Geliebten werde ich also eine Geschichte schreiben. Sie, die an die Wand geklebten, sind meine Helden, sie, und ich, der hier eingeschlossen ist. Wenn ihr weiterlest, werden die Personen, und auch Divine und Culafroy, von der Wand auf meine Seiten fallen wie tote Blätter, um meine Erzählung zu düngen. Ihr Tod – muß ich ihn euch noch erzählen? Er wird für sie alle der Tod desjenigen sein, der, als er durch die Geschworenen von dem seinigen erfuhr, mit einem rheinischen Akzent nur murmelte: »Darüber bin ich schon hinaus« (Weidmann).

Es ist möglich, daß diese Geschichte nicht durchweg künstlich erscheint und daß man gegen meinen Willen die Stimme des Blutes in ihr gewahr wird: dann bin ich in meiner Nacht mit der Stirn gegen irgendeine Tür gestoßen und habe eine lastende Erinnerung befreit, die mich seit Anbeginn der Welt heimsuchte, vergebt es mir. Dieses Buch will nur ein Bruchteil meines inneren Lebens sein.

1942

JORGE LUIS BORGES

Der Tod und der Kompaß

Für Mandie Molina Vedia

Von den vielen Problemen, die den tollkühnen Scharfsinn Lönnrots schon in Übung gehalten hatten, ist keines so eigenartig – sagen wir ruhig: so rigoros eigenartig – wie die periodische Serie von Bluttaten, die in der Villa Triste-le-Roy, inmitten des immerwährenden Duftes der Eukalyptusbäume, ihren Höhepunkt erreichte. Es stimmt zwar, daß Erik Lönnrot das letzte Verbrechen nicht verhindern konnte, aber unstreitig hat er es vorausgesehen. Auch die Identität des unseligen Schurken, der Yarmolinsky ermordete, hatte er nicht erraten; dafür aber entschieden die versteckte Morphologie der verruchten Serie und die Beteiligung Red Scharlachs, dessen zweiter Spitzname Scharlach der Dandy ist. Dieser Verbrecher hatte (wie so viele) bei seiner Ehre geschworen, Lönnrot zu töten. Aber der ließ sich niemals einschüchtern. Lönnrot hielt sich für einen reinen Logiker, für einen Auguste Dupin; aber er hatte doch auch etwas von einem Abenteurer, ja sogar von einem Spieler.

Das erste Verbrechen ereignete sich im Hôtel du Nord – jenem hohen Prisma, das die Flußmündung beherrscht, deren Wasser wüstenfarbig sind. In diesem Turm (der, wie sattsam bekannt, das gefürchtete Weiß eines Sanatoriums, die numerierte Teilbarkeit eines Gefängnisses und im ganzen den Anschein eines Freudenhauses in sich vereinigt) traf am 3. Dezember der Delegierte aus Podolsk zum Dritten Talmudischen Kongreß ein, Dr. Marcelo Yarmolinsky, ein Mann mit grauem Bart und grauen Augen. Wir werden nie wissen, ob ihm das Hôtel du Nord gefiel: er nahm es mit der uralten Resignation hin, die es ihm ermöglicht hatte, drei Jahre Krieg in den Karpaten zu erdulden und dreitausend Jahre der Unterdrückung und der Pogrome. Man gab ihm ein Zimmer im Stockwerk »R«, gegenüber der Suite, die nicht ohne Pomp der Tetrarch von Galiläa bewohnte. Yarmolinsky speiste zu Abend, verschob die Erforschung der unbekannten Stadt auf den nächsten Tag, verstaute seine vielen Bücher und die sehr wenigen Kleidungsstücke in einem placard und schaltete sein Licht noch vor Mitternacht aus. (So lautete die Aussage des Chauffeurs des Tetrarchen, der im Nebenzimmer schlief.) Am 4., um 11 Uhr und drei Minuten vormittags, rief ihn ein Redakteur der *Yiddischen Zaitung* an. Dr. Yarmolinsky antwortete nicht. Man fand ihn in seinem Zimmer, schon mit einem dunklen Anflug im Gesicht, fast nackt unter einem altmodischen großen Mantel. Er lag nicht weit von der Tür entfernt, die auf den Korridor führte. Eine tiefe Messerwunde hatte ihm die Brust aufgerissen. Etwa zwei Stunden später, inmitten von Reportern, Fotografen und Polizisten, erörterten Kommissar Treviranus und Lönnrot im selben Zimmer den Fall in aller Ruhe.

»Da braucht man gar nicht erst die Nadel im Heustock zu suchen«, sagte Treviranus und fuchtelte mit einer gewichtigen Zigarre. »Wir wissen alle, daß der Tetrarch von Galiläa die wertvollsten Saphire der Welt besitzt. Irgend jemand wird wohl, als er sie rauben wollte, aus Versehen hier eingedrungen sein. Yarmolinsky ist aufgestanden, und der Dieb mußte ihn umbringen. Was meinen Sie?«

»Möglich, aber nicht interessant«, antwortete Lönnrot. »Sie werden mir entgegnen, daß die Wirklichkeit nicht die geringste Verpflichtung hat, interessant zu sein. Ich werde dem entgegenhalten, daß zwar die Wirklichkeit sich dieser Verpflichtung entziehen kann, Hypothesen können es aber nicht. Die von Ihnen provisorisch vorgebrachte läßt dem Zufall allzuviel Raum. Wir haben es hier mit einem toten Rabbiner zu tun. Deswegen würde ich eine rein rabbinische Erklärung vorziehen; nicht die imaginären Mißgeschicke eines imaginären Diebes.«

Übelgelaunt antwortete Treviranus: »Rabbinische Erklärungen interessieren mich nicht. Mich interessiert die Festnahme des Mannes, der diesen Unbekannten erstochen hat.«

»So unbekannt ist er auch wieder nicht«, stellte Lönnrot richtig. »Hier stehen seine Gesammelten Werke.« Er wies auf eine Reihe hoher Bände im placard: *eine Vindikation der Kabbala,* eine *Untersuchung der Philosophie Robert Fludds,* eine wörtliche Übersetzung des *Sepher Yetzirah,* eine *Biographie Baal Schems,* eine *Geschichte der Sekte der Hasidim,* eine Monographie (in Deutsch) über das Tetragrammaton, eine weitere über die göttliche Nomenklatur des Pentateuch. Der Kommissar sah sie furchtsam, fast mit Widerwillen an. Dann brach er in Lachen aus.

»Ich bin ein armer Christ«, sagte er. »Nehmen Sie sich meinetwegen all die Scharteken mit. Ich habe keine Zeit, mich mit jüdischem Aberglauben zu befassen.«

»Vielleicht gehört dieses Verbrechen in die Geschichte jüdischen Aberglaubens«, murmelte Lönnrot.

»Wie das Christentum«, wagte der Redakteur der *Yiddischen Zaitung* aufzurunden. Er war kurzsichtig, Atheist und sehr schüchtern.

Niemand antwortete. Einer der Polizisten hatte in der kleinen Schreibmaschine ein Blatt Papier endeckt, auf dem der folgende unbeendete Satz stand:

Der erste Buchstabe des NAMENS ist artikuliert worden.

Lönnrot lächelte nicht. Plötzlich war er Bibliophile oder Hebraist und ließ sich die Bücher des Toten einpacken und nahm sie mit in seine Wohnung. Der polizeilichen Untersuchung gegenüber gleichgültig, widmete er sich dem Studium der Bücher. Ein großer Oktavband enthüllte ihm die Lehren Israel Baal Schem Tobhs, des Gründers der Sekte der Frommen. Ein anderer die Tugenden und Schrecken des Tetragrammaton, welches der unaussprechliche Name Gottes ist. Ein weiterer die These, daß Gott einen geheimen Namen hat, in dem (wie in der Glaskugel, die die Perser Alexander von Mazedonien zuschreiben) sein neuntes Attribut enthalten ist, die Ewigkeit – das heißt, die unmittelbare Erkenntnis aller Dinge im Universum, die sein werden, die sind und die waren. Die Überlieferung zählt neunundneunzig Namen Gottes. Die Hebraisten führen diese imperfekte Zahl auf die magische Furcht vor geraden Zahlen zurück; die Hasidim behaupten, dieser Hiatus deute auf einen hundertsten Namen hin – den Absoluten Namen.

Von dieser gelehrten Lektüre lenkte ihn wenige Tage später der Besuch des Redakteurs der *Yiddischen Zaitung* ab. Er wollte über den Mord sprechen. Lönnrot sprach lieber von den verschiedenen Namen Gottes. Daraufhin erklärte der Journalist in drei Spalten, der Detektiv Erik Lönnrot habe sich dem Studium der Namen Gottes gewidmet, um den Namen des Mörders zu finden. Lönnrot, an die Vereinfachungen der Presse gewöhnt, entrüstete sich nicht. Einer von jenen Krämern, die herausgefunden haben, daß jeder beliebige Mensch dazu zu bringen ist, jedes beliebige Buch zu kaufen, brachte eine Volksausgabe der *Geschichte der Sekte der Hasidim* heraus.

Das zweite Verbrechen ereignete sich in der Nacht des dritten Januar, in der verlassensten und wüstesten Gegend am westlichen Saum der Hauptstadt. Gegen Morgengrauen sah einer der Polizisten, die zu Pferd jene einsamen Viertel kontrollieren, auf der Türschwelle einer alten Eisen- und Farbenhandlung einen in einen Poncho gehüllten Mann liegen. Das harte Gesicht war von der Blutkruste wie von einer Maske bedeckt. Ein tiefer Messerstich hatte ihm die Brust aufgerissen. An der Wand, über den gelben und roten Reklame-Rauten, standen einige mit Kreide geschriebene Worte. Der Polizist schrieb sie Buchstabe für Buchstabe ab … Am Abend fuhren Treviranus und Lönnrot zu dem abgelegenen Schauplatz des Verbrechens. Zur Linken und Rechten ihres Wagens bröckelte die Stadt ab. Das Firmament weitete sich, die Bedeutung der Häuser schwand im Gegensatz zu einem Ziegelbrenner oder einer Pappel. Sie kamen an ihrem elenden Bestimmungsort an: eine letzte Gasse mit rosafarbenen Lehmwänden, die irgendwie den grenzenlosen Sonnenuntergang widerzustrahlen schienen.

Man hatte den Toten bereits identifiziert: Daniel Simón Azevedo. In den alten Vorstädten des Nordens stand er in einem gewissen Ruf, denn er hatte sich vom Kärrner zum

Saalschutz bei den Wahlen heraufgearbeitet, um dann zum Dieb zu degenerieren, ja sogar zum Spitzel. (Die seltsame Todesart dünkte ihnen angemessen, denn Azevedo war der letzte Repräsentant einer Generation von Banditen, die noch mit dem Messer umzugehen verstand, nicht aber mit dem Revolver.) Die mit Kreide hingeschriebenen Worte lauteten:

Der zweite Buchstabe des NAMENS ist artikuliert worden.

Das dritte Verbrechen wurde in der Nacht des dritten Februar verübt. Kurz vor ein Uhr läutete im Büro des Kommissars Treviranus das Telefon. Ein Mann mit gutturaler Stimme, der betont geheimnisvoll tat, sagte, er heiße Ginzberg (oder Ginsburg) und sei bereit, gegen eine angemessene Belohnung Einzelheiten über die beiden Hinopferungen, die Azevedos und Yarmolinskys, mitzuteilen. Ein Mißlaut von Pfiffen und Trompetenstößen übertönte die Stimme des Denunzianten. Dann wurde die Verbindung unterbrochen. Ohne die Möglichkeit eines Scherzes ganz auszuschließen (schließlich war Karneval), ermittelte Treviranus, daß vom *Liverpool House* aus gesprochen worden war, einer Taverne in der Rue de Toulon –, jener abgestandenen, schalen Straße, in der das Kosmorama mit der Milchstube koexistiert und das Bordell mit Bibelverkäufern. Treviranus rief den Wirt an (Black Finnegan, ein ehemaliger irischer Gauner, den die Anständigkeit verblödet und fast auf den Nullpunkt gebracht hatte) und erfuhr, daß die letzte Person, die das Telefon des Hauses benutzt hatte, ein gewisser Gryphius gewesen sei, der gerade eben mit ein paar Freunden weggefahren wäre. Treviranus fuhr sofort zum *Liverpool House.* Dort teilte ihm der Wirt folgendes mit: Vor acht Tagen hatte Gryphius ein Zimmer über der Bar genommen: ein Mann mit scharfen Gesichtszügen, nebelhaftem, grauem Bart und schäbigem schwarzem Anzug. Finnegan (der das in Frage stehende Zimmer einem Zweck vorzubehalten pflegte, den Treviranus leicht erriet) hatte eine zweifellos übermäßig hohe Miete verlangt; und doch hatte Gryphius die geforderte Summe auf der Stelle bezahlt. Er ging fast nie aus. Mittag-

und Abendessen nahm er im Zimmer ein. Kaum daß man in der Bar sein Gesicht kannte. Heute nacht war er heruntergekommen, um im Büro Finnegans zu telefonieren. Ein geschlossener Wagen war unterdessen draußen vorgefahren. Der Kutscher hatte sich nicht vom Bock gerührt. Einige Nachbarn erinnerten sich, daß er eine Bärenmaske getragen hatte. Aus der Kutsche stiegen zwei Harlequine. Sie waren von kleiner Gestalt, und niemandem konnte entgehen, daß sie sehr besoffen waren. Unter Trompetengeblase drangen sie ins Büro Finnegans ein, umarmten Gryphius, der sie zu erkennen schien, sich ihnen gegenüber aber ablehnend verhielt. Sie wechselten ein paar Worte auf yiddisch – er mit leiser und gutturaler Stimme, sie mit verstellten, hohen Stimmen – und gingen dann hinauf in sein Zimmer. Nach einer Viertelstunde kamen alle drei in sehr fröhlichem Zustand wieder herunter. Gryphius torkelte hin und her und schien genauso betrunken zu sein wie die anderen. Groß und schwankend ging er in der Mitte, zwischen den beiden maskierten Harlequinen. (Eine der Frauen in der Bar entsann sich der gelben, roten und grünen Rauten ihrer Kostüme.) Zweimal stolperte er, und beide Male hielten die beiden Harlequine ihn fest. Draußen stiegen die drei in den Wagen und verschwanden in Richtung auf den Binnenhafen, ein Rechteck aus Wasser. Mit einem Fuß schon auf dem Trittbrett kritzelte der eine Harlequin noch eine obszöne Zeichnung und einen Satz auf eine der Menü-Tafeln vor der Taverne.

Treviranus sah sich den Satz an. Er war beinahe vorauszusehen:

Der letzte der Buchstaben des NAMENS ist artikuliert worden.

Danach besichtigte er das Zimmer des Gryphius-Ginzberg. Den Boden bedeckte eine unvermutet sternförmige Blutlache. In den Ecken lagen Zigarettenstummel einer ungarischen Marke. Im Schrank stand ein Buch in Latein – *Philologus hebraeograecus* (1739) von Leusden – mit mehreren handschriftlichen Randbemerkungen. Treviranus sah das alles mit Empörung und ließ Lönnrot holen.

Der begann zu lesen, ohne erst den Hut abzunehmen, während der Kommissar die einander widersprechenden Zeugen der möglichen Entführung verhörte. Um vier Uhr verließen sie das Haus. Als sie in der gewundenen Rue de Toulon über die toten Luftschlangen durch den grauenden Morgen schritten, sagte Treviranus:

»Und wenn diese Geschichte heute nacht nur etwas vortäuschen soll?« Erik Lönnrot lächelte und las mit vollem Ernst eine – übrigens unterstrichene – Stelle aus der XXXIII. Dissertatio des *Philologus* vor: *»Dies Judacorum incipit a solis occasu usque ad solis occasum diei sequentis.«* »Das heißt«, erläuterte er: *»Der hebräische Tag beginnt bei Einbruch der Nacht und dauert bis zum Einbruch der nächsten Nacht.«*

Der andere gab sich ironisch: »Ist das der wichtigste Hinweis, den Sie heute nacht aufgelesen haben?«

»Nein. Wichtiger noch ist ein Wort, das Ginzberg sagte.«

Die Zeitungen des folgenden Tages übergingen nicht diese periodischen Todesfälle. *Kreuz und Schwert* stellte sie in Gegensatz zu der bewundernswerten Disziplin und der Ordnung des letzten Einsiedlerkongresses. Ernst Palast rügte in *El Mártir* »die unerträglich stockende Entwicklung eines verhohlenen und sparsamen Pogroms, das drei Monate gebraucht hat, um drei Juden zur Strecke zu bringen«. Die *Yiddische Zaitung* verwarf die grauenerregende Hypothese eines antisemitischen Komplotts, »wenn auch manche scharfsinnigen Köpfe sich zu keiner anderen Lösung des dreifachen Rätsels verstehen wollen«. Der bekannteste der Pistoleros des Südens, Dandy Red Scharlach, schwor, daß es in seinem Distrikt nie zu dergleichen Verbrechen kommen würde und warf dem Kommissar Franz Treviranus unverantwortliche Nachlässigkeit vor.

Dieser empfing in der Nacht des ersten März einen gewichtigen versiegelten Umschlag. Er öffnete ihn: darin war ein mit *Baruch Spinoza* unterzeichneter Brief und ein genauer Plan der Stadt, offensichtlich aus einem Baedeker herausgerissen. Der Brief prophezeite, daß am dritten März kein viertes Verbrechen stattfinden würde, denn die Eisenhandlung im Osten, die Taverne in der Rue de Toulon und das Hôtel du Nord seien »die genauen Scheitelpunkte eines gleichseitigen und mystischen Dreiecks«. Der Plan demonstrierte mit roter Tinte die Regelmäßigkeit des Dreiecks. Treviranus las resigniert diese Beweisführung *more geometrico* und schickte Brief und Plan Lönnrot ins Haus – dem solche Narreteien zweifellos zukamen.

Erik Lönnrot studierte Plan und Zuschrift eingehend. Die drei Orte waren tatsächlich gleich weit voneinander entfernt. Es lag also eine Symmetrie nicht nur in der Zeit (3. Dezember, 3. Januar, 3. Februar), sondern auch eine Symmetrie im Raum vor ... Er hatte auf einmal das Gefühl, daß er vor der Lösung des Geheimnisses stand. Ein Kompaß und ein Zirkel kamen der jähen Eingebung ergänzend zu Hilfe. Er lächelte, sprach das Wort *Tetragrammaton* aus (das er sich unlängst erst zu eigen gemacht hatte) und rief den Kommissar an.

»Vielen Dank für das gleichseitige Dreieck, das Sie mir gestern abend schickten. Ich habe mir erlaubt, das Problem zu lösen. Morgen, Freitag, werden die Verbrecher im Gefängnis sitzen. Wir können ganz beruhigt sein.«

»Dann ist also kein viertes Verbrechen geplant?«

»Eben weil sie ein viertes Verbrechen planen, können wir ganz beruhigt sein.« Lönnrot hängte ein. Eine Stunde später saß er in einem Zug der Australlinie. Sein Ziel war die leerstehende Villa Triste-le-Roy. Im Süden der Stadt, von der meine Geschichte handelt, fließt ein trübes, lehmiges Flüßchen, geschändet von Abwässern und Kehricht. Auf der anderen Seite liegt eine Fabrikstadt, in der, beschirmt von einem Boss aus Barcelona, die Pistoleros gedeihen. Lönnrot lächelte bei dem Gedanken, daß der berüchtigtste von ihnen – Red Scharlach – alles dafür gegeben hätte, diesen heimlichen Ausflug in Erfahrung zu bringen. Azevedo war ein Kamerad Scharlachs gewesen. Lönnrot erwog die entfernte Möglichkeit, daß Scharlach selbst das vierte Opfer sein sollte. Aber dann verwarf er sie … Er hatte das Problem so gut wie gelöst. Die bloßen Umstände, die Wirklichkeit (Namen, Verhaftungen, Gesichter, Justiz- und Gefängnisformalitäten) interessierten ihn jetzt kaum mehr. Er wollte spazieren gehen, sich ausruhen von den drei Monaten, in denen er seine Nachforschungen im Sitzen betrieben hatte. Er dachte noch einmal darüber nach, daß die Aufklärung der Verbrechen in einem anonymen Dreieck und in einem verstaubten griechischen Wort steckte. Das Mysterium erschien ihm jetzt fast so klar wie Kristall. Es verdroß ihn, daß er hundert Tage damit zugebracht hatte.

Der Zug hielt auf einem stillen Güterbahnhof. Lönnrot stieg aus. Es war einer jener öden Spätnachmittage, die dem Morgengrauen gleichen. Die Luft über der dunstigen Ebene war feucht und kalt. Lönnrot begann vor sich hin zu wandern. Er sah Hunde, er sah einen Viehwaggon auf einem toten Gleis, sah den Horizont, ein silberfarbenes Pferd, das schwelgerisch Wasser aus einer Pfütze soff. Es wurde schon dunkel, als er endlich den rechteckigen Erker der Villa Triste-le-Roy auftauchen sah, fast genauso hoch wie die schwarzen Eukalyptusbäume, die ihn umstanden. Er dachte daran, daß nur noch ein Morgengrauen und ein Sonnenuntergang (ein alter Glanz im Osten und ein neuer im Westen) ihn von der Stunde trennten, die die Sucher des NAMENS herbeisehnten.

Ein Eisengitter begrenzte den unregelmäßigen Umkreis des Grundstücks. Das Haupttor war geschlossen. Ohne große Hoffnung, einen anderen Zugang zu finden, ging Lönnrot das Gitter entlang. Wieder am unzugänglichen Portal angelangt, schob er fast mechanisch die Hand durch die Stäbe und fand den Riegel. Das Quietschen der Eisenscharniere überraschte ihn. Mit beschwerlicher Nachgiebigkeit wich das ganze Tor zurück.

Lönnrot nahm seinen Weg zwischen den Eukalyptusbäumen und trat auf Generationen starrer, gebrochener Blätter. Von nahem gesehen, schwelgte das Haupthaus des Anwesens Triste-le-Roy in unnützen Symmetrien und manischen Wiederholungen: Einer eisigen Diana in einer modrigen Nische entsprach in einer zweiten Nische eine andere Diana; ein Balkon hatte sein Ebenbild in einem anderen Balkon; doppelte Freitreppen mündeten in doppelte Balustraden. Ein zweigesichtiger Hermes warf einen monströsen Schatten. Lönnrot umschritt das Haus, wie er vorher das Grundstück umschritten hatte. Alles prüfte er genau. Unterhalb der Terrasse fand er eine schmale Schiebetür.

Er drückte sie auf: ein paar Marmorstufen führten in ein Souterrain. Lönnrot, dem die bevorzugten Launen des Architekten schon vertraut zu werden begannen, ahnte, daß er an der Gegenwand des Kellergeschosses wieder auf Marmorstufen stoßen würde. Er fand sie, stieg hinauf, reckte die Hände und hob eine Falltüre auf.

Ein Leuchten zog ihn ans Fenster. Er öffnete es: ein gelber und runder Mond ließ in dem traurigen Garten zwei versiegte Springbrunnen erkennen. Lönnrot durchforschte das Haus. Durch Vorsäle und Gänge trat er in Patios, die einander glichen, mehrmals auch in denselben Patio. Über verstaubte Treppen gelangte er in kreisrunde Vorzimmer. In einander zugekehrten Spiegeln sah er sich endlos vervielfältigt. Er wurde es müde, ganz oder spaltweise Fenster aufzumachen, die ihm draußen immer denselben trostlosen Garten zeigten, aus verschiedenen Blickwinkeln und verschiedener Höhe gesehen. Drinnen stieß er immer wieder auf Möbel mit gelben Überzügen und auf Lüster in baumwollenen Hüllen. In einem Schlafzimmer verhielt er den Schritt. Hier stand in einer Porzellanvase eine einzige Blume. Bei der ersten Berührung zerfielen die alten Blütenblätter. Im zweiten, dem obersten Stockwerk dünkte ihn das Haus unendlich groß und immer noch wachsend. *An sich ist das Haus nicht so groß,* dachte er. *Die Dunkelheit, die Symmetrie, die Spiegel, die vielen Jahre, meine Unvertrautheit, die Einsamkeit – lassen es größer erscheinen.*

Über eine Wendeltreppe erreichte er schließlich den Erker. Der Abendmond warf sein Licht durch die Rautenscheiben der Fenster; sie waren gelb, rot und grün. Eine bestürzende und schwindelerregende Erinnerung ließ ihn innehalten.

Zwei Männer von kleiner Statur, wild und stämmig, fielen ihn an und entwaffneten ihn. Ein dritter, sehr großer, grüßte ihn ernst und sagte: »Sie sind sehr liebenswürdig. Sie haben uns eine Nacht und einen Tag erspart.«

Es war Red Scharlach. Die beiden anderen banden Lönnrot. Der fand endlich die Sprache wieder.

»Scharlach, suchen Sie den Geheimen Namen?«

Scharlach stand da, ohne zu reagieren. Er hatte sich an dem kurzen Handgemenge nicht beteiligt; kaum daß er die Hand ausgestreckt hatte, um Lönnrots Revolver entgegenzunehmen. Dann sprach er. Lönnrot vernahm in seiner Stimme den Ton erschöpften Triumphes, einen Haß von Weltgröße und eine Traurigkeit, nicht minder groß als der Haß.

»Nein«, sagte Scharlach, »ich suche etwas Vergänglicheres und Hinfälligeres, ich suche Erik Lönnrot. Vor drei Jahren verhafteten Sie in einem Spiellokal in der Rue de Toulon in eigener Person meinen Bruder und ließen ihn einsperren. In einem Wagen holten mich meine Männer aus der Schießerei heraus, mit einer Kugel der Polizei im Bauch. Neun Tage und neun Nächte lag ich hier in dieser verlassenen symmetrischen Villa auf den Tod darnieder. Das Fieber versengte mich. Der schauderhafte zweigesichtige Janus, der die Sonne auf- und untergehen sieht, flößte mir beim Schlafen und Wachen Entsetzen ein. Es kam so weit, daß ich meinen Körper verabscheute, daß ich auf den Gedanken kam, zwei Augen, zwei Hände, zwei Lungen seien genauso ungeheuerlich wie zwei Gesichter. Ein Ire versuchte, mich zum Glauben Jesu zu bekehren: er predigte mir immer wieder den Satz der Gojim – ›Alle Wege führen nach Rom‹. Nachts speiste sich mein Fieberwahn von dieser Metapher. Ich hatte das Gefühl: die Welt ist ein Labyrinth, dem man nicht entrinnen konnte, da ja alle Wege, auch wenn sie so taten, als ob sie nach Norden oder nach Süden führten, in Wirklichkeit in Rom endeten. Und die Welt wurde auch zum viereckigen Gefängnis, in dem mein Bruder schmachtete, und zur Villa Triste-le-Roy. In jenen Nächten schwor ich bei dem Gott, der aus einem zwiefachen Antlitz blickt, und bei allen Göttern des Fiebers und der Spiegel, daß ich um den Mann, der meinen Bruder eingekerkert hatte, ein Labyrinth spinnen würde. Ich habe den Schwur gehalten, das Labyrinth ist gesponnen und das Gespinst ist dicht. Seine Bestandteile sind ein toter Ketzermeister, ein Kompaß, eine Sekte des 18. Jahrhunderts, ein griechisches Wort, ein Dolch, die Reklame-Rauten einer Eisenwarenhandlung.

Auf den ersten Bestandteil dieser Reihe brachte mich der Zufall. Ich hatte mit ein paar Kollegen – unter ihnen Daniel Azevedo – den Raub der Saphire des Tetrarchen vorbereitet. Azevedo verriet uns. Mit dem Geld, das wir ihm vorgeschossen hatten, besoff er sich und nahm die Sache einen Tag zu früh in Angriff. In dem großen Hotel verirrte er sich. Gegen zwei Uhr morgens brach er in Yarmolinskys Zimmer ein. Der, weil er an Schlaflosigkeit litt, hatte sich an die Schreibmaschine gesetzt. Wahrscheinlich wollte er sich ein paar Notizen machen oder einen Artikel schreiben über den Namen Gottes. Die Worte *Der erste Buchstabe des NAMENS ist artikuliert worden,* hatte er bereits geschrieben. Azevedo forderte ihn auf, sich nicht zu rühren. Yarmolinsky streckte die Hand nach der Klingel aus, die alles im Hotel mobil gemacht hätte. Da stieß ihm Azevedo das Messer in die Brust. Es war beinahe eine Reflexbewegung. Ein halbes Jahrhundert Violenz hatte ihn gelehrt, daß das Sicherste und Einfachste ist, zu töten … Zehn Tage später las ich in der *Yiddischen Zaitung,* daß Sie in den Schriften Yarmolinskys den Schlüssel zum Mord an Yarmolinsky suchten. Ich las die *Geschichte der Sekte der Hasidim.* So erfuhr ich, daß die Ehrfurcht vor dem Aussprechen des Namens Gottes zu der Lehre geführt hat, dieser Name sei zu allmächtig und geheim. Ich erfuhr zudem, daß einige Hasidim, auf der Suche nach diesem geheimen Namen, auch vor Menschenopfern nicht zurückgeschreckt waren … Da wurde mir klar, daß Sie vermuteten, der Rabbiner sei von den Hasidim geopfert worden. Und diese Vermutung zu rechtfertigen, machte ich mir nun zur Aufgabe.

Marcelo Yarmolinsky starb in der Nacht des dritten Dezember. Für das zweite ›Opfer‹ erwählte ich die Nacht des dritten Januar. Yarmolinsky starb im Norden. Für das zweite ›Opfer‹ dünkte uns ein Ort im Osten passend: Daniel Azevedo war das ›Opfer‹, das wir brauchten. Er hatte den Tod verdient: er war ein Triebmensch, ein Verräter. Seine Verhaftung hätte den ganzen Plan zunichte machen können. Einer von uns hat ihn erstochen. Um seine Leiche mit der vorhergehenden in Zusammenhang zu bringen, schrieb ich über die Rauten der Eisenhandlung: *Der zweite Buchstabe des NAMENS ist artikuliert worden.*

Das dritte ›Verbrechen‹ fand am dritten Februar statt. Wie Treviranus erraten hat, handelt es sich nur um ein Scheinverbrechen. Gryphius-Ginzberg-Ginsburg – bin ich. Eine endlose Woche, dazu mit einem schütteren falschen Bart, habe ich in jenem widerwärtigen Loch in der Rue de Toulon verbracht, bis meine Freunde mich endlich entführten. Vom Trittbrett des Wagens aus schrieb einer von ihnen an die Tafel: *Der letzte der Buchstaben des NAMENS ist artikuliert worden.* Dadurch kam in Umlauf, daß es sich um eine Dreizahl von Verbrechen handle. So hat es die Öffentlichkeit auch verstanden. Ich schaltete jedoch verschiedentlich Hinweise ein, damit Sie, der Logiker Erik Lönnrot, erraten sollten, daß es sich um eine Vierzahl handle. (Ein unerhörter Vorfall im Norden, zwei weitere im Osten und im Westen schreien nach einem vierten im Süden). Außerdem besteht das Tetragrammaton – der Name Gottes, JHVH – doch aus *vier* Buchstaben. Die Harlequine und die Reklamerauten des Eisenladens deuteten ebenfalls auf *vier* Elemente hin. Im Handbuch von Leusden unterstrich ich dann die bewußte Stelle. Sie besagt, daß die Hebräer den Tag von Sonnenuntergang zu Sonnenuntergang rechnen. Die Stelle gibt zu verstehen, daß die Morde alle am *vierten* des jeweiligen Monats stattgefunden hatten. Ich schickte auch das gleichseitige Dreieck an Treviranus. Ich sah voraus, daß Sie den fehlenden Punkt ergänzen würden, den Punkt nämlich, der eine vollkommene Raute ergibt, den Punkt, der im voraus den Ort bestimmen sollte, wo Sie ein exakter Tod erwartet. All das habe ich geplant, um Sie, Erik Lönnrot, hierher zu locken, in die Einsamkeit von Triste-le-Roy.«

Lönnrot wich den Augen Scharlachs aus. Er sah hinaus auf die Bäume und auf den Himmel, die in trüb gelbe, grüne und rote Rautenfelder zerschnitten waren. Er fröstelte ein wenig und empfand eine unpersönliche, fast anonyme Traurigkeit. Es war schon Nacht. Aus dem staubigen Garten drang der unnütze Ruf eines Vogels herauf. Lönnrot überdachte zum letzten Mal das Problem der symmetrischen und periodischen Morde.

»In Ihrem Labyrinth sind drei Linien zuviel«, sagte er schließlich. »Ich weiß von einem griechischen Labyrinth, das aus einer einzigen, geraden Linie besteht. Auf dieser Linie haben sich schon so viele Philosophen verirrt, daß ein bloßer Detektiv sich des Irrens nicht zu schämen braucht. Scharlach, wenn Sie in einem anderen Avatar wieder Jagd auf mich machen, dann fingieren – oder begehen – Sie bitte ein Verbrechen in A, dann ein zweites in B, acht Kilometer von A entfernt; daraufhin ein drittes in C, vier Kilometer von A und B entfernt, auf halbem Weg zwischen beiden. Danach erwarten Sie mich bitte in D, zwei Kilometer von A und C entfernt, wiederum auf halbem Weg. Und töten wollen Sie mich bitte in D, so wie Sie mich jetzt in Triste-le-Roy töten werden.«

»Wenn ich Sie das nächste Mal töte«, entgegnete Scharlach, »verspreche ich Ihnen dieses Labyrinth, das aus einer einzigen geraden Linie besteht und das unsichtbar, unaufhörlich ist.«

Er trat einige Schritte zurück. Dann gab er sehr umsichtig Feuer.

1944

ADOLF MUSCHG

Erziehungsroman eines Vampirs

Ich bin kein Mensch; der Sage nach bin ich eine menschliche Fledermaus mit blutigen Reißzähnen. Das Bild ist so erheiternd, daß sich mein Entsetzen diesen Scherz gern gefallen läßt. – Mein Entsetzen, Mijnheer, wovor fürchte ich mich denn? Nicht vor dem Schreiben. Ich schreibe, also lebe ich: *dieser* Satz hat entschieden keinen Sinn; übrigens so wenig wie sein Gegenteil. Ich bin weder tot noch lebendig, wenn ich schreibe; das Schreiben ist eine eigene Verfassung, ein dritter Zustand, eine Reduktion auf leeres Papier, die gespannte Erwartung auf nichts als Zeichen, die sich statt meiner rühren – da Sie den Begriff des Stillebens für sich gepachtet haben, werde ich ihn hier vermeiden. Ich weiß nicht einmal, ob ich Ihnen mit Lust schreibe – und doch tue ich es nicht aus Gefälligkeit; ich schreibe, um wenigstens *weder* tot noch lebendig zu sein. Wenn sich Schreibende gern darüber beklagen, wieviel ihnen schreibend zum Leben fehle, muß es doch einmal gesagt sein: auch zum Totsein fehlt allerhand. Man ist nicht nur tot, wenn man schreibt, man ist wach, wach in der Nacht. Man schläft nicht, wenn andere schlafen. Man *vertreibt* sich die Zeit mit Schreiben nicht nur – auch wenn man sie verlieren mag –, man verdichtet sie zu einem durchsichtigen Körper. Geisterhaft ist die Sache schon, aber solang man sie betreibt, fürchtet man die Geister nicht, man ruft sie, und da man auf ihrer Seite ist, spürt man auch kein Entsetzen. Wer sich versetzt, entstellt fühlt wie ich, betreibt das Entsetzen eher wie eine Art von Heimkehr – alles Geschriebene ist ein Heimkehrversuch.

Das wahre Entsetzen, Mijnheer, beginnt erst da, wo ich mit der Erwartung von Lebenden zusammenstoße. Dann fürchte ich mich auch vor mir selbst, dann vermute ich schreckliche und ansteckende Todeskeime in mir, und diese Vermutung mag es sein, die mich außer mich bringt und zu den Ärzten treibt. Ich bin kein Gehülfe von Hoffnung; wenn es mit rechten Dingen zuginge, hätte ich am Krankenbett der Hausgenossin nichts zu suchen. Mein Entsetzen nährt sich von der Furcht, daß ich Gift für sie und mit ihrem Tod im Bunde sein könnte – gegen meinen Willen, Mijnheer, gegen meinen besten Willen. Aber wäre diese Furcht nicht wiederum beinahe ein Lebenszeichen? Wenn ich ausgezogen bin – aus jeder Heimat ausgezogen, Mijnheer! – um das Fürchten zu lernen, bin ich dann mit meiner Furcht, Frau Mona zu töten, bei ihr nicht endlich am rechten Platz; könnte sie nicht recht haben mit ihrer frommen Annahme, ich brauche nur zu erzählen, damit sie lebe? Ich weiß es nicht, darum schreibe ich, schreibe ich Ihnen; ich weiß es nicht, was ich lebendem Fleisch und Blut antue, wenn ich erzähle, ich fühle mich unberechenbar. Dagegen ist das Schreiben die reine Erholung. Durch meine Abwesenheit korrespondiere ich mit der Ihren, als verstünden wir uns.

1988

2 Einer von uns?

BRAM STOKER

Draculas Telegramm

Bistritz.

Tragen Sie ja Sorge um meinen Gast – seine Sicherheit liegt mir ganz besonders am Herzen. Sollte ihm das Geringste widerfahren, sollte er vermißt werden, dann tun Sie alles Menschenmögliche, ihn zu finden und ihn in Sicherheit zu bringen. Er ist Engländer, also abenteuerlustig. Wie oft drohen Gefahren durch den Schneefall, von Wölfen, von der Nacht. Verlieren Sie keine Sekunde, sobald Sie vermuten, es könnte ihm etwas zugestoßen sein. Ich bezahle Ihre Umsicht mit meinem Vermögen. – *Dracula.*

1914

FRITZ HAARMANN

»früher habe ich nur ...«

früher habe ich nur mit Mädchen Pussirt, aber als ich vom Militär als Invalide kam, ging das nicht mehr und da lernte ich schwule Leute kennen und ich habe seitdem nur noch mit Jungens Pussirt ich liess bei mir Massiren und ich tat es bei den Jungens auch die Jungens mussten aber immer 16–20 Jahre alt sein sonst macht es mir keinen Spass mit den Jahren wird mein kleiner Mann nicht mehr steif und dann lernte ich das Küssen und das geht gut bei allen Geschlechtsverkehr ist Küssen das beste welche Jungen wollen haben das mann lutschen tut an den Puthemann macht ja auch spass wenn es nicht in den Mund kommt aber meistens führen die Bengel einen an und lassen einen alles in Mund kommen. Ich habe in der Cellerstr. Friedel umgebracht wir haben Pussirt des Morgens lag Friedel tot im Bett und ich hatte Fridel tot gebissen ich habe sehr geweint und wusste nicht was ich machen sollte und dann habe ich Fridel Beerdigt und kaput geschnitten und dann habe ich keine Jungens mehr umgebracht weil Emma aufpasste. Als ich Hans kennen lernte ging es auch noch aber als ich meine strafe abmachen musste und wieder kam hatte ich mich sehr geärgert weil Hans alles verkauft [hatte] und dann brachte Er immer die Weiber mit und Alles Geld ging flöten und immer hat mich Hans geärgert dann wird mann Nervöss und Krank ich wollte ja keinen Umbringen aber immer ab und zu war wieder einer Tod wenn ich nun geköpft werde schadet es auch nichts ich freue mich dann habe ich Ruh. Ich wollte immer Hans sollte aufpassen das sowas nicht wieder vor kommen sollte aber als Hans merkte was mit mir los war da nutzte er dieses aus und Hans brachte immer dann Jungens erst recht mit und wenn dann wieder einer Tod war dann Verkaufte Hans das Zeug ich wollte mich ja in Acht nehmen aber die Jungens liefen hinter mir her und wollten immer mit oder Hans brachte welche mit und wenn die sich satt gegessen hatten dann habe ich diese immer wieder fortgeschickt diese Jungens kamen aber immer wieder und wenn ich auch noch so schimpfte sie wollten bei mir schlafen oder Hans tat die jungens alles sagen wie sie mit mir Pussiren sollten und Küssen und wenn die Jungens so scharf waren dann wurde ich Krank denn manchmal 3–5 mal ist sehr viel Pussirt im Tage und wenn ich noch so bat lass mich in Ruhe die kamen wieder und dann werde ich nervös und dann war wider was Passirt Hans holte das Zeug ich bin ein Guter Junge ich wollte es ja nicht aber es ist doch schrecklich diese Angst wenn einer Tod ist und wegbringen Hans ich bin doch ein Mensch mit zwei Selen habe ich dann gesagt wie ist dieses möglich Hans Küsste mich dann wieder ich weinte warum passte Hans aber auch nicht auf ich muss einen Freund haben der Aufpasst und nicht so leichtsinnig sein Du hast mich doch nur ausgenutzt hast mir alles genommen Geld und Gut und wenn ich Schimpfte Dich herausschmiss liesst Du mich keine Ruh ich meinte es Gut mit Dir und ich wollt einen Freund haben der in meinen Alter für mich sorgte damit die Kinder nicht alle hinterher liefen. Ich habe für Hans mein Herzblut gegeben Betteln und Stehlen gegangen und Du hast alles durchgebracht ich sterbe nun bald tue Busse ich bete für Dich Dich soll keiner was tuen denn Du hast ja keinen umgebracht tue andern ein treuer Freund sein und nicht so wie bei mir alles weg nehmen und stehlen hättest Du mann nach mir gehört und alles Geld gespart und nicht Verhurt lieber Hans sei lieb und Gut zu mir ich will auch alles für Dich tuen nur sei Ehrlich zu mir ich habe doch keinen Menschen als Dich aber Du warst mir ein Kuckucksei an meinem Busen eine Schlange das habe ich Dir doch schon so oft gesagt Hans warum Verfolgst Du mich und richtest mich zu Grunde sei doch Ehrlich zu mir ich gab Dir doch alles nun geht es bald loss das Köppen dann bin ich bei Mutter ich freue mich ich bin doch berühmt so weit die Welt ist Emma ärgert sich und Adolf und Henny und Willi schadet nichts die haben mich auch um mein Mütterliches Erbteil gebracht. Ich schreibe Dir diese Tage einen Brief Hans oder ich komme mit Herr Retz nach Dir mal hin heute habe ich genug geschrieben ich weiss heute nicht mehr morgen fange ich wieder an. Ich könnte noch sehr viel schreiben aber Herr Professor will heute dies schreiben haben lebt alle wohl ich will von diesem Gelde ein Denkmal haben gross 4 bis 5 Meter hoch mit meinem Bilde auf den Stöckener Kirchhof darauf soll stehen zum Ewigen Andenken an den Massenmörder Fritz Haarmann und seinen Opfern die Knochen sollen alle mit Beerdigt werden und alle Welt soll noch in 1000 Jahren von mir sprechen. Ein guter Mensch war Fritz doch die Bücher bringt Herr Professor zum Verkauf ich will auch eines davon haben zum Lesen wegen den dummen Briefe von Menschenfresser ist schlecht von Euch und Fliegen fangen schämt Euch und Aufhengen [Aufhängen] hättet Ihr wohl spass an wenn ich es machte Dummheit tut Ihr Euch doch Aufhengen Hans soll soviel Geld haben das Er ein Geschäft damit Anfängt von Herr Professor von den Büchern und soll jedes Jahr mir einen Kranz bringen auf mein Grab bloss Ihr sollt nicht alle so viel Lügen was nicht war [wahr] ist wär [wer] zu meiner Beerdigung kommen soll sage ich noch sagen nochmals Allen besten Dank für Alles Guter Herr Retz Herr Oberstaatsanwalt Herr Untersuchungsrichter Herr Professor und meine Herren Schweimler, Reich, Lange und Sermont Alle Alle habt Dank der Scharfrichter soll sein Messer scharf machen ich bin bereit Mutter ich komme zu Dir Du warst die beste Emma und Adolf Grüsse ich Ihr musstet so Ehrlich sein wie ich es zu Euch war ich hatte Bruder lieb zu Euch Ihr habt mich aber immer Belogen und Betrogen um mein Erbteil schämt Euch denn Ihr könnt es vor Gott nicht Verantworten das der Alte Haarmann so schlecht war zu mir wusstet Ihr und nachher habt Ihr mit Ihm unter einer Decke gesteckt das Pfluche ich Euch bis in Ewigkeit Amen.

Mit Gruss an Alle
Fritz Haarmann.

1924

THEODOR LESSING

Der Haarmann-Prozeß

I.

In Hannover, einer Stadt von 450 000 Einwohnern, wurden in den Jahren 1918 bis 1924 auffallend viele Menschen vermißt. 1923 etwa 600. Die Statistiken zeigten, daß es meist Knaben und Jünglinge waren. Im Mai 1924 fand man die ersten Knabenschädel. (In den Jahren zuvor zerkleinerte Haarmann die Schädel.) Im Juni abermals Schädel. Allmählich entstand eine Volkspanik. Die Leute wanderten in Massen auf die Brücken und an die Ufer des Leinestroms. Alles suchte und fand Knochen. Mitte Juni 24 verbreitete sich der Volkswahn: ›In der Altstadt verschwinden Kinder. Es wird mit Menschenfleisch gehandelt.‹ Verschiedene Spuren wiesen auf Lustmorde hin. Da immer nur Knaben und Jünglinge gefunden wurden, so riet man auf ›Homosexuelle‹. Als solche waren damals etwa 500 Personen eingeschrieben. Kriminalpolizei, Sicherheitspolizei und Gerichtsarzt rieten auf eine stadtbekannte Person. Auf den Kriminalspitzel und Kleiderhändler Fritz Haarmann. Ein allerweltbefreundeter, wunderlicher und verschlagener Mensch. Ihn zu überführen und einzufangen fiel sehr schwer. Es lagen freilich schon viele alte Mordanschuldigungen vor. Schon fünf Jahre früher war er verwickelt gewesen in Untersuchungen wegen Knabenmordes. Man war aber den Spuren immer nur lässig und ungläubig nachgegangen. Denn erstens erwies sich dank wunderlicher Zufälle bei den wenigen Malen, wo man durchgriff, der Mann immer als unschuldig. Und zweitens stand ja der Mann unter Polizeiaufsicht, war Vigilant im Dienste der Behörde und mit vielen subalternen Beamten zutraulich versippt; leitete sogar selber zusammen mit einem Kriminalkommissar a. D. eine Art ›Detektivinstitut‹, und keiner traute ihm zu, eine ganz zwecklose Manie, zu morden. Erst am 23. Juni nahm man den Mann fest; wieder nur dank einem Zufall. Und ein letzter ganz erstaunlicher Zufall brachte endlich das völlig überzeugende Indizium. Das Geständnis wurde nur langsam abgepreßt; durch ein langsames Martern. Und nachdem es einmal heraus war, wurde der in sich verschlagene Mensch wie aufgelöst, wurde geschwätzig-mitteilsam und brachte nun (immer freilich nur, wo man schon Beweisstücke hatte) Mord nach Mord ans Tageslicht. Im ganzen zwischen 20 und 30. Sie gingen zurück bis 1918. – Über die Zahl seiner Opfer sagt er: »Es können fünfzig gewesen sein; vielleicht mehr; ich weiß es nicht.« In den meisten Fällen pflegte er als revidierender ›Kriminalbeamter‹ unter den Augen der dort stationierten drei Behörden in den Wartesälen des Hauptbahnhofs an junge Menschen heranzutreten: Obdachlose, Durchreisende, Abenteuerlustige. Er lud sie zum Essen ein und bot ihnen Unterkunft für eine, oft für mehrere Nächte. Bei dieser Gelegenheit biß er ihnen, den Vagusnerv lähmend, die Kehle durch. Die Spuren verwischte er sorglich; verschenkte die Kleider des einen sofort an einen andern, oder er ließ sie durch seine zwei Hehlerinnen unauffindbar verschleppen. Zunächst handelte es sich wohl um eine Triebneurose. ›Tötungsmonomanie‹ auf der Basis partiellen Schwachsinns. Aber bei jahre-, vielleicht jahrzehntelanger Gewöhnung an solch triebhaften Vampirismus wurde das Menschentöten in einer von niemand geahnten Heimlichkeit (diese ›Heimlichkeit‹ gehörte *mit zur* Wollust), ja wurde vielleicht schon das Hantieren mit Leichenteilen (man kennt ja bei Infantilen diese Fälle von Nekrophilie) zum Zwangsautomatismus (denn dieser Mensch sitzt voll von lauter ›Automatismen‹) – Dies ist eine Art Irrsinn; aber der Irrsinn liegt im Tun *selbst.* Dabei bleibt natürlich der intellektuelle Oberbau vollkommen intakt. Auf diesen Fall ist der § 51 des Strafgesetzes nicht anwendbar; daher kann auch nach Norm dieses Paragraphen nicht psychologisch begutachtet werden. Es fehlten hier alle stabilisierenden ›Hemmungen‹ (das, was man bei

›Zurechnungsfähigkeit‹ voraussetzen *muß*); an ihre Stelle treten genau wie beim Tier die automatischen Triebreaktionen; es ist auffallend, daß keiner der Sachverständigen diese Stereotypien bemerkt und studiert hat. Hier fehlte (und Mitleid ist die Wurzel aller Ethik) jede Möglichkeit ›altruistischer‹ Regung. Wo das Tier in ›Liebesrausch‹ gerät, da vernichtet es oder will vernichtet werden. Wie tönt doch der ungeheuerlichste Aufschrei des in Zuchthäusern verunzüchteten Lebens, wie klingt er aus Wildes Zuchthausballade:

›Und jedermann mordet sein liebstes Ding,
Damit ihr es alle nur hört!
Der eine tuts mit bösem Blick,
Der andre mit Schmeichelwort,
Der Feigling tuts in einem Kuß,
Der Held mit seinem Schwert!‹

II.

Das Triebungeheuer hatte sich nun hineingefilzt in ein schmutzstarrendes Rattennest von Dieben, Buhljungen, Dirnen, Hehlern und Hehlerinnen. Dostojewskis: Verworfene und Entgleiste. *Auch* Menschen mit Menschengefühl! Die an der Gesellschaft nur dasselbe tun, was die Gesellschaft tat an ihnen: Wucher treiben mit dem Leben. In diesem Falle mit *krankem* Leben! Sie schmarotzten symbiotisch auf seiner geheimen Mordmonomanie! denn einmal mit Töten angefangen, so tötet man auch (wie im Kriege) ohne Sexualeffekt; Geschlecht ist eben *alles*. Für sie alle war der Haarmann einmal der leichtlenkbare ›dumme August‹. Andrerseits: ›Der bessere Herr, welcher Geld hat.‹ Vor allem aber der ›Herr Kriminal auf'm Bahnhof‹, welcher das Fahndungsblatt liest, in den Wachtlokalen aus und ein geht, die Razzien kennt, die Zuchthäuser, die Zinken, die Gaunersprache, kurz ein rechtes Auskunftsbüro ist für alle, die am Rande des Lebens ein möglichst arbeitsloses Leben führen. Die Leute wußten manches, aber sie sahen nicht so genau hin. Sie nahmen ja nicht aktiv teil und kannten auch nicht den ganzen Umfang der Mordtrieb- und Kadaverperversionen. Mitwisser wurden wohl auch gelegentlich verschoben. Sie gingen (in der Sprache dieser Höhlenmenschheit) verschütt. Einer (so glaub ich) wurde kaltgemacht. Alle spielten ›Vogel Strauß‹. – Aber was war das auch für eine Zeit! Die aus fünfjährigem Völkermorden übriggebliebene verwahrloste Jugend hatte die Lehre begriffen: Man kann um ein Paar Stiefel den *Feind* morden. Und jeder ›andere‹ *ist* Feind. Das war im Kriege verdienstlich. Und jetzt war unsere Elendszeit. Ein Paar Stiefel kosteten ein Vermögen. Man trug Fetzen; sollte man da so genau hinsehen, woher die Hose kam?

Unter der wimmelnden Buhljungenschar Haarmanns war ein *ganz* schlauer: 17jährig, blond, strahlend, herzgewinnend, bildhübsch: Hans Grans; aus einem Elternhaus, wo ›Armut sitzt an Stelle der Seele‹. Am Morgen vor dem Todesurteil des Jungen (wofür er der unerhörten Unfähigkeit der Verteidiger danken mag) sagte ich zu den Angehörigen: »Lassen Sie im Zuchthaus Ihr Kind nicht im Stich.« Die Mutter meinte: »Kommt er ins Gefängnis, so nehmen wir ihn wieder auf; kommt er ins Zuchthaus, dann müssen wir uns lossagen, sonst fällt Schmach auf die Familie.« Oh, Schiefheit unserer ›Moral‹. Gott sieht die Seelen. Und die Seele war hier verglast. Nur ›Zwecke‹ blieben übrig. Ein ichbezüglicher junger Taugenichts, ein eiskalter Intelligenzverbrecher (im Gegensatz zum Triebverbrecher), immer bei Dirnen, immer beim Würfelspiel, der den Alkohol so nötig hatte, wie Haarmann ihn meiden mußte, flog wie ein Aasgeier auf den großen Kadaverhauf. Er hatte kein Geld. Er machte sich an Haarmann heran, um (als Buhljunge) Geld zu verdienen. Aber er fand da so etwas wie Zuflucht und Bleibe; mehr als in dem zwei Schritt daneben liegenden Armutskasten von Elternhaus. Haarmann wurde ihm so etwas wie Verbrechererzieher und Vater. Sie lebten vier Jahre zusammen, zwei feine Herren, in den besseren Restaurants herumsitzend und im Herzen primitiver als Raubtiere; häufige Typen. Haarmann ›verliebte‹ sich in Grans, nicht eben geschlechtlich, aber *auch* geschlechtlich und ein wenig sentimental. ›Hans soll mir einst mein Grab schmücken.‹ ›Zu Hans und seiner Frau ziehe ich, wenn ich alt bin.‹ Hans hatte Haarmann ›recht gern‹; er hatte Anhänglichkeit, zuweilen etwas Dankbarkeit und sogar ein bißchen Mitleid mit dem ›dämlichen Kerl‹, der mehr als zwanzig Jahre älter, dennoch so lenkbar und nutzbar war und hundertmal rabiat geworden, hundertmal wieder butterweich wurde, wenn man ihn nur um die Taille nahm und küßte (vorsichtig die Arme festhaltend, denn er sprang so gern an die Kehle und sog sich da wütend fest). Das Gefühlsverhältnis zwischen den beiden ist im Laufe des Prozesses ganz klar geworden. ›Non tecum vivere possum, non sine te.‹ Aber da waren die ›anderen‹. Die rührende blonde Elfriede, die ›Braut‹ von Grans, dies dumme, arme, demütige Küchenmädchen, das ihre sieben Mark Wochenlohn dem Liebsten bringt, welcher sie prügelt, und vor Gericht in jedem Blick, jedem Wort für ihn um Gnade weint, seine Mißhandlungen leugnet und, als sie nachgewiesen werden, sagt: »Ja, *ein* Mal; aber es tat nicht weh.« Da sind Dörchen und Elli, hybride Geschöpfe, höchst vorurteilsfrei und tüchtig. Alle entfremdeten den Grans dem Allgaunervater Haarmann, und vor allem einer, den Haarmann wie die Pest haßt, denn er ist seines Hans *anderes* und zweifellos ›besseres‹ Ich: Hugo Wittkowski, ein Junge zum Verlieben, klare, lebendige Augen, dunkle Haare, ein voller sinnlicher Mund, klug und doch nicht ganz ohne Phantasie; besseres Naturmaterial als so mancher, welcher ›niemals aß von des Schierlings betäubenden Körnern‹. Diese alle säten in Haarmanns Tiernatur: Rachsucht und Eifersucht. Er hätte am liebsten (das ist die Rachelust verschmähter Sexualität) den liebsten unter seinen Buhljungen mit ins Grab hineingerissen … (›Hugo‹ aber sollte *auch* mit. Denn Hugo haßt er aus vielerlei recht unkomplizierten Gründen). Dieses Attentat auf Grans versteckte der Erzschauspieler zuerst unter der Maske des Schonenwollens: › Hans ist noch so jung. Hans soll Weihnachten bei seiner Mutter sein.‹ Als das Attentat gelang, zuckte er schon wieder zurück; und jetzt hätte man Grans, dem wie Undine Seelenlosen, nur ein paar *seelische* Direktiven zu geben brauchen. (Große Verteidiger müssen auf der Seele ihrer Klienten spielen. Dazu muß man Seele haben. Diese Herren hatten Klötzel.) Von Haarmann läßt sich nur sagen, daß es nichts gibt, wozu man ihn nicht bringen könnte. Hier sind alle unsere bösen Urtriebe. Denn wir sind alle feige und wild verwegen, eigenbezüglich und hörig, brutal und sentimentalisch. Selten aber ist ein Geschöpf so eitel und so geil; gespielte und wirkliche Anhänglichkeit, gespielte und wirkliche Taperigkeit, gespielter und wirklicher Irrsinn (wie bei Hamlet) verfilzt und überdeckt einander. Dieser Fall ist kriminalpolitisch langweilig. Denn ob der arme Hyänenmensch nun zwanzig- oder dreißigmal geköpft wird, kann ja gleich sein. Die Todesstrafe kann nicht versöhnen; das Irrenhaus (aus dem er vom Tribunal *echter* Seelenkunde nie herausgelassen wäre) würde erst recht unbefriedigend sein. Selbstmord oder schnelle Lynchjustiz (so tief wir sie sonst verachten) wären noch das befriedigendste gewesen. Anders liegt es bei Hans Grans. Da ist *gerechte* Auswertung schwieriger. Wenn der Sumpf die Schlange ausbrütet, soll man nicht auch den Sumpf, soll man *nur* die Schlange judifizieren? Wenn die Gemeinschaft und ihre Behörden blind sind, wenn sie Armut, Laster, Selbstfeilbietung, Verbrechen nicht bewältigen können, oft vielleicht selber fördern helfen, soll dann ich, der Zwanzigjährige, Ausgestoßene und Abgedrängte, der *Einzige* sein, welcher alles sieht und alles *sagt,* was er sieht? Und gibt es auch nicht noch ganz andere Leute, Herren und Damen in sehr feinen Kleidern und mit Autos, welche, vom Blute armer Jugend lebend, ›Vogel Strauß‹ spielen? Kinder in Kellerlöchern, an Webstühlen, in Bergwerken und all das Menschenmorden und Menschenverhungern fünf Jahre lang, und zwölf Millionen

Tote, wußten wir *alle* nicht davon und spielten dennoch ›Vogel Strauß‹? Und angenommen einmal: Ich weiß etwas Schreckliches, weiß das Allerschrecklichste von dem, der noch der einzigste ist, welcher mir so etwas erweist wie Väterlichkeit oder Freundschaft oder Liebe, oder wie man sonst dies *Dumpfe* nennen will; und ich schweige ehern und liefere ihn nicht dem Staate aus ans Henkermesser, muß das *nur* ›Schmarotzertum‹, nur ›Lebensparasitismus‹ sein? Hier spricht eben noch sehr vieles dafür, *nicht* zu töten (was vom Standpunkt der Natur freilich immer Gnade, vom Standpunkt der menschlichen Rechtssatzung aus aber barbarische Sinnlosigkeit ist). Man wird auch bemerken, daß Haarmann, wenn er seinen Triumph: den jungen Grans mit ins Grab zu reißen, ausgekostet hat, völlig zusammenbrechen und ihn entlasten wird. Ich will kein Psychologe, will nichts als Professor der Psychologie sein, wenn es anders kommt.

III.

Dieser Prozeß wird in die Geschichte der Kriminalistik übergehen. Die besten deutschen Schriftsteller (ein guter Gedanke von Rudolf Leonhard) sind zusammengetreten, um einen ›Neuen Pitaval‹ zu schaffen und die wichtigsten Kriminalfälle unserer Zeit auf die Nachwelt zu retten. In diese Sammlung wird auch meine Darstellung des Prozesses (an der ich nichts zu widerrufen habe) übergehen. Dort sollen dann auch die Typen des Gerichtshofes: Der Vorsitzende, die Staatsanwälte, die Sachverständigen, die zwei Offizial-Verteidiger, bildhaft sichtbar gezeichnet werden, und ich wünsche mir dazu die liebevolle Drolerie von Dickens und den lachenden Witz von Shaw. Schweigen aber möchte ich über die prozeßtechnischen Irrtümer und über die Vergewaltigung der freien aufrechten Überzeugung. Darauf geben schon *andere* Antwort. Nicht freilich gerade die Feuilletonredakteure des ›Hannoverschen Kurier‹ oder des ›Trippstriller Intelligenzboten‹, aber alle deutschen Schriftsteller von Selbstachtung und Würde. Denn: Magna est vis veritatis et praevalebit.

An dem Tage, wo dieses Schlußblatt in die Welt flattert, wird noch einmal Gericht gehalten. Gericht über das Gericht. Die Väter und Mütter von dreißig getöteten Kindern kommen, bevor jedes zurück in die Heimat fährt, noch einmal bescheiden zusammen. Darunter ist keiner, der nicht fühlt, daß ihm mit unserer Rechtsführung ein bitteres Unrecht geschah. Darunter ist keiner, der nicht fühlt die ungeheure *Heuchelei* der Rechtsmaschinerie. Darunter ist keiner, der nicht *weiß*, daß dieser Prozeß keine einzige der schwebenden Fragen uns beantwortet hat. Wie *konnte* so Wahnsinniges geschehen? Warum erkannte die Psychiatrie nicht schon längst Haarmanns Triebirrsinn? Wo liegt die Schuld? Warum versagten die Polizei- und Rechtsinstitutionen? Die armen Menschen, sie wollen eine gemeinsame Klage gegen Behörden führen. Ich kenne Zeit und Welt genug, um zu wissen, daß das nicht hilft. Aber ich will die verarbeiteten Hände der Zermürbten fassen und ihnen Mut geben. Damit aber Schluß! Ich küsse die Stirn meines Kindes und zünde den Weihnachtsbaum an.

1924

ERICH WEINERT

Haarmann

Wie blubbert doch die Volkesseele
Mit schaurig zugeschnürter Kehle
Bei jedem Polizeibericht,
Wenn man was Neues aus der Haarmannshöhle
Zu lesen kriegt.

Vom Nachttopf bis zum Küchenmesser,
Je detaillierter, desto besser!
Mit sanftem Graun betrachtest du
Inkriminierte Marmeladenfässer
Mit Hirnragout. –

Daß, der die Sünde widers Fleisch tat
Im sozialen Polizeistaat
Seit Jahren wirkte ungestört,
Hat jeden Untertan im deutschen Freistaat
Zutiefst empört.

Doch nein, das wäre Unterschätzung
Der Polizei und Volksverhetzung.
Er schlachtete nicht offiziell.
So was tat nur, in Zeiten der Besetzung
Die O. H. L. [= Oberste Heeresleitung]

Hier dämmert mir des Rätsels Lösung:
Ein Individuum der Verwesung
Erhebt, symbolisch ins Quadrat,
Was man in großer Zeit zur Volksgenesung
Im ganzen tat.

Nimmt man den Sünder ins Examen,
So fällt er gar nicht aus dem Rahmen
Im Gegenteil, er ähnelt ganz
Den Helden, die uns massakriert im Namen
Des Vaterlands.

So mancher Champion im Morden
Ist damals ausgezeichnet worden,
So mancher Recke comme il faut
Erhielt den Haarmann-der-Cherusker-Orden
Für Mord en gros.

Was? Übereifer? Kriegspsychose?
Macht euch man bloß nicht in die Hose!

Ihr habt sechs Jahre Friedensmord!
Auch hierin schlagen wir, in Heldenpose,
Den Weltrekord.

Wenn heute, mit perverser Kälte,
Der höchste aller Staatsanwälte
Am liebsten, wie es früher Brauch,
Den Proletarier an die Mauer stellte,
Ist das nicht auch ...?

Der sich in Bajonetten sonnte,
Der ungestraft tranchieren konnte,
Der deutsche Haarmann lebt. Gebt acht!
Er wittert schon am fernen Horizonte
Die Haarmannsschlacht.

1924

ALFRED DÖBLIN

Das Leben Jacks, des Bauchaufschlitzers

Nachdem nun Jack der Bauchaufschlitzer so vorgegangen war, in der Dachkammer, die er sich für einen Schilling gemietet hatte, und nachdem er sich durch die Erledigung seines Opfers noch in den Besitz von drei Schilling und einem Samtgürtel gesetzt hatte, holte er einen schon vorbereiteten Sack unter dem Bett hervor, steckte sein Opfer hinein, welches Angela Kalb hieß, und trug es stückweise die Treppe hinunter. Es begegneten ihm Hausbewohner mit Wachsstreichhölzern auf diesem Weg und sagten: Guten Abend, Jack, wohin so spät. Er antwortete: Ich habe noch allerhand zu erledigen. Was sie mit Schauer erfüllte, denn sie wußten, wer er war und daß er in dem Sack wieder ein Mädchen ganz oder teilweise trug. Aber obwohl sie das wußten und überhaupt keine guten Gerüchte über seinen Ruf beziehungsweise kein guter Ruf über seine Gerüchte umging, wagten sie nicht zu fragen, wer es diesmal war und was er gerade von ihr heruntertrug. Denn sie dachten: Jeder kehre vor seiner Tür, und wer zuletzt lacht, lacht am besten. Damit grüßten sie denn Jack den Bauchaufschlitzer und wünschten ihm gute Nacht und gute Verrichtung, ihm und seinen Kindern und Kindeskindern. Jeder bat ihn nur, unten die Haustüre zuzuschließen, denn es sei unsicher in dieser Gegend, und man könne nie wissen, was passiert. Das versprach er auch und beeilte sich, denn er hatte selber Furcht, und niemals ist ihm freilich etwas passiert, auch nicht, daß seine Opfer, die er eine Viertelstunde entfernt unter einem Weidenbusch deponierte, dort wieder zu Bewußtsein kamen. Er stellte dies bei seinen unzähligen Taten stets mit neuer Genugtuung fest. Selbst Ehepaare, die er gelegentlich zusammen erledigte und bei deren Abtransport er aus unbekannten Gründen besonders wieder ein Wiederaufleben befürchtete, blieben unter dem Weidenbusch leblos und sprachlos und machten ihm weiter keine Umstände. Jack war noch ein junger Mann, der viel lachen konnte; Gott, konnte der lachen.

Aber sie haben ihm einmal, als er nach getaner Tat in einer Kneipe nebenan Gulasch mit Gurken und vorher eine Ochsenschwanzsuppe für sechzig Pfennig aß, den Sack mit Inhalt gestohlen, den er neben seinen Stuhl gelegt hatte. Es war damals sehr kalt, und er wollte sich erst vor dem ungemütlichen Weg nach dem Weidenbusch stärken. Da machte er nun einen Höllenkrach über die Gäste hier, das arbeitsscheue Diebesgesindel, der Wirt verbat sich das, ein englischer Schutzmann kam herein und machte ihnen unter Vorzeigung seines Knüppels allesamt Vorwürfe. Den Sack aber fand Jack richtig am Tage darauf mit Inhalt in der Kneipe wieder, wie er erwartet hatte, und einen frechen Zettel dabei, der ihn empörte: Schlepp doch deine dreckigen Weiber nicht in eine anständige Kneipe, du. Mach das zu Hause ab, Schweinehund. K.R. Beim Ausschütten unter dem Weidenbusch sah Jack dann noch große Knochen neben den Teilen seines Opfers; der Schuft hatte Rinder- oder Pferdeknochen zugelegt. Ich will nur sagen, dies war eine Wendung im Leben Jacks des Bauchaufschlitzers. Man hat ihn bekanntlich nie entdeckt, und die Person, die man für ihn aufhängte und so völlig erwerbsunfähig machte, war er nicht. Er war beleidigt von den Schikanen, denen man ihn jetzt aussetzte. Man zog ihn rechts und links wegen seiner Liebhabereien auf. Er konnte sicher sein, wenn er in aller Heimlichkeit eine Freundin erledigte, daß er gleich am selben Abend einen Trauerkranz unter dem Weidenbusch fand oder eine Laterne und einmal sogar einen Zaun um den Busch herum mit dem Schild: ›Wegen Überfüllung geschlossen.‹ Fassen konnte er keinen, aber überall lächelte man. Sogar die Hausbewohner benahmen sich schlecht gegen ihn. Wohin sollte er sich wenden. Er war drauf und dran, vor Ärger sich selbst die Gurgel abzuschneiden. Er ist aber bloß umgezogen und hat in einer andern Gegend einen Handel mit Einpackpapier für Konditorwaren und Tortendeckel begonnen. So ist er anständig im gewöhnlichen Sinne geworden, aber Freude hatte er nicht daran, nein, niemals. Er brauchte nur Sonntags in seine alte Gegend zu fahren, um die Mißachtung zu sehen, die man ihm wegen seiner Neigungen entgegenbrachte. Menschengunst ist wetterwendisch. Das erlebte er in voller Schärfe. Er hat geheiratet, um darüber wegzukommen. Der Frau hat er gern, liebend gern geschworen, die Zicken von früher zu lassen. Er wollte es wirklich, denn er konnte schon nicht mehr mit Messer und Gabel essen, nur mit Löffel, so war ihm alles auf die Nerven geschlagen. Aber richtig runtergeschluckt hat er die Beleidigungen doch nicht. Er hatte eben, wie man so sagt, mit der Harke eins aufs Hauptgebäude gekriegt.

Um zum Schluß zu kommen: Die Frau übernahm den Mann, der schon von Suppenresten mager geworden war, mit hundertzwanzig Pfund. Nach einem halben Jahr hatte er seine hundertfünfzig Pfund überschritten. Sie hat ihn bis auf hundertneunzig gebracht, nicht nur weil sie ihm alles vorschnitt, sondern weil er auch sukzessive ganz faul wurde. Sie übernahm seinen Handel mit Tortendeckeln und Einpackpapier, und nach ein paar Jahren hatte sie eine kleine Konditorei mit einem Stammpublikum von Liebesleuten. Jack setzte sie an die Kasse. Er hat der Frau seinen Eid gehalten, und sie hat es ihm Zeit ihres Lebens gedankt. Er war manchmal besorgt, wenn er sich so dick und immer dicker an der Kasse vorfand, sie würde ihn eines Tages erledigen und einen dünneren für ihn hinsetzen. Denn die Konditorei war klein und der Raum beengt, und neue Läden waren in London schwer zu haben oder nur für teures Geld, und woher damit. Mit trüben Ahnungen betrachtete er die Dünnen, die in seinen Laden kamen; bei jedem fragte er sich: Dein ›Nachfolger‹? Aber sie sagte, als sie seine Gedanken erriet: Wie soll ich dich denn nachher wegschleppen, Jack, du denkst auch an gar nichts, wo ich doch nur leichte Arbeit machen kann, schon wegen meinem Bruch. Das leuchtete Jack ein, und er war wieder beruhigt. Redlich und nach bestem Vermögen hat sie ihn seinen alten Kummer tragen helfen. Sie umarmte ihn oft, wenn die Liebesleute hinten beschäftigt waren: Hättst du mich doch früher kennengelernt, Jack. Dann hättst du auf die ganze bucklige Verwandtschaft da geprostet. Er seufzte: Das wollen wir nicht so schroff hinstellen, Miß Cilly. Dann hätte ich dich zerkleinert, und was gekommen wäre, wäre doch gekommen. – Ein enttäuschter, beleidigter Mann ist unser guter Jack bis zuletzt geblieben, der auch nie wählen ging. Er liebte es, von der Kasse herunter die Mädchen seiner Kundschaft zu beraten, beriet sie sehr pessimistisch in ihren Verhältnisangelegenheiten, und es zeigte sich stets, daß er recht hatte. Wenigstens von da wurde ihm groschenweise Achtung zuteil, die er so notwendig brauchte für sein Innenleben. Er hat sich aber mit keinem Mädchen eingelassen, obwohl manche neugierig war, wie Liebe bei solchem Körperumfang ausfällt. Er blieb der Cilly treu. Denn an die war er gewöhnt, und die wußte auch mit seiner Diät Bescheid. – –

– Ich bitte um Entschuldigung, wenn die Geschichte so lang geworden ist. Ich wollte eigentlich nur von einem Sack erzählen, den ich aufgemacht habe, mit alten verstaubten Sachen drin, Schule von 1890 bis 1900 und so weiter, und da ist mir der Jack eingefallen, und die Geschichte ist mit mir durchgegangen. Entschuldigen Sie vielmals, bitte, ich fange nochmal an und nehme mich zusammen. Also:

Ich habe einen Sack aufgemacht und gezeigt, was drin ist. Ich schleppe viele solche Säcke auf meinem Rücken. Soll ich alle aufmachen, einen nach dem andern, Lumpen zu verkaufen, alte Stiefel, alte Kleider, Flaschen, Papier? Schornsteinfeger! Heute wird gefegt! Klappen schließen! Das ist besser, Klappen schließen. Wenn ich den einen Sack öffne, kommen viele Männer heraus, bekannte und unbekannte, lebende und tote. Wenn ich einen andern öffne, kommen die kleinen Mädchen raus. Es kommen viele Gespräche heraus, die ich geführt habe und die mit mir geführt wurden, auch viele Gespräche, die ich weder führte noch die mit mir geführt wurden. Ein Sack enthält Leistungen, ein Sack ungetane Taten. Ein Sack ist voller Überflüssigkeiten und Vergeudungen. Alle aufmachen? Warum? Wozu? Ich will es tun, wenn ich Lust habe zu träumen und mit ihnen auf meine Art spiele.

Jetzt – liege ich auf einem frühlingsmäßig grünen Hügel, der ganze Plunder ist um mich, ich atme und lebe. Es gibt eine Insel, ich glaube in der Südsee. Da erscheint zu einer genau berechenbaren Stunde des Abends an einem bestimmten Tage im Meer ein Wurm in ungeheuren Massen. Die Eingeborenen kennen die Stunde. Der Wurm ist eßbar. Sie fahren in ganzen Flottillen heraus und fangen die Tiere. Woher die Tiere kommen, wie die Genauigkeiten des Auftauchens, diese Empfindlichkeit zu verstehen ist, weiß man nicht sicher. So erscheint mir das Leben. So sind meine Gedanken. Ob sie eßbar sind, weiß ich nicht. Aber sie sollen ruhig und neu zu ihrer Stunde aus dem Meer auftauchen, sie sollen immer von neuem kommen, Gedanken und Handlungen. Sie werden an mir keinen Detektiv finden – schon darum nicht, weil ich klug genug bin, um zu wissen, daß man doch nur fünf Meter weit sehen kann. Und das Wahrste weiß man auch ohne Bewegung; ich kann also ruhig hier auf dem Hügel auf dem Rücken liegen bleiben. Ich wachse, auch als Mensch, auch mit dem Geist, mit meinem Willen, nicht anders wie ein Baum. Ich möchte mit Äpfeln vollhängen. Vögel sollen auf mir nisten. Im Winter will ich im Schnee stehen, die Engerlinge zwischen meinen Wurzeln.

Und dies alles, obwohl ich nicht anders bin als du und du und du, du ein Bureauangestellter, du die Aufsicht in einem Warenhaus, du ein Schauspieler (ich kann keinen ›Arbeiter‹ nennen, für den bin ich ein Bourgeois), ich ein kleiner Doktor in Berlin O, der an Schlaflosigkeit leidet und dem auch nichts geschenkt wird. – Und nun adje, Kinderchen, adje Sie. Ich werde mich sachte auf die Strümpfe machen. Grüßen Sie mir Ihre Waschfrau. Und beißen Sie mich nicht, wenn ich Sie mal geärgert habe. War nicht so schlimm gemeint. Geht alles vorüber. Sehen Sie, ich geh auch vorüber.

1928

Ein Massenmörder spielt mit einer Stadt

Düsseldorf fiebert! Das Rheinland zittert in Spannung! Sagen wir ruhig: Ganz Deutschland stürzt in diesen Tagen von einer Sensation in die andere. Ein Massenmörder treibt seit Anfang dieses Jahres in Düsseldorf sein Unwesen. Wie ein Raubtier bricht er plötzlich aus seinem Versteck hervor, sticht mit einem langen Messer Kinder nieder und überfällt Frauen, die er mit einem seltsamen, hammerartigen Mordwerkzeug niederschlägt.

»Kopfjäger« wird er auch genannt, weil er seine Schläge stets gegen Stirn und Hinterkopf seiner Opfer führt. Dann läßt er sie liegen, meist da, wo er sie gerade getötet hat; aber auch das nicht immer! Noch kennt man die Mordstelle(n?) einiger »Fälle« nicht! Es scheint, als ob der Mörder sich kaum Mühe gäbe, seine Spuren zu tilgen; er – verschwindet, verschwindet spurlos! Die Polizei fahndet eifrig nach ihm. Die ersten Kriminalisten Deutschlands sind seit Monaten auf seiner Suche. Vergebens!! Eine Leiche hat er sogar vergraben (d.h. regelrecht bestattet!) – was sonst seine Art nicht ist. Aber schon nach kurzer Zeit scheint er diese Sorgfalt zu bereuen, denn: man spricht ja nicht davon! Es wird von Fall zu Fall wahrscheinlicher, daß sich der Mörder nicht nur seiner Taten freut, sondern als geriete er ganz offenbar mit jeder weiteren Untat tiefer in einen Rausch der Selbstzufriedenheit, der Selbstüberhebung. Aus dieser Stimmung heraus gibt er durch Briefe und Lagepläne der Polizei und der Presse von seinen Taten Kenntnis und ermahnt sie in weiteren Schreiben, daß diese ernst zu nehmen sind und nicht etwa eine Irreführung darstellen. So ist auch jener Brief aufzufassen, der darauf aufmerksam macht, daß das im August vermißt gemeldete Dienstmädchen – nach dem die Polizei längst die Nachforschungen eingestellt hatte – durch seine Hand getötet worden sei und an einer genau bezeichneten Stelle vergraben liege – dessen Leiche ohne diese Angaben niemals dort gesucht, geschweige denn »zufällig« gefunden worden wäre. Als aber das Mädchen tatsächlich an dem von dem anonymen Schreiber angegebenen Orte gefunden wurde, nahm man ihn ernst. Die gesamte deutsche und ausländische Presse hat eigene Vertreter nach Düsseldorf gesandt. Der Bevölkerung bemächtigte sich eine Psychose, die oft die seltsamsten Blüten trieb. Auf die leisesten Verdächtigungen hin entstehen Menschenansammlungen. In einem solchen

Falle wurde ein harmloser Mann, der seine kleine Nichte auf der Straße spielen sah und sie fürsorglich mit sich nahm, damit sie von der Straße wegkäme, bei der Polizei der Kindesentführung verdächtigt und festgenommen. Nur das Überfallkommando konnte den Harmlosen vor »Richter Lynch« bewahren. Ein ungeheurer Alpdruck lastete seit Monaten über der schönen, sinnenfrohen Garten- und Kunststadt am Niederrhein. Keiner traut mehr dem anderen. Freundschaften gehen auseinander, weil Verdachtsmomente auftauchen. Die Eltern bringen ihre Kinder selbst zur Schule und erwarten sie mittags wieder vor den Toren, um sie sicher nach Hause zu bringen. Spielende Kinder sieht man in Düsseldorfs Straßen kaum mehr, und wenn – so verschwinden sie gewiß noch vor Dunkelwerden in die elterliche Wohnung. Die Lehrer treiben auf Wunsch der Eltern Aufklärungsarbeit in den Schulen, die Kinder werden bewußt zum Mißtrauen gegen jeden ihnen fremden Erwachsenen erzogen. Polizei- und Kriminalbeamte patrouillieren um die Schulen und Kinderbewahranstalten und halten jene Erwachsenen im Auge, die Kinder abholen oder sie als Kinderfreunde mit Bonbons beschenken. Wenn es dunkel wird, ist man doppelt auf der Hut, besonders natürlich in jenen Außenvierteln, die sich der Mörder am liebsten für seine furchtbaren Taten aussucht. Jeder, der die schöne Stadt Düsseldorf besucht, empfindet schon nach wenigen Stunden den furchtbaren Druck. Selbst der Meisterclown Grock, der gerade im November im Apollotheater ein Gastspiel gibt, vermag kaum gegen die schwere seelische Depression im Zuschauerraum anzugehen und seinen Gästen ein Lächeln zu entlocken, jenen, die doch zu ihm gekommen sind, um wieder einmal herzhaft und unbeschwert lachen zu können! Versammlungen werden abgehalten, um einen Selbstschutz der Bürger zu organisieren, da schon mehr als ein Dutzend schwere Mordtaten und Mordüberfälle verübt worden sind, ohne daß es gelang, den Täter zu fassen. Man glaubt nicht mehr daran, daß der Mörder durch systematisches Suchen gefaßt würde. Man hofft im stillen auf einen glücklichen Zufall; darauf nämlich, daß er beim nächstenmal an die unrechte Adresse kommt und kampfunfähig gemacht wird. Aber solche Wünsche aller Kreise, die dem Mörder zu Ohren gekommen sein müssen, verhöhnt der Täter auf einer nächsten Postkarte: »Nun lebe wohl, Düsseldorf, und sucht nicht mehr nach mir, ihr bekommt mich nicht, aber grabt weiter.« Ein liegendes Kreuz ersetzt seinen Namenszug. Überall in der Stadt hängen Plakate, die riesenhafte Belohnungen ausloben. Manche Überfallenen haben eine einigermaßen genaue Personalbeschreibung geben können. In wenigen Wochen wurden 2000 Zeugen vernommen, die alle mehr oder weniger undeutliche Angaben über den möglichen Täter machen konnten. Seit Monaten kennt die Kriminalpolizei weder Sonn- noch Feiertage. Viele Beamte sind physisch an der Grenze der Leistungsfähigkeit angelangt.

Alles vergebens! Der Mörder bleibt unerkannt! Aber – »Er ist mitten unter uns ...!« – wie ein lokales Blatt warnend schreibt. Er ist eine unheimliche Gefahr, die deshalb so schwer auf jedem einzelnen lastet, weil sie gegen jeden Bürger der Stadt gerichtet ist und jeden Augenblick wirksam werden kann. »Wie lange noch?« Das ist die bange Frage der Stunde.

1929

ALFRED DÖBLIN

Warte, warte nur ein Weilchen

Warte, warte nur ein Weilchen,
bald kommt Haarmann auch zu dir,
mit dem kleinen Hackebeilchen

macht er Leberwurst aus dir,
warte, warte nur ein Weilchen,
bald kommt Haarmann auch zu dir.

1929

ALBERT FISH

Brief an Mrs. Budd

Liebe Mrs. Budd,
1894 diente ein Freund von mir, der Kapitän John Davis, als Matrose an Deck der »Tacoma«. Sie legten in San Francisco ab mit dem Ziel Hongkong. Dort angekommen, gingen er und zwei Kameraden an Land, um sich zu betrinken. Als sie zurückkamen, war das Schiff bereits ohne sie abgefahren. Zu jener Zeit herrschte Hunger in China. Für ein bis drei Dollar pro Pfund wurde *jegliche Sorte Fleisch* verkauft. Die Allerärmsten litten so sehr, daß sie ihre Kinder unter 12 Jahren an Metzger verkauften, damit man sie zerlegte und weiterverkaufte. Egal, in welchem Geschäft, man konnte überall Steaks, Koteletts oder Fleischragout erhalten. Man bekam von den Körpern nackter Mädchen und Jungen ein Stück nach seiner Wahl abgeschnitten. Der Hintern, der am zartesten ist und der als Kalbslende verkauft wurde, war am teuersten. John blieb so lange in Hongkong, daß er einen ausgesprochenen Geschmack an Menschenfleisch bekam. Bei seiner Rückkehr nach New York entführte er zwei Jungen im Alter von 7 und 11 Jahren und nahm sie mit nach Hause. Er entkleidete sie und fesselte sie in einem Wandschrank, dann verbrannte er ihre Kleider. Mehrere Male, quasi Tag und Nacht, versohlte er ihnen den Hintern und quälte sie, um ihr Fleisch weich

zu klopfen. Er tötete zuerst den Älteren, weil sein Arsch rundlicher war. Er hat jeden Körperteil gekocht und verspeist bis auf den Kopf, die Knochen und die Innereien. Das Kind wurde im Backofen gebacken (sein ganzer Arsch), gekocht, gebraten, frittiert und zu Ragout verarbeitet. Mit dem Jüngeren wurde auf dieselbe Art und Weise verfahren. Zu jener Zeit wohnte ich in der 100. Straße Ost, Nummer 409, auf der rechten Seite. John erzählte mir so oft von der Köstlichkeit des menschlichen Fleisches, daß ich mich entschloß, es auch zu probieren. Sonntag, den 3. Juni 1928, bin ich zu Ihnen gegangen, in die 15. Straße West, Nummer 406. Ich hatte Käse und Erdbeeren mitgebracht. Wir haben zusammen gegessen. Grace hatte sich auf meine Knie gesetzt und mich umarmt. Ich hatte mich entschlossen, sie zu essen. Ich habe mir einen Geburtstag einfallen lassen, und Sie haben ihr erlaubt, mit mir zu kommen. Ich habe sie in ein verlassenes Haus in Westchester gebracht, das ich ausfindig gemacht hatte. Als wir ankamen, bat ich sie, draußen zu bleiben. Sie hat wilde Blumen gepflückt. In einem Zimmer des ersten Stocks habe ich mich vollständig ausgezogen, um Blutflecken auf der Kleidung zu vermeiden. Nachdem alles vorbereitet war, ging ich ans Fenster, um Grace zu bitten, nach oben zu kommen. Bis sie kam, versteckte ich mich in einem Wandschrank. Als sie mich nackt sah, begann sie zu weinen und wollte fliehen. Ich habe sie aber gefangen, und sie hat gedroht, alles ihrer Mutter zu erzählen. Ich habe sie ausgezogen. Sie hat sich sehr zur Wehr gesetzt, indem sie mich biß und kratzte. Ich habe sie erwürgt, bevor ich sie in kleine Stücke schnitt, um ihr Fleisch mit nach Hause zu nehmen, es zu kochen und zu essen. Ich kann Ihnen gar nicht sagen, wie zart und köstlich ihr kleiner im Ofen gebackener Arsch schmeckte. Ich brauchte neun Tage, um sie ganz zu verspeisen. Ich habe sie nicht gefickt, obwohl es genügend Gelegenheiten dazu gab, wenn ich gewollt hätte. Sie ist *jungfräulich* gestorben.

1934

DAVID BERKOWITZ

Ich grüße Euch aus den Ritzen ...

Ich grüße Euch aus den Ritzen der Bürgersteige von New York City, von den Ameisen, die in diesen Ritzen leben und die sich von dem getrockneten Blut der Toten nähren, das sich in diesen Ritzen gesammelt hat.

Ich grüße Euch aus den Gullis von New York, die angefüllt sind mit Hundescheiße, Kotze, gegorenem Wein und Urin.

Denkt nicht, daß ich, weil Ihr für eine Weile nichts von mir gehört habt, schlafen gegangen bin. Nein, ich bin vielmehr immer noch hier, wie ein spukender Geist in der Nacht. Durstig, hungrig, kaum mir eine Pause gönnend, bemüht, Sam zu gefallen.

1977

BENNY HILL SHOW

Für Dich, Liebes!

Klopf. Klopf.
Ehemann: Wer da?
Stimme: Jack the Ripper.
Ehemann: Für Dich, Liebes!

1980

JAMES BALDWIN

Das Gesicht der Macht bleibt weiß

Walter Lowe vom *Playboy* schickte mir – an meinen Wohnsitz in Frankreich – einen Brief, in dem er mir den Vorschlag machte, nach Atlanta zu reisen, um eine Story über die vermißten und (wie sich dann herausstellte) ermordeten Kinder zu schreiben. Ich hatte die Sache verfolgt – das heißt, soweit sie sich in der nichtamerikanischen Presse verfolgen ließ. Es ist nicht leicht, Vorgänge im eigenen Land zu beobachten, wenn man dies von der Warte eines anderen Landes aus tut.

Man mag sich einbilden, aus der Ferne, wenn auch umrißhaft, das Wesentliche wahrzunehmen. Vielleicht tut man das sogar. Aber da einen die Frage nach den Details nicht bedrängt, ja bedroht, ist es sehr wohl möglich, daß es sich bei dem umrißhaft Wahrgenommenen – dem Muster – nur um etwas handelt, von dem man sich einbildet, daß man sich daran erinnern kann.

Was mein Leben in Amerika anging, bevor ich meine Heimat verließ, so war das, woran ich mich erinnerte – oder mir einbildete, mich zu erinnern –, der Schrecken. Und die Feststellung daß *man sich einbildet, daß man sich daran erinnern kann,* soll nichts anderes besagen, als daß man sich an Schrecken nicht erinnern kann. Man tilgt die Erinnerung. Der Organismus – der Mensch – scheidet sie gleichsam aus. Man erfindet oder erschafft eine Persönlichkeit oder eine *persona.* Wie unter Schutt – den Ablagerungen vieler Jahre – liegt er begraben, jener Schrecken, den die Erinnerung abweist: liegt wie im Schlaf.

Doch er schläft nie, der Schrecken, welcher nicht der Schrecken des Todes ist (den man sich nicht vorstellen kann), sondern der Schrecken, der aus der Vorstellung wächst, vernichtet zu werden.

Manchmal denke ich, sagte ein Kind in Atlanta zu mir, *daß ich vom* (Baseball- oder Football-)*Training nach Hause komme, und plötzlich ist da irgend so ein Auto hinter mir, und ich werde in den Kofferraum geschmissen, und es wird dunkel sein, und der Mann fährt mit dem Auto weg, und man wird mich niemals wiederfinden.*

Niemals wiedergefunden werden: Dieser Schrecken sitzt viel tiefer als die Angst vor dem Tod. Als das Kind das zu mir sagte, versuchte ich, mir das vorzustellen – das gruftartige Eingeschlossensein im Kofferraum, die Dunkelheit, die Stille, die Geschwindigkeit, das Schleudern in den Kurven. Das heißt, ich versuchte es mir vorzustellen als etwas, das dem Kind widerfuhr. Meine Erinnerung weigerte sich, mich selbst als das Kind zu sehen.

Aber das Kind *war* ich selbst.

Ich erinnere mich nicht, werde mich nie erinnern, wie ich heulte und schrie, als meine Mutter mir das erste Mal fortgenommen wurde. Meine Mutter war der einzige Mensch auf der Welt. Der *einzige* Mensch: Alle anderen existierten nur mit ihrer Erlaubnis.

Aber das, was die Erinnerung zurückweist, prägt trotz allem den Menschen. Das, woran man sich nicht erinnert, diktiert einem, wen man liebt und wen man nicht liebt. Das, woran man sich nicht erinnert, diktiert einem sogar, ob man Poker, Billard oder Schach spielt. Das, woran man sich nicht erinnert, ist der Schlüssel zur Erklärung der Launen, denen man nachgibt, zur Haltung, die man bewahrt. Das, woran man sich nicht erinnert, ist die Schlange im Paradiesgarten der eigenen Träume. Das, woran man sich nicht erinnert, prägt das Verhalten selbst in Bett oder Bad. Das, woran man sich nicht erinnert, birgt die einzige Hoffnung, Gefahr, Falle, Unentrinnbarkeit der Liebe – nur Liebe kann einem helfen, das zu erkennen, woran man sich nicht erinnert. Und die Erinnerung kehrt erst dann wirklich in diesem Leben wieder, wenn dieses Leben endet – dann als eine Art Wegweiser oder Führer zu einem Zustand, der genausoweit jenseits der Erinnerung liegt wie jenseits aller Vorstellung.

Was hat dies mit den ermordeten, vermißten Kindern von Atlanta zu tun?

Es hat etwas mit der Tatsache zu tun, daß niemand, kopfüber, in den reißenden Strom dessen gestürzt werden möchte, woran er sich nicht erinnert und woran er nicht erinnert werden will. Es hat etwas mit der Tatsache zu tun, daß wir alle hierhergekommen sind als Kandidaten für die Ermordung der Unschuldigen. Es hat etwas mit der Tatsache zu tun, daß alle Überlebenden, ob sie sich dessen nun bewußt sind oder nicht, die unentschuldbare Schuld dessen, der überlebt hat, tragen. Es hat, in meinem Fall, etwas damit zu tun, einmal ein schwarzes Kind in einem weißen Land gewesen zu sein.

Meine Erinnerung stammelt: doch meine Seele ist ein Zeuge.

Im Fall des Wayne Williams klafft ein so großes Loch, daß der so überaus alerte und aktive Abby Mann ohne Mühe eine seiner vielen scharfen Attacken dagegen reiten konnte. Sein Doku-Drama* zu kommentieren, würde einen eigenen Essay erfordern – mit Schlaglichtern, beispielsweise, auf den amerikanischen Sinn für Geschichte, auf den Geschäftssinn, auf das Böse, das aus der Doktrin von der weißen Vorherrschaft erwuchs, auf die Legende von der Manifest Destiny, dem angeblich ein für allemal festgelegten Schicksal, und auf die vielen Formen stillschweigender Billigung oder Kollaboration. Sein Doku-Drama erfordert darüber hinaus – und dies keineswegs zufällig – die Unterstützung vieler Menschen, vor denen ich die allergrößte Achtung habe.

Ich möchte hier nur darauf hinweisen – und bitte meinen Leser, dies im Gedächtnis zu behalten –, daß seine Porträts des Bürgermeisters und des Polizeichefs, um es mit äußerster Zurückhaltung zu formulieren, unverantwortliche Verzeichnungen sind, und daß es sich bei der

* Abby Mann (geb. 1927), bekannter amerikanischer Drehbuchautor, u.a. *Das Urteil von Nürnberg* (1961). Das Doku-Drama wurde unter dem Titel *The Atlanta child murders* in zwei Teilen im Frühjahr 1985 im US-Fernsehen gesendet. [A.d.Ü.]

Rolle des weißen Cop um eine wohl unvermeidliche amerikanische Erfindung handelt.

Andererseits ist die Szene, wo der Junge die Task Force ruft, die jedoch nicht erschien, wirklich wahr: Diese Geschichte wurde mir von einem der Kinder erzählt. Mrs. Bell und Mrs. Foster, die sie darstellt, sind komplexere Personen, als es das Stück vermitteln will oder kann. Die eigentliche Bedeutung der Kesselexplosion beim Häuserprojekt wird nicht erklärt, weil das Doku-Drama viel zu selbstbezogen ist, um dem Leser die Wirklichkeit jenes Augenblicks in Atlanta zu vermitteln.

Georgia ist nach einem englischen König benannt und tritt als Sträflingskolonie in die Geschichte ein: was nichts anderes heißt, als daß den Menschen, die sich in Georgia *ansiedelten*, gar keine andere Wahl blieb, als dort *weiß* zu werden.

Dies ist einer der Schlüssel zum Verständnis jener geradezu monumental selbstbezogenen Fabel mit dem Titel: *Vom Winde verweht*, und zu den beiden enthüllendsten Sätzen aus dem Munde Scarlett O'Haras: *Gott ist mein Zeuge, hungern will ich nie wieder!* und wieder und wieder: *Ich kann jetzt nicht darüber nachdenken. Ich werde verrückt, wenn ich das tue – ich werde morgen darüber nachdenken!*

Geschichte, der Meinung bin ich, ist die Gegenwart – *wir*, mit jedem Atemzug, den wir tun, mit jeder Bewegung, die wir machen, *sind* Geschichte –, und was geschehen soll, geschieht.

1985

JAMES ELLROY

Stiller Schrecken

Abgesehen von diesem Epilog ist meine Geschichte zu Ende. Ich bin seit vierzehn Monaten in Sing-Sing; Dusenberry ist seit neun Monaten tot. Es sind keine Auslieferungsbefehle erlassen worden, und in der Karte, die meine Zellenwand schmückt, stecken zweiundsechzig Nadeln. Gestern bin ich siebenunddreißig geworden.

Milton Alpert liest in der Zelle gegenüber die ersten Seiten meines Manuskripts. Ich beobachte ihn seit einer Stunde, und sein Gesicht ist voller Schrecken.

Es ist vorbei. Ich bin so tot und leblos wie die roten Stecknadelköpfe in meiner Landkarte. Wenn ich in diesen gut vierhundert Seiten zurückblättere, sehe ich mich, wie ich war – abwechselnd angstvoll und wütend, kühn und feige, bösartig und besessen vom *noblesse oblige* eines Kriegers. Ich habe gekämpft und bin geflohen, und als ich liebte, hatte meine Empathie sich entzündet an einem Machtwillen, der dem meinen gleichkam. Daß er sich als schwach und verräterisch erwies, ist ohne Belang; wie alle Menschen, habe ich einem entzückenden Geliebten angehangen, der meine Leerstellen mit seiner Anmut ausfüllte, und ich habe Teile meines Wissens in Seufzern und Umarmungen aufgegeben. Anders als die meisten Menschen, habe ich mich von meinem Verlangen nicht zerstören lassen. Meine letzten Morde beging ich für ihn, und in einem Sekundenbruchteil der Klarheit hätte ich beinahe mein letztes Opfer für ihn verschont. Am Ende aber ist mein Wille intakt geblieben. Ich habe die Erfahrung gemacht, aber den letzten Preis nicht bezahlt.

Andere haben diesen Preis für mich bezahlt.

Indem ich ihnen ihr Leben nahm, kannte ich sie im köstlichsten Augenblick ihres Lebens. Indem ich sie jung, glutvoll und gesund niederwarf, assimilierte ich Dreistigkeit und Sex, die zu Schüchternheit geworden wären, hätte ich sie nicht für meine Zwecke usurpiert. Zum Teil ging es darum, meine Alpträume abzutöten und meine schreckliche Wut zu ersticken, zum Teil war es auch die schiere Erregung und das Hochspannungsgefühl von Macht, das Mord mir gab. In einer größeren Perspektive kann ich meine Triebe nicht zusammenfassen.

Suchen Sie also nach Ursache und Wirkung; haben Sie teil an meinem brillanten Gedächtnis und meiner absoluten Offenheit, und schließen Sie daraus, was Sie wollen. Bauen Sie Berge aus Ellipsen und Bastionen der Logik aus Interpretationen der Wahrheit, die ich Ihnen gegeben habe. Und wenn ich bei Ihnen Glauben gefunden habe, indem ich mich selbst ehrlich darstellte, mit all meinen Schwächen, dann glauben Sie mir auch, wenn ich Ihnen dies noch sage: Ich habe Höhen der Macht und der Klarheit erreicht, die sich durch Logisches oder Mystisches oder Menschliches nicht bemessen lassen. So rein und heilig war mein Wahnsinn.

Es ist vorüber. Ich werde mich in die Dauer meines Urteils nicht fügen. Nach diesem in Blut geschriebenen Lebewohl hat meine Reise in menschlicher Gestalt ihren Gipfel erreicht; darüber hinaus zu vegetieren, ist nicht akzeptabel. Die Wissenschaftler sagen, alle Materie zerstreue sich in unkenntlicher, aber alles durchdringender Energie. Ich gedenke es herauszufinden, indem ich mich einwärts wende und meine Sinne abschalte, bis ich in einem Raum jenseits aller Gesetze, aller Straßen, aller Geschwindigkeitsbegrenzungen, implodiere. In irgendeiner dunklen Form wird es mich weitergeben.

1986

Serial Killers im Internet

http://www.mayhem.net/Crime/archives.html

3 Blut ist Leben?

E.T.A. HOFFMANN

Vampirismus

Graf Hyppolit war zurückgekehrt von langen weiten Reisen, um das reiche Erbe seines Vaters, der unlängst gestorben, in Besitz zu nehmen. Das Stammschloß lag in der schönsten, anmutigsten Gegend, und die Einkünfte der Güter reichten hin zu den kostspieligsten Verschönerungen. Alles, was der Art dem Grafen auf seinen Reisen, vorzüglich in England, als reizend, geschmackvoll, prächtig aufgefallen, sollte nun vor seinen Augen noch einmal entstehen. Handwerker und Künstler, wie sie gerade nötig, fanden sich auf seinen Ruf bei ihm ein, und es begann alsbald der Umbau des Schlosses, die Anlage eines weitläufigen Parks in dem größten Stil, so daß selbst Kirche, Totenacker und Pfarrhaus eingegrenzt wurden und als Partie des künstlichen Waldes erschienen. Alle Arbeiten leitete der Graf, der die dazu nötigen Kenntnisse besaß, selbst, er widmete sich diesen Beschäftigungen mit Leib und Seele, und so war ein Jahr vergangen, ohne daß es ihm eingefallen, dem Rat eines alten Oheims gemäß in der Residenz sein Licht leuchten zu lassen vor den Augen der Jungfrauen, damit ihm die schönste, beste, edelste zufalle als Gattin. Eben saß er eines Morgens am Zeichentisch, um den Grundriß eines neuen Gebäudes zu entwerfen, als eine alte Baronesse, weitläufige Verwandte seines Vaters, sich anmelden ließ. Hyppolit erinnerte sich, als er den Namen der Baronesse hörte, sogleich, daß sein Vater von dieser Alten immer mit der tiefsten Indignation, ja mit Abscheu gesprochen und manchmal Personen, die sich ihr nähern wollen, gewarnt, sich von ihr fernzuhalten, ohne jemals eine Ursache der Gefahr anzugeben. Befragte man den Grafen näher, so pflegte er zu sagen, es gäbe gewisse Dinge, über die es besser sei zu schweigen als zu reden. So viel war gewiß, daß in der Residenz dunkle Gerüchte von einem ganz seltsamen und unerhörten Kriminalprozeß gingen, in dem die Baronesse befangen, der sie von ihrem Gemahl getrennt, aus ihrem entfernten Wohnort vertrieben, und dessen Unterdrückung sie nur der Gnade des Fürsten zu verdanken habe. Sehr unangenehm berührt fühlte sich Hyppolit durch die Annäherung einer Person, die sein Vater verabscheut, waren ihm auch die Gründe dieses Abscheus unbekannt geblieben. Das Recht der Gastfreundschaft, das vorzüglich auf dem Lande gelten mag, gebot ihm indessen, den lästigen Besuch anzunehmen. Niemals hatte eine Person, ohne im mindesten häßlich zu sein, in ihrer äußern Erscheinung solch einen widerwärtigen Eindruck auf den Grafen gemacht, als eben die Baronesse. Bei dem Eintritt durchbohrte sie den Grafen mit einem glühenden Blick, dann schlug sie die Augen nieder und entschuldigte ihren Besuch in beinahe demütigen Ausdrucken. Sie klagte, daß der Vater des Grafen, von den seltsamsten Vorurteilen befangen, die ihm gegen sie feindlich Gesinnte auf hämische Weise beizubringen gewußt, sie bis in den Tod gehaßt und ihr, unerachtet sie in der bittersten Armut beinahe verschmachtet und sich ihres Standes schämen müssen, niemals auch nur die mindeste Unterstützung zufließen lassen. Endlich, ganz unerwartet in den Besitz einer kleinen Geldsumme gekommen, sei es ihr möglich geworden, die Residenz zu verlassen und in ein entferntes Landstädtchen zu fliehen. Auf dieser Reise habe sie dem Drange nicht widerstehen können, den Sohn eines Mannes zu sehen, den sie seines ungerechten unversöhnlichen Hasses unerachtet stets hochverehrt. – Es war der rührende Ton der Wahrheit, mit dem die Baronesse sprach, und der Graf fühlte sich um so mehr bewegt, als er, weggewandt von dem widrigen Antlitz der Alten, versunken war in den Anblick des wunderbar lieblichen anmutigen Wesens, das mit der Baronesse gekommen. Die Baronesse schwieg; der Graf schien es nicht zu bemerken, er blieb stumm. Da bat die Baronesse, es ihrer Befangenheit an diesem Orte zu verzeihen, daß sie dem Grafen nicht gleich bei ihrem Eintritt ihre Tochter Aurelie vorgestellt. Nun erst gewann der Graf

Worte und beschwor, rot geworden bis an die Augen, in der Verwirrung des liebeentzückten Jünglings die Baronesse, sie möge ihm vergönnen, das gutzumachen, was sein Vater nur aus Mißverstand verschulden können, und vorderhand es sich auf seinem Schlosse gefallen lassen. Seinen besten Willen beteuernd, faßte er die Hand der Baronesse, aber das Wort, der Atem stockte ihm, eiskalte Schauer durchbebten sein Innerstes. Er fühlte seine Hand von im Tode erstarrten Fingern umkrallt, und die große knochendürre Gestalt der Baronesse, die ihn anstarrte mit Augen ohne Sehkraft, schien ihm in den häßlich bunten Kleidern eine angeputzte Leiche. »O mein Gott, welch ein Ungemach gerade in diesem Augenblick!« So rief Aurelie und klagte dann mit sanfter herzdurchdringender Stimme, daß ihre arme Mutter zuweilen plötzlich vom Starrkrampf ergriffen werde, daß dieser Zustand aber gewöhnlich ohne Anwendung irgendeines Mittels in ganz kurzer Zeit vorüberzugehen pflege. Mit Mühe machte sich der Graf los von der Baronesse, und alles glühende Leben süßer Liebeslust kam ihm wieder, als er Aureliens Hand faßte und feurig an die Lippen drückte. Beinahe zum Mannesalter gereift, fühlte der Graf zum erstenmal die ganze Gewalt der Leidenschaft, um so weniger war es ihm möglich, seine Gefühle zu verbergen, und die Art, wie Aurelie dies aufnahm in hoher kindlicher Liebenswürdigkeit, entzündete in ihm die schönsten Hoffnungen. Wenige Minuten waren vergangen, als die Baronesse aus dem Starrkrampf erwachte und, sich des vorübergegangenen Zustandes völlig unbewußt, den Grafen versicherte, wie sie der Antrag, einige Zeit auf dem Schlosse zu verweilen, hoch ehre und alles Unrecht, das ihr der Vater angetan, mit einemmal vergessen lasse. So hatte sich nun plötzlich der Hausstand des Grafen verändert, und er mußte glauben, daß ihm eine besondere Gunst des Schicksals die einzige auf dem ganzen Erdenrund zugeführt, die als heißgeliebte angebetete Gattin ihm das höchste Glück des irdischen Seins gewähren könne. Das Betragen der alten Baronesse blieb sich gleich, sie war still, ernst, ja, in sich verschlossen und zeigte, wenn es die Gelegenheit gab, eine milde Gesinnung und ein jeder unschuldigen Lust erschlossenes Herz. Der Graf hatte sich an das in der Tat seltsam gefurchte totenbleiche Antlitz, an die gespenstische Gestalt der Alten gewöhnt, er schrieb alles ihrer Kränklichkeit zu, sowie dem Hange zu düstrer Schwärmerei, da sie, wie er von seinen Leuten erfahren, oft nächtliche Spaziergänge machte durch den Park nach dem Kirchhofe zu. Er schämte sich, daß das Vorurteil des Vaters ihn so habe befangen können, und die eindringlichsten Ermahnungen des alten Oheims, das Gefühl, das ihn ergriffen, zu besiegen und ein Verhältnis aufzugeben, das ihn über kurz oder lang ganz unvermeidlich ins Verderben stürzen werde, verfehlten durchaus ihre Wirkung. Von Aureliens innigster Liebe auf das lebhafteste überzeugt, bat er um ihre Hand, und man kann denken, mit welcher Freude die Baronesse, die sich, aus tiefer Dürftigkeit gerissen, im Schoße des Glücks sah, diesen Antrag aufnahm. Die Blässe und jener besondere Zug, der auf einen schweren innern unverwindlichen Gram deutet, war verschwunden aus Aureliens Antlitz, und die Seligkeit der Liebe strahlte aus ihren Augen, schimmerte rosicht auf ihren Wangen. Am Morgen des Hochzeitstages vereitelte ein erschütternder Zufall die Wünsche des Grafen. Man hatte die Baronesse im Park unfern des Kirchhofes leblos am Boden auf dem Gesicht liegend gefunden und brachte sie nach dem Schlosse, eben als der Graf aufgestanden und im Wonnegefühl des errungenen Glücks hinausschaute. Er glaubte die Baronesse nur von ihrem gewöhnlichen Übel befallen; alle Mittel, sie wieder zurückzurufen ins Leben, blieben aber vergeblich, sie war tot. Aurelie überließ sich weniger den Ausbrüchen eines heftigen Schmerzes, als daß sie verstummt, tränenlos durch den Schlag, der sie getroffen, in ihrem innersten Wesen gelähmt schien. Dem Grafen bangte für die Geliebte, und nur leise und behutsam wagte er es, sie an ihr Verhältnis als gänzlich verlassenes Kind zu erinnern, welches erfordere, das Schickliche aufzugeben, um das noch Schicklichere zu tun, nämlich des Todes der Mutter unerachtet den Hochzeitstag soviel nur möglich zu beschleunigen. Da fiel aber Aurelie dem Grafen in die Arme und rief, indem ihr ein Tränenstrom aus den Augen stürzte, mit schneidender, das Herz durchbohrender Stimme: »Ja – Ja! – um aller Heiligen, um meiner Seligkeit willen, ja!« – Der Graf schrieb diesen Ausbruch innerer Gemütsbewegung dem bittern Gedanken zu, daß sie verlassen, heimatlos nun nicht wisse wohin, und auf dem Schlosse zu bleiben doch der Anstand verbiete. Er sorgte dafür, daß Aurelie eine alte würdige Matrone zur Gesellschafterin erhielt, bis nach wenigen Wochen aufs neue der Hochzeitstag herankam, den weiter kein böser Zufall unterbrach, sondern der Hyppolits und Aureliens Glück krönte. Aurelie hatte sich indessen immerwährend in einem gespannten Zustande befunden. Nicht der Schmerz über den Verlust der Mutter, nein, eine innere, namenlose, tötende Angst schien sie rastlos zu verfolgen. Mitten im süßesten Liebesgespräch fuhr sie plötzlich, wie von jähem Schreck erfaßt, zum Tode erbleicht, auf, schloß den Grafen, indem ihr Tränen aus den Augen quollen, in ihre Arme, als wolle sie sich festhalten, damit eine unsichtbare feindliche Macht sie nicht fortreiße ins Verderben, und rief: »Nein – nimmer – nimmer!« – Erst jetzt, da sie verheiratet mit dem Grafen, schien der gespannte Zustand aufgehört, jene innere entsetzliche Angst sie verlassen zu haben. Es konnte nicht fehlen, daß der Graf irgendein böses Geheimnis vermutete, von dem Aureliens Inneres verstört, doch hielt er es mit Recht für unzart, Aurelien danach zu fragen, solange ihre Spannung anhielt und sie selbst darüber schwieg. Jetzt wagte er es, leise darauf hinzudeuten, was wohl die Ursache ihrer seltsamen Gemütsstimmung gewesen sein möge. Da versicherte Aurelie, daß es ihr eine Wohltat sei, ihm, dem geliebten Gemahl, jetzt ihr ganzes Herz zu erschließen. Nicht wenig erstaunte der Graf, als er nun erfuhr, daß nur das heillose Treiben der Mutter allen sinnverstörenden Gram über Aurelien gebracht. »Gibt es«, rief Aurelie, »etwas Entsetzlicheres, als die eigene Mutter hassen, verabscheuen zu müssen?« Also war der Vater, der Oheim von keinem falschen Vorurteil befangen, und die Baronesse hatte mit durchdachter Heuchelei den Grafen getäuscht. Für eine seiner Ruhe günstige Schickung mußte es nun der Graf halten, daß die böse Mutter an seinem Hochzeitstage gestorben. Er hatte dessen kein Hehl; Aurelie erklärte aber, daß gerade bei dem Tode der Mutter sie sich von düstern furchtbaren Ahnungen ergriffen gefühlt, daß sie die entsetzliche Angst nicht verwinden könne, die Tote werde erstehn aus dem Grabe und sie hinabreißen aus den Armen des Geliebten in den Abgrund. Aurelie erinnerte sich (so erzählte sie) ganz dunkel aus ihrer früheren Jugendzeit, daß eines Morgens, da sie eben aus dem Schlafe erwacht, ein furchtbarer Tumult im Hause entstand. Die Türen wurden auf- und zugeworfen, fremde Stimmen riefen durcheinander. Endlich als es stiller geworden, nahm die Wärterin Aurelien auf den Arm und trug sie in ein großes Zimmer, wo viele Menschen versammelt, in der Mitte auf einem langen Tisch ausgestreckt lag aber der Mann, der oft mit Aurelien gespielt, sie mit Zuckerwerk gefüttert, und den sie Papa genannt. Sie streckte die Händchen nach ihm aus und wollte ihn küssen. Die sonst warmen Lippen waren aber eiskalt, und Aurelie brach, selbst wußte sie nicht warum, aus in heftiges Weinen. Die Wärterin brachte sie in ein fremdes Haus, wo sie lange Zeit verweilte, bis endlich eine Frau erschien und sie in einer Kutsche mitnahm. Das war nun ihre Mutter, die bald darauf mit Aurelien nach der Residenz reiste. Aurelie mochte ungefähr sechzehn Jahre alt sein, als ein Mann bei der Baronesse erschien, den sie mit Freude und Zutraulichkeit empfing wie einen alten geliebten Bekannten. Er kam oft und öfter, und bald veränderte sich der Hausstand der Baronesse auf sehr merkliche Weise. Statt daß sie sonst in einem Dachstübchen gewohnt und sich mit armseligen Kleidern und schlechter Kost beholfen, bezog sie jetzt ein hübsches Quartier in der schönsten Gegend der Stadt, schaffte sich prächtige Kleider an, aß und trank mit dem Fremden, der ihr täglicher Tischgast war, vortrefflich und nahm teil an allen öffentlichen Lustbarkeiten, wie sie die Residenz darbot. Nur auf Aurelien hatte diese Verbesserung der Lage ihrer Mutter, die diese offenbar dem Fremden verdankte, gar keinen Einfluß. Sie blieb eingeschlossen in ihrem Zimmer zurück, wenn die Baronesse mit dem Fremden dem Vergnügen zueilte, und mußte so armselig einhergehen als sonst. Der Fremde hatte, unerachtet er wohl beinahe vierzig Jahre alt sein mochte, ein sehr frisches jugendliches Ansehen, war von hoher schöner Gestalt, und auch sein Antlitz mochte männlich schön genannt werden. Demunerachtet war er Aurelien widrig, weil oft sein Benehmen, schien er sich auch zu einem vornehmen Anstande zwingen zu wollen, linkisch, gemein, pöbelhaft wurde. Die Blicke, womit er aber Aurelien zu betrachten begann, erfüllten sie mit unheimlichem Grauen, ja mit einem Abscheu, dessen Ursache sie sich selbst nicht zu erklären wußte. Nie hatte bisher die Baronesse es der Mühe wert geachtet, Aurelien auch nur ein Wort über den Fremden zu sagen. Jetzt nannte sie Aurelien seinen Namen mit dem Zusatz, daß der Baron steinreich und ein entfernter Verwandter sei. Sie rühmte seine Gestalt, seine Vorzüge und schloß mit der Frage, wie er Aurelien gefalle. Aurelie verschwieg nicht den innern Abscheu, den sie gegen den Fremden hegte, da blitzte sie aber die Baronesse an mit einem Blick, der ihr tiefen Schreck einjagte, und schalt sie ein dummes einfältiges Ding. Bald darauf wurde die Baronesse freundlicher gegen Aurelien, als sie es jemals gewesen. Sie erhielt schöne Kleider, reichen modischen Putz jeder Art, man ließ sie teilnehmen an den öffentlichen Vergnügungen. Der Fremde bemühte sich nun um Aureliens Gunst auf eine Weise, die ihn nur immer widerwärtiger ihr erscheinen ließ. Tödlich wurde aber ihr zarter jungfräulicher Sinn berührt, als ein böser Zufall sie geheime Zeugin sein ließ einer empörenden Abscheulichkeit des Fremden und der verderbten Mutter. Als nun einige Tage darauf der Fremde in halbtrunknem Mut sie auf eine Art in seine Arme schloß, daß die verruchte Absicht keinem Zweifel unterworfen, da gab ihr die Verzweiflung Manneskraft, sie stieß den Fremden zurück, daß er rücklings überstürzte, entfloh und schloß sich in ihr Zimmer ein. Die Baronesse erklärte Aurelien ganz kalt und bestimmt, daß, da der Fremde ihren ganzen Haushalt bestritte und sie gar nicht Lust habe, zurückzukommen in die alte Dürftigkeit, hier jede alberne Ziererei verdrießlich und unnütz sein werde; Aurelie müsse sich dem Willen des Fremden hingeben, der sonst gedroht, sie zu verlassen. Statt auf Aureliens wehmütigstes Flehen, statt auf ihre heißen Tränen zu achten, begann die Alte, in frechem Spott laut auflachend, über ein Verhältnis, das ihr alle Lust des Lebens erschließen werde, auf eine Art zu sprechen, deren zügellose Abscheulichkeit jedem sittlichen Gefühl Hohn sprach, so daß Aurelie sich davor entsetzte. Sie sah sich verloren, und das einzige Rettungsmittel schien ihr schleunige Flucht. Aurelie hatte sich den Hausschlüssel zu verschaffen gewußt, die wenigen Habseligkeiten, die dringendste Notwendigkeit erforderte, zusammengepackt und schlich nach Mitternacht, als sie die Mutter in tiefem Schlaf glaubte, über den matt erleuchteten Vorsaal. Schon wollte sie leise, leise hinaustreten, als die Haustüre rasselnd aufsprang und es die Treppe hinaufpolterte. Hinein in den Vorsaal, hin zu Aureliens Füßen stürzte die Baronesse, in einen schlechten schmutzigen Kittel gekleidet, Brust und Ärme entblößt, das greise Haar aufgelöst, wild flatternd. Und dicht hinter ihr her der Fremde, der mit dem gellenden Ruf: »Warte, verruchter Satan, höllische Hexe, ich werd' dir dein Hochzeitsmahl eintränken!« sie bei den Haaren mitten ins Zimmer schleifte und mit dem dicken Knüttel, den er bei sich trug, auf die grausamste Weise zu mißhandeln begann. Die Baronesse stieß ein fürchterliches Angstgeschrei aus, Aurelie, ihrer Sinne kaum mächtig, rief laut durch das geöffnete Fenster nach Hilfe. Es traf sich, daß gerade eine Patrouille bewaffneter Polizei vorüberging. Diese drang sogleich ins Haus. »Faßt ihn,« rief die Baronesse, sich vor Wut und Schmerz krümmend, den Polizeisoldaten entgegen, »faßt ihn – haltet ihn fest! – schaut seinen bloßen Rücken an! – es ist –« Sowie die Baronesse den Namen nannte, jauchzte der Polizei-Sergeant, der die Patrouille führte, lauf auf: »Hoho – haben wir dich endlich, Urian!« Und damit packten sie den Fremden fest und schleppten ihn, so sehr er sich sträuben mochte, fort. Dem allem, was sich zugetragen, unerachtet, hatte die Baronesse Aureliens Absicht doch sehr wohl bemerkt. Sie begnügte sich damit, Aurelien ziemlich unsanft beim Arm zu fassen, sie in ihr Zimmer zu werfen und dieses dann abzuschließen, ohne weiter etwas zu sagen. Andern Morgens war die Baronesse ausgegangen und kam erst am späten Abend wieder, während Aurelie, in ihr Zimmer wie in ein Gefängnis eingeschlossen, niemanden sah und hörte, so daß sie den ganzen Tag zubringen mußte ohne Speise und Trank. Mehrere Tage hintereinander ging das so fort. Oft blickte die Baronesse sie mit zornfunkelnden Augen an, sie schien mit einem Entschluß zu ringen, bis sie an einem Abend Briefe fand, deren Inhalt ihr Freude zu machen schien. »Aberwitzige Kreatur, du bist an allem schuld, aber es ist nun gut, und ich wünsche selbst, daß die fürchterliche Strafe dich nicht treffen mag, die der böse Geist über dich verhängt hatte.« So sprach die Baronesse zu Aurelien, dann wurde sie wieder freundlicher, und Aurelie, die, da nun der abscheuliche Mensch von ihr gewichen, nicht mehr an die Flucht dachte, erhielt auch wieder mehr Freiheit. – Einige Zeit war vergangen, als eines Tages, da Aurelie gerade einsam in ihrem Zimmer saß, sich auf der Straße ein großes Geräusch erhob. Das Kammermädchen sprang hinein und berichtete, daß man eben den Sohn des Scharfrichters aus – vorbeibringe, der wegen Raubmord dort gebrandmarkt und nach dem Zuchthause gebracht, seinen Wächtern auf dem Transport aber entsprungen sei. Aurelie wankte, ergriffen von banger Ahnung, an das Fenster, sie hatte sich nicht betrogen, es war der Fremde, der, umringt von zahlreichen Wachen, auf dem Leiterwagen fest angeschlossen, vorübergefahren wurde. Man brachte ihn zurück zur Abbüßung seiner

Strafe. Der Ohnmacht nahe, sank Aurelie zurück in den Lehnsessel, als der furchtbar wilde Blick des Kerls sie traf, als er mit drohender Gebärde die geballte Faust aufhob gegen das Fenster. – Immer noch war die Baronesse viel außer dem Hause, Aurelien ließ sie aber jedesmal zurück, und so führte sie von manchen Betrachtungen über ihr Schicksal, über das, was Bedrohliches, ganz unerwartet, plötzlich sie treffen könne, ein trübes trauriges Leben. Von dem Kammermädchen, das übrigens erst nach jenem nächtlichen Ereignis in das Haus gekommen, und der man nun erst wohl erzählt haben mochte, wie jener Spitzbube mit der Frau Baronesse in vertraulichem Verhältnis gelebt, erfuhr Aurelie, daß man in der Residenz die Frau Baronesse gar sehr bedaure, von einem solchen niederträchtigen Verbrecher auf solche verruchte Weise getäuscht worden zu sein. Aurelie wußte nur zu gut, wie ganz anders sich die Sache verhielt, und unmöglich schien es, daß wenigstens die Polizeisoldaten, welche damals den Menschen im Hause der Baronesse ergriffen, nicht, als diese ihn nannte und den gebrandmarkten Rücken angab als gewisses Kennzeichen des Verbrechers, von der guten Bekanntschaft der Baronesse mit dem Scharfrichtersohn überzeugt worden sein sollten. Daher äußerte sich denn auch jenes Kammermädchen bisweilen auf zweideutige Weise darüber, was man so hin und her denke, und daß man auch wissen wollte, wie der Gerichtshof strenge Nachforschung gehalten und sogar die gnädige Frau Baronesse mit Arrest bedroht haben solle, weil der verruchte Scharfrichtersohn gar Seltsames erzählt. – Aufs neue mußte die arme Aurelie der Mutter verworfene Gesinnung darin erkennen, daß es ihr möglich gewesen, nach jenem entsetzlichen Ereignis auch nur noch einen Augenblick in der Residenz zu verweilen. Endlich schien sie gezwungen, den Ort, wo sie sich von schmachvollem, nur zu gegründeten Verdacht verfolgt sah, zu verlassen und in eine entfernte Gegend zu fliehen. Auf dieser Reise kam sie nun in das Schloß des Grafen, und es geschah, was erzählt worden. Aurelie mußte sich überglücklich, aller böser

Sorge entronnen, fühlen; wie tief entsetzte sie sich aber, als, da sie in diesem seligen Gefühl von der gnadenreichen Schickung des Himmels zur Mutter sprach, diese, Höllenflammen in den Augen, mit gellender Stimme rief: »Du bist mein Unglück, verworfenes heilloses Geschöpf, aber mitten in deinem geträumten Glück trifft dich die Rache, wenn mich ein schneller Tod dahingerafft. In dem Starrkrampf, den deine Geburt mich kostet, hat die List des Satans« – hier stockte Aurelie, sie warf sich an des Grafen Brust und flehte, ihr es zu erlassen, das ganz zu wiederholen, was die Baronesse noch ausgesprochen in wahnsinniger Wut. Sie fühlte sich im Innern zermalmt, gedenke sie der fürchterlichen, jede Ahnung des Entsetzlichsten überbietenden Drohung der von bösen Mächten erfaßten Mutter. Der Graf tröstete die Gattin, so gut er es vermochte, unerachtet er selbst sich von kaltem Todesschauer durchbebt fühlte. Gestehen mußte er es sich, auch ruhiger geworden, daß die tiefe Abscheulichkeit der Baronesse doch, war sie auch gestorben, einen schwarzen Schatten in sein Leben warf, das ihm sonnenklar gedünkt.

Kurze Zeit war vergangen, als Aurelie sich gar merklich zu ändern begann. Während die Totenblässe des Antlitzes, das ermattete Auge auf Erkrankung zu deuten schien, ließ wieder Aureliens wirres, unstetes, ja scheues Wesen auf irgendein neues Geheimnis schließen, das sie verstörte. Sie floh selbst den Gemahl, schloß sich bald in ihr Zimmer ein, suchte bald die einsamsten Plätze des Parks und ließ sie sich dann wieder blicken, so zeugten die verweinten Augen, die verzerrten Züge des Antlitzes von irgendeiner entsetzlichen Qual, die sie gelitten. Vergebens mühte sich der Graf, die Ursache von dem Zustande der Gattin zu erforschen, und aus der völligen Trostlosigkeit, in die er endlich verfiel, konnte ihn nur die Vermutung eines berühmten Arztes retten, daß bei der großen Reizbarkeit der Gräfin all die bedrohlichen Erscheinungen eines veränderten Zustandes nur auf eine frohe Hoffnung der beglückten Ehe deuten könnten. Derselbe Arzt erlaubte sich, als er einst mit dem Grafen und der Gräfin bei Tische saß, allerlei Anspielungen auf jenen vermuteten Zustand guter Hoffnung. Die Gräfin schien alles teilnahmslos zu überhören, doch plötzlich war sie ganz aufmerksam, als der Arzt von den seltsamen Gelüsten zu sprechen begann, die zuweilen Frauen in jenem Zustande fühlten, und denen sie ohne Nachteil ihrer Gesundheit, ja, ohne die schädlichste Einwirkung auf das Kind nicht widerstehen dürften. Die Gräfin überhäufte den Arzt mit Fragen, und dieser wurde nicht müde, aus seiner praktischen Erfahrung die ergötzlichsten, drolligsten Fälle mitzuteilen. »Doch,« sprach er, »hat man auch Beispiele von den abnormsten Gelüsten, durch die Frauen verleitet wurden zu der entsetzlichsten Tat. So hatte die Frau eines Schmieds ein solch unwiderstehliches Gelüste nach dem Fleisch ihres Mannes, daß sie nicht eher ruhte, als bis sie ihn einst, da er betrunken nach Hause kam, unvermutet mit einem großen Messer überfiel und so grausam zerfleischte, daß er nach wenigen Stunden den Geist aufgab.«

Kaum hatte der Arzt diese Worte gesprochen, als die Gräfin ohnmächtig in den Sessel sank und aus den Nervenzufällen, die dann eintraten, nur mit Mühe gerettet werden konnte. Der Arzt sah nun, daß er sehr unvorsichtig gehandelt, im Beisein der nervenschwachen Frau jener fürchterlichen Tat zu erwähnen.

Wohltätig schien indessen jene Krise auf den Zustand der Gräfin gewirkt zu haben, denn sie wurde ruhiger, wiewohl bald darauf ein ganz seltsames starres Wesen, ein düstres Feuer in den Augen und die immer mehr zunehmende Totenfarbe den Grafen in neue gar quälende Zweifel über den Zustand der Gattin stürzte. Das Unerklärlichste dieses Zustandes der Gräfin lag aber darin, daß sie auch nicht das mindeste an Speise zu sich nahm, vielmehr gegen alles, vorzüglich aber gegen Fleisch, den unüberwindlichsten Abscheu bewies, so daß sie sich jedesmal mit den lebhaftesten Zeichen dieses Abscheues vom Tische entfernen mußte. Die Kunst des Arztes scheiterte, denn nicht das dringendste, liebevollste Flehen des Grafen, nichts in der Welt konnte die Gräfin vermögen, auch nur einen Tropfen Medizin zu nehmen. Da nun Wochen, Monate vergangen, ohne daß die Gräfin auch nur einen Bissen genossen, da es ein unergründliches Geheimnis, wie sie ihr Leben zu fristen vermochte, so meinte der Arzt, daß hier etwas im Spiele sei, was außer dem Bereich jeder getreu menschlichen Wissenschaft liege. Er verließ das Schloß unter irgendeinem Vorwande, der Graf konnte aber wohl merken, daß der Zustand der Gattin dem bewährten Arzt zu rätselhaft, ja zu unheimlich bedünkt, um länger zu harren und Zeuge einer unergründlichen Krankheit zu sein, ohne Macht zu helfen. Man kann es sich denken, in welche Stimmung dies alles den Grafen versetzen mußte; aber es war dem noch nicht genug. – Gerade um diese Zeit nahm ein alter treuer Diener die Gelegenheit wahr, dem Grafen, als er ihn gerade allein fand, zu entdecken, daß die Gräfin jede Nacht das Schloß verlasse und erst beim Anbruch des Tages wiederkehre. Eiskalt erfaßte es den Grafen. Nun erst dachte er daran, wie ihn seit einiger Zeit jedesmal zur Mitternacht ein ganz unnatürlicher Schlaf überfallen, den er jetzt irgendeinem narkotischen Mittel zuschrieb, das die Gräfin ihm beibringe, um das Schlafzimmer, das sie, vornehmer Sitte entgegen, mit dem Gemahl teilte, unbemerkt verlassen zu können. Die schwärzesten Ahnungen kamen in seine Seele; er dachte an die teuflische Mutter, deren Sinn vielleicht erst jetzt in der Tochter erwacht, an irgendein abscheuliches ehebrecherisches Verhältnis, an den verruchten Scharfrichterknecht. – Die nächste Nacht sollte ihm das entsetzliche Geheimnis erschließen, das allein die Ursache des unerklärlichen Zustandes der Gattin sein konnte. Die Gräfin pflegte jeden Abend selbst den Tee zu bereiten, den der Graf genoß, und sich dann zu entfernen. Heute nahm er keinen Tropfen, und als er seiner Gewohnheit nach im Bette las, fühlte er keineswegs um Mitternacht die Schlafsucht, die ihn sonst überfallen. Demunerachtet sank er zurück in die Kissen und stellte sich bald, als sei er fest eingeschlafen. Leise, leise verließ nun die Gräfin ihr Lager, trat an das Bett des Grafen, leuchtete ihm ins Gesicht und schlüpfte hinaus aus dem Schlafzimmer. Das Herz bebte dem Grafen, er stand auf, warf einen Mantel um und schlich der Gattin nach. Es war eine ganz mondhelle Nacht, so daß der Graf Aureliens in ein weißes Schlafgewand gehüllte Gestalt, unerachtet sie einen beträchtlichen Vorsprung gewonnen, auf das deutlichste wahrnehmen konnte. Durch den Park nach dem Kirchhofe zu nahm die Gräfin ihren Weg, dort verschwand sie an der Mauer. Schnell rannte der Graf hinter ihr her, durch die Pforte der Kirchhofsmauer, die er offen fand. Da gewahrte er im hellsten Mondesschimmer dicht vor sich einen Kreis furchtbar gespenstischer Gestalten. Alte halbnackte Weiber mit fliegendem Haar hatten sich niedergekauert auf den Boden, und mitten in dem Kreise lag der Leichnam eines Menschen, an dem sie zehrten mit Wolfesgier. – Aurelie war unter ihnen! – Fort stürzte der Graf in wildem Grausen und rannte besinnungslos, gehetzt von der Todesangst, von dem Entsetzen der Hölle, durch die Gänge des Parks, bis er sich am hellen Morgen, im Schweiß gebadet, vor dem Tor des Schlosses wiederfand. Unwillkürlich, ohne einen deutlichen Gedanken fassen zu können, sprang er die Treppe herauf, stürzte durch die Zimmer, hinein in das Schlafgemach. Da lag die Gräfin, wie es schien, in sanftem, süßem Schlummer, und der Graf wollte sich überzeugen, daß nur ein abscheuliches Traumbild, oder, da er sich der nächtlichen Wanderung bewußt, für die auch der von dem Morgentau durchnäßte Mantel zeugte, vielmehr eine sinnetäuschende Erscheinung ihn zum Tode geängstigt. Ohne der Gräfin Erwachen abzuwarten, verließ er das Zimmer, kleidete sich an und warf sich aufs Pferd. Der Spazierritt an dem schönen Morgen durch duftendes Gesträuch, aus dem heraus muntrer Gesang der erwachten Vögel ihn begrüßte, verscheuchte die furchtbaren Bilder der Nacht; getröstet und erheitert kehrte er zurück nach dem Schlosse. Als nun aber beide, der Graf und die Gräfin, sich allein zu Tische gesetzt, und diese, da das gekochte Fleisch aufgetragen, mit den Zeichen des tiefsten Abscheus aus dem Zimmer wollte, da trat die Wahrheit dessen, was er in der Nacht geschaut, gräßlich vor die Seele des Grafen. In wildem Grimm sprang er auf und rief mit fürchterlicher Stimme: »Verfluchte Ausgeburt der Hölle, ich kenne deinen Abscheu vor des Menschen Speise, aus den Gräbern zerrst du deine Ätzung, teuflisches Weib!« Doch sowie der Graf diese Worte ausstieß, stürzte die Gräfin laut heulend auf ihn zu und biß ihn mit der Wut der Hyäne in die Brust. Der Graf schleuderte die Rasende von sich zur Erde nieder, und sie gab den Geist auf unter grauenhaften Verzuckungen. – Der Graf verfiel in Wahnsinn.

1821

CHARLES BAUDELAIRE

Le Vampire

Toi qui, comme un coup de couteau,
Dans mon cœur plaintif es entrée;
Toi qui, forte comme un troupeau
De démons, vins, folle et parée,

De mon esprit humilié
Faire ton lit et ton domaine;
– Infâme à qui je suis lié
Comme le forçat à la chaîne,

Comme au jeu le joueur têtu,
Comme à la bouteille l'ivrogne,
Comme aux vermines la charogne,
– Maudite, maudite sois-tu!

J'ai prié le glaive rapide
De conquérir ma liberté,
Et j'ai dit au poison perfide
De secourir ma lâcheté.

Hélas! le poison et le glaive
M'ont pris en dédain et m'ont dit:
»Tu n'es pas digne qu'on t'enlève
A ton esclavage maudit,

Imbécile! – de son empire
Si nos efforts te délivraient,
Tes baisers ressusciteraient
Le cadavre de ton vampire!«

1857

Der Vampir

Du, die du wie ein Messer in mein klagendes Herz fuhrst; die du stark wie eine Herde böser Geister daherkamst, närrisch und aufgeputzt,

In meinem erniedrigten Geist dir Haus und Lager zu bereiten; – Scheusal, an das ich gebunden bin wie der Sträfling an die Kette,

Wie an das Spiel hartnäckig der Spieler, wie an die Flasche der Trunkenbold, wie an das Gewürm das Aas, – verflucht seist du, verflucht!

Ich bat das rasche Schwert, mir meine Freiheit zu erobern; ersuchte das arge Gift, meiner Feigheit zu Hilfe zu kommen.

Ach, Gift und Schwert, sie fanden mich verächtlich und sprachen: »Du verdienst nicht, daß man deiner verfluchten Knechtschaft dich entreißt.

Du Narr! – wenn es uns auch gelänge, dich ihrer Herrschaft zu entledigen, – deine Küsse riefen doch den Leichnam deines Vampirs zurück ins Leben!«

JOSEPH SHERIDAN LE FANU

Carmilla, der weibliche Vampir

Ich sagte schon, daß das meiste an ihr mich entzückte.

Doch manches gab es auch, das mir nicht so gut gefiel.

Sie war für eine Frau ziemlich groß. Ja, ich will damit beginnen, ihr Äußeres zu schildern. Sie war schlank und von wundervoller Anmut. Bis auf ihre Bewegungen, die matt und träge – sehr träge – waren, ließ nichts an ihrer Erscheinung darauf schließen, daß sie krank war. Ihr Teint war rosig und gesund; ihre Züge waren zart und schön; ihre Augen groß, dunkel und strahlend; ihr Haar ganz wundervoll – nie habe ich so herrlich dichtes und langes Haar gesehen wie das ihre, wenn es ihr auf die Schultern niederhing; ich legte oft meine Hände darunter und lachte vor Staunen, wie schwer es war. Es war ungemein zart und weich und seine Farbe ein starkes, sehr dunkles Braun, mit einem Schimmer Gold. Ich öffnete es gern, wenn sie in ihrem Zimmer zurückgelehnt in ihrem Sessel saß und mit ihrer süßen leisen Stimme plauderte; ich teilte es und flocht es und breitete es aus und spielte damit. Himmel! Hätte ich nur die leiseste Ahnung gehabt!

Wie ich schon sagte, hatte sie auch Eigenheiten, die mir nicht gefielen. Ich habe erzählt, daß sie mich bereits am ersten Abend mit ihrer Zutraulichkeit gewann; doch bald mußte ich feststellen, daß sie sich bezüglich ihrer Mutter, ihrer Vergangenheit, ja bezüglich ihres ganzen Lebens, ihrer Pläne und der Menschen, die ihr nahestanden, einer undurchdringlichen Verschwiegenheit befleißigte. Mag sein, daß ich unvernünftig war, daß ich mich irrte; vielleicht hätte ich das feierliche Gebot, das die vornehme Dame im schwarzen Samtkleid meinem Vater auferlegt hatte, respektieren sollen. Doch die Neugier ist eine zehrende, nicht zu unterdrückende Leidenschaft, die vor allem ein junges Mädchen auf die Dauer nicht bezähmen kann. Wem konnte es denn schaden, wenn sie mir erzählte, was ich so glühend zu wissen begehrte? Hatte sie kein Vertrauen in meine Zuverlässigkeit und Verschwiegenheit?

Das melancholische Lächeln, mit dem sie mir beharrlich die kleinste Auskunft verweigerte, deutete, wie es mir schien, auf eine ihren Jahren unangemessene Gefühllosigkeit hin.

Was sie mir sagte, lief, nach meinem überheblichen Urteil, auf nichts hinaus.

Es waren drei sehr vage Auskünfte:

Erstens – Ihr Name war Carmilla.

Zweitens – Ihre Familie war sehr alt und vornehm.

Drittens – Ihr Zuhause lag irgendwo im Westen.

Sie nannte mir weder den Namen ihrer Familie noch den ihres Besitzes, ja nicht einmal den des Landes, in dem sie lebten.

Es war nicht etwa so, daß ich dieser Dinge wegen unaufhörlich in sie drang. Ich wartete stets eine gute Gelegenheit ab und stellte meine Fragen ziemlich verhüllt. Ein- oder zweimal allerdings gab ich meine Zurückhaltung auf und zeigte meine Neugier ganz offen. Doch ganz gleich, welche Taktik ich auch anwandte, mit keiner hatte ich Erfolg. Weder Vorwürfe noch Schmeicheleien verfingen bei ihr.

Sie pflegte ihre schönen Arme um meinen Hals zu legen, mich an sich zu ziehen, ihre Wange an die meine zu schmiegen und mir ins Ohr zu flüstern: »Liebste, ist dein kleines Herz verwundet? Halte mich nicht für grausam, weil ich dem unwiderstehlichen Gesetz meiner Stärke und Schwäche gehorche; wenn dein liebes Herz verwundet ist, so blutet mein wildes Herz mit dem deinen. Die Wonne meiner ungeheuren Demütigung auskostend, lebe ich in deinem warmen Leben, und du sollst in mir aufgehn wie in einem süßen Tod. So wie ich mich dir nähere, so wirst du, deinerseits, dich andern nähern und sie kennenlernen, die Wollust dieser Grausamkeit, die dennoch Liebe ist; ich kann nicht anders, darum bitte ich dich, zügle deine Neugier eine Weile, begehre nicht, von mir mehr zu erfahren, sondern traue mir mit all der Liebe deiner Seele.«

Und hatte sie voll Überschwang so mit mir gesprochen, dann drückte sie mich zitternd an sich, und ihre Lippen hauchten zarte Küsse auf meine Wange.

Wenn solche mysteriösen Stimmungen sie befielen, war sie mir unheimlich. Zuweilen ergriff mich eine seltsame, mein tiefstes Inneres aufwühlende Erregung, die lustvoll war und doch gemischt mit dumpfer Angst und Widerwillen. Ich war nicht fähig, während solcher Szenen klar zu denken, und spürte nur, wie meine Liebe sich vertiefte und zugleich in Abscheu sich verwandelte. Ich weiß, wie paradox das klingt, doch anders kann ich mein Gefühl nicht schildern.

Manchmal nach einer Stunde der Apathie ergriff meine seltsame schöne Gefährtin meine Hand und hielt sie mit zärtlichem Druck, diesen immer und immer wieder erneuernd; dabei blickte sie, sanft errötend, mit schwerlidrigen glühenden Augen in mein Gesicht und atmete so schnell, daß ihr Kleid in heftigem Rhythmus sich hob und senkte. Es war wie die glutvolle Leidenschaft eines Liebhabers; es verwirrte und bestürzte mich; es war abstoßend und doch berauschend; und mit verzehrendem Blick zog sie mich an sich, und ihre heißen Lippen wanderten über meine Wange, und sie flüsterte, beinahe schluchzend: »Du bist mein, du mußt mein sein, du und ich, wir sind eins für immer.« Und dann warf sie sich in ihren Sessel zurück und bedeckte mit ihren zierlichen Händen die Augen.

1872

JULIUS NEUSS

Vampir

Meinem Kameraden Emil Stracke

Wenn Engel sich vom Himmel niederschwängen,
um durch die Lüfte erdenwärts zu schweben,
mein Herz erschwölle nicht in süsserm Drängen,
denn wie bei Deinem Anblick, holdes Leben!

Ich will verherrlichen Dich in Gesängen,
die rein sind wie der Silbersaite Beben
und feierlich gleich keuschen Harfenklängen,
wie Seufzer weh, so bange Busen heben.

Ich bin ein Säuger, Jüngling, Dir zur Feier,
doch um den Preis der gold'nen Dichterleier
darfst du, mein junger Held, mich nicht befragen.

Des Lebens Lust entsage ich mit Wehmut
und beuge tief das Haupt, in stolzer Demut
mein gottverliehenes Geschick zu tragen!

Zwei Sägeböcke, darauf eine glattgehobelte Platte aus Tannenholz: sein Schreibtisch, an dem er saß und schrieb. Den Rock hatte er ausgezogen und hinter sich über die Stuhllehne gehängt. Der kleine Ploetz lag aufgeschlagen vor ihm. Seine flüssige, eigenwillige Handschrift bedeckte die Seiten des blauen Schreibheftes. Halblaut und eindringlich, bestrebt, sie seinem Gedächtnis fest einzuprägen, sprach er die Worte der fremden Sprache vor sich hin, während er sie niederschrieb.

Von der Decke herab hing am Leitungsdraht eine Glühbirne. Ein Lichtschirm aus Zeitungspapier blendete ihre Strahlen ab und warf sie gesammelt nach unten. Vom Licht getroffen, flimmerte das braune Haar des Lernenden metallisch.

Das Fenster, vor dem ein, in gewaschenem Zustand vielleicht weißer, jetzt aber längst staubgrauer Vorhang herabhing, war einen Spalt weit geöffnet, damit der milde Atem der herrlichen Frühlingsnacht, der bis tief in den dumpfen Hofschacht erquickend niederwehte, auch in die Kammer des jungen Mannes ströme.

Das schrille Gellen der Vorplatzglocke unterbrach erschreckend die emsige Stille und riß Adolf Schuber jäh aus der Arbeit heraus. Der Einlaßbegehrende mußte hart und gewaltsam auf den weißen Knopf drücken, so scharf klang das Klingeln: ein Lautsignal, das den Befehl übermittelte: öffne! Plötzlich verstummte es.

Wie ein auf dem Sprung liegendes Raubtier: alles Leben in die Augen gedrängt, mit regungslos erstarrtem Körper, doch bereit, jeden Augenblick aufzuschnellen, – so verharrte Adolf Schuber in vorgereckter Stellung, die Rechte, welche die Feder hatte fallen lassen, dem Schalter entgegengestreckt. Doch zögernd ließ er sie wieder sinken.

»Es ist zwecklos«, murmelte er leise vor sich hin, »er muß ja von unten mein erleuchtetes Fenster bemerkt haben!«

Zum zweiten Male ertönte das Läutwerk, langanhaltend, schließlich in nervöses Trillern übergehend.

Wer war der so herrisch Einlaßbegehrende, und was gab ihm die Macht, Adolf Schuber, entgegen seinem Willen, zu zwingen, hinauszugehen und zu öffnen?

Rasche Schritte auf dem dunklen Vorplatz, dann trat der späte Besucher in's Zimmer. Ein langer, faltenreicher Umhang aus rauhem, zottigen Stoff verhüllte seine Gestalt; eine dunkelfarbige Sportmütze mit Ohrenklappen, die unterm Kinn zusammengeknöpft waren, bedeckte sein Haupt. Der ungewöhnlich große Schirm beschattete ein totenblasses Gesicht, nur auf den dicht vorstehenden Wangenknochen war die gestraffte Haut rötlich betupft. Bei der herrschenden warmen Witterung war seine Aufmachung geeignet, Verwunderung hervorzurufen, und wirkte wie eine beabsichtigte Vermummung. Er erweckte den unheimlichen Eindruck einer großen Fledermaus.

Eine wachsbleiche, fleischlose Hand streckte sich aus der Umhüllung und warf einen in braunes Packpapier gewickelten Gegenstand auf den Tisch, der hart aufschlug und stählern klirrte.

»Das Brecheisen!« sagte der Fremde.

Ruhelos begann er durch's Zimmer zu streichen, ließ die Augen über die Wände schweifen, blätterte mit hochgezogenen Brauen in dem Schreibheft, betastete jeden Gegenstand auf eine seltsam weiche, sinnliche Art. Ein Hustenanfall, den er vergeblich zu unterdrücken suchte, nötigte ihn, sich zu setzen. »Merde«, stöhnte er, sich auf dem Bett langlegend, »verdammte Kotzerei!« Er wälzte sich auf den Bauch, legte das Kinn auf die eiserne Kante des Fußendes, sah mit weit aufgerissenen Augen starr zu Adolf Schuber hinauf. Auf sein Gesicht trat ein vor leidenschaftlichem Begehren leidender Ausdruck. Er fühlte das Kreisen des Blutes in seinen Adern, er knirschte mit den Zähnen und sein Herz krampfte sich wollüstig-schmerzlich zusammen. Adolf Schuber hatte eine finstere Miene aufgesteckt und trommelte mit dem Federhalter einen eintönigen Marsch auf der Tischplatte.

»Hör' schon auf!« schrie der andere und rüttelte mit den Fäusten an der Bettstelle, »willst Du mich verrückt machen!?«

Adolf Schuber warf den Federhalter hin.

»Bekomm ich nichts zu trinken, reut Dich Dein Rum, Dein Zucker?«

»Das sollst Du gleich haben, Morsa,« sagte Adolf Schuber bereitwillig und ging in die Ecke des Zimmers, wo der Schrank und der Gaskocher standen, zündete die Flamme an und begann Tee zu bereiten. Aus dem braunen Spind nahm er zwei Gläser, Löffel, Zuckerdose und Rumflasche und stellte diese Dinge, das braune Paket beiseite schiebend, auf den Tisch.

Morsa indessen nestelte den Umhang und die Mütze los und entpuppte sich als ein überschlanker junger Mann, dessen mageres, aber, wie man jetzt sah, mädchenhaft feines Gesicht langgetragenes, glänzend schwarzes Haar, das auf sorgfältige Pflege schließen ließ, umrahmte. Er zog ein Zigarettenetui aus der Hosentasche, ein elegantes goldenes Ding mit zwei verschlungenen Initialen in Brillanten, – eine Kostbarkeit, die zu seinem abgerissenen Abzug seltsam kontrastierte.

»Feuer, Adolf!« rief er, in die Hände klatschend. »Feuer, Feuer!«

»Man sachte!« sagte Adolf Schuber und warf ihm eine Streichholzschachtel zu. »Übrigens solltest Du das Rauchen lieber bleibenlassen!«

»Meinst Du?« fragte Morsa. »Bist Du besorgt um mich, Adolf, oder redest Du bloß so hin?«

Er erhielt auf seine eindringliche Frage keine Antwort und gab sich zufrieden. Gierig sog er den Rauch ein und stieß ihn mit geblähten Nüstern wieder von sich. Dabei verfolgte er mit den Augen jede Bewegung des jungen Mannes, jede Linie des jugendlich kraftvollen Körpers. Allmählich entspannten sich seine Züge, Ruhe begann auf seiner Stirn zu lagern und auf sein Antlitz trat etwas wie – Friede ...

Das Wasser kochte, der Deckel begann zu klappern. Adolf Schuber stellte das Gas ab und goß den Tee auf. Er stellte die Kanne auf den Tisch.

»Noch ein paar Minuten ziehen lassen«, sagte er. Er holte auch noch einen Teller mit einigen Scheiben Brot und ein Näpfchen mit Butter herbei.

Morsa tat Zucker in sein Glas. In der Ferne schlug eine Turmuhr. Er zählte die Schläge. »Elf«, sagte er endlich. »Du bist ganz allein zu Haus? Wo sind Deine Wirtsleute?«

»In die Stadt gegangen«, sagte Adolf Schuber, »es ist Sonntag heut!«

»Gut! Am besten wär's, sie würden mich hier gar nicht sehen. Machen wir uns bald auf den Weg! Du schaltest das Licht aus und schließt ab. Sie werden dann denken, Du liegst schon im Bett und schläfst.«

»Du!« sagte Adolf Schuber, »ich denke, wir lassens!«

Die Teekanne klirrte aus Glas, Morsa goß vorbei. Er stellte sie heftig hin.

»Du willst nicht? Auf einmal?«

Sein Gesicht wurde ganz starr.

»Feigling!« zischte er plötzlich.

»Ich bin nicht feig«, sagte Adolf Schuber ruhig, »aber in eine fremde Wohnung einzubrechen, das geht mir gegen die Natur.«

»Du warst doch vorher für den Plan.«

»Mein Zorn hat bisher diese innere Regung überschrien.«

»Ein gewaltiger Zorn, der so schnell verraucht!«

»Er ist noch nicht verraucht. Aber mein Anstandsgefühl hat Oberhand gewonnen. Ich war immer ein anständiger Mensch.«

»So anständig, daß Du mich erbarmungslos sterben lassen würdest, wenn es in Deiner Macht stünde, mich durch eine einzige Hingabe Deines Leibes vom Tode zu erretten!«

Schuber zuckte mit den Achseln.

Morsa sagte schneidend:

»Wenn man einem Prasser, Müßiggänger, der die Nächte durchspielt und durchzecht, den Raub einer Nacht auf gefahrlose Weise abnehmen kann – den Idioten möchte ich sehen, der da nicht zugreift!«

Er rührte aufgeregt in seinem Glas herum. Als er keine Antwort erhielt, sagte er mit gänzlich veränderter, weicher, flehender Stimme:

»Sieh, Adolf, es handelt sich in meinem Fall tatsächlich um Leben oder Sterben. Ich bin krank. Im Süden, in Italien kann ich vielleicht wieder genesen! Das Werk dieser Nacht würde uns die Mittel zu einem Aufenthalt dort unten geben.«

»Dann mach es doch allein!«

»Adolf!! Sei nicht so dumm! Die Welt und ihre Herrlichkeit steht uns dann offen! Was führst Du hier für ein Leben, bei trocknem Brot und in diesem Stall! Kein Strahl der Sonne dringt hier herein!«

Die rötlichen Tupfen auf Morsas Wangenknochen hatten sich zu hektischem Rot vertieft.

»Denke an jenen Abend vor vier Wochen«, sagte er eindringlich. »Es war nach Feierabend. Ich kam aus der Fabrik und ging die Bahnhofstraße entlang. Ganz in Gedanken versunken wollte ich beim Viadukt über den Fahrdamm, da bogst Du mit dem Rad um die Ecke und hättest mich beinahe angefahren. Du fluchtest. ›Sperr die Augen auf, Du Rindvieh!‹ riefst Du mir zu und beschriebst einen unsichern großen Bogen. Im nämlichen Augenblick kam ein eleganter Kraftwagen daher gesaust, fuhr Dich an und schon lagst Du, vom Rad geschleudert, im Staub. Ich sehe Dich noch auf dem Pflaster liegen, bewußtlos, Deine eben noch frischen Wangen plötzlich ganz weiß. In der Ferne verschwand das Auto! Sofort hatte sich ein Kreis neugieriger Gaffer um Dich gebildet. Ich mußte immer Deine Schuhe betrachten, vielmehr die gelben Messinghaken Deiner Schuhe und darüber, wo sich die Hose etwas hinaufgeschoben hatte, das Stückchen des grauen Strumpfes.

Regungslos und mit geschlossenen Augen lagst Du da. Ich hielt Dich für tot. Deine Jugend tat mir leid. Was ist es nur, dieses Etwas, dieser besondere Zauber in Deinem Gesicht? Schon damals liebte ich Dich! Wir trugen Dich also in einen Hausflur und dann kam der Rettungswagen. Dein Rad verbeult. Es war das Geschäftsrad der Buchhandlung Böhler, wie auf dem Reklameschild zu lesen war. Ich brachte es hin und erfuhr dort Deinen Namen. Das Bedauern über Deinen Unfall war gering, größer war der Ärger über das deformierte Fahrrad. Als Du aus dem Krankenhaus entlassen wurdest, fandest Du Deinen Posten besetzt.«

»Ja«, sagte Adolf Schuber mit gesenkter Stirn. »Ich war in einer üblen Lage. Und Du hast mir damals geholfen, wie – wie eine Mutter warst Du um mich besorgt«.

»Ach, laß das!« wehrte Morsa ab.

»Wie soll ich Dir danken?« fragte Schuber.

»Danken?« sagte Morsa bitter. »So wenig, wie Du dem Feuer dankst, das Dir das Teewasser kocht.«

Eine Pause trat ein, während der sie schweigend ihren Tee tranken.

»Du sollst sie hassen!!« zischte Morsa plötzlich.

»Warum denn? So schlecht geht es mir doch gar nicht!« sagte Adolf Schuber gutmütig.

»Du sollst sie hassen – die Menschen, die Weiber – alle!!«

»Und nur Dich – lieben«, spottete Adolf Schuber.

Morsa sah ihn traurig an.

»Ich weiß es«, sagte er, »ich bin Dir nichts! Herr Gott! Nur ein ganz geringes, ein ganz klein wenig mehr möcht' ich Dir sein, als die andern! ...«

Er legte die Hand auf Schubers Arm.

»Weg!« sagte der und schüttelte sie ab.

Morsa zog die Hand zurück, als sei nichts geschehen. Es war ihm keinerlei Gemütsbewegung vom Gesicht abzulesen. Aber unvermittelt begann er kalt und sehr sachlich von dem geplanten Einbruch zu sprechen.

»Die Gegend dort draußen ist zur Nachtzeit ganz einsam«, sagte er. »Die Villa ist durch einen Vorgarten von der Straße getrennt. Die Nachbarhäuser liegen räumlich weit auseinander und sind ebenfalls von Gärten umgeben. Wir müssen das Gitter übersteigen. Die Vorderfront des Hauses ist mit einer Veranda versehen, zu der hinauf vom Garten aus einige Stufen führen. Rechterhand befindet sich ein Fenster und durch dieses steigen wir ein.«

»Stehen Dir irgendwelche Hilfsmittel zur Verfügung«, unterbrach ihn Adolf Schuber, »oder glaubst Du, es gibt keinen Lärm, wenn wir die Scheibe zertrümmern?«

»Unbesorgt!« entgegnete Morsa seltsam lächelnd. »Vielleicht steht das Fenster – offen! ... Wir befinden uns dann im Arbeitszimmer«, fuhr er fort, »und gleich beim Fenster steht der Arbeitstisch, in dessen Schubladen der Hausherr seine Spielgewinne ungezählt verwahrt. Es wird Dir ein Leichtes sein, mit dem Brecheisen, das ich mitgebracht habe, die Schubladen zu erbrechen.«

»Und die Dienerschaft?«

»Der Herr ist auf einen Tag verreist. Der einzige Diener hat sich die Gelegenheit nutzbar gemacht und ist auf's Land hinaus, zu seiner Braut.«

»Du bist ja glänzend informiert!«

»Dafür solltest Du mich kennen, mein Lieber. Was ich anfasse, das klappt! Und nun vorwärts!«

Er stand auf und legte den Umhang um seine Schultern.

»Vorwärts!« befahl er, »wir haben keine Zeit mehr zu verlieren.«

Adolf Schubers Brust war ein Kampfplatz widerstreitender Gefühle: Abenteuerlust, Freiheitsdrang und der aufgestachelte Trotz über erlittene Unbill fochten einen harten Strauß aus mit der Rechtschaffenheit und dem angeborenen Sauberkeitsgefühl, Eigenschaften, die hervorstechende Charakterzüge des jungen Mannes bildeten. Morsa bereitete seiner Unentschlossenheit ein schnelles Ende. Er fuhr ihm mit der Hand ins Haar und riß seinen Kopf zurück. »Die Welt und ihre Herrlichkeit!« flüsterte er und funkelte ihn mit strahlend schwarzen Augen, so übergroß standen die Pupillen darin, fast drohend an. Adolf Schuber befreite seinen Kopf durch einen heftigen Ruck von Morsas Hand und sprang auf.

»Dann los!!«

Mit diesen Worten besiegelte er sein Schicksal. Morsa triumphierte.

»Hier ist es«, sagte Morsa leise.

»Diese Villa?« fragte Adolf Schuber.

»Ja.«

Sie sahen beide zwischen den Gitterstäben hindurch. Aus der Tiefe des Gartens, über Beete und Buschwerk hinweg, schimmerte der leichte, heitere Bau weiß durch das sammete Nachtdunkel zu ihnen herüber.

Scheu sahen sie sich um, – zwei zu böser Tat Verbündete. Die Gaslaternen brannten in weiten Abständen. Sonst nur Dunkelheit, Stille und Einsamkeit. Da setzte Morsa den Fuß auf die Klinke der Gittertüre und schwang sich hinüber. Sein Umhang verfing sich oben in den Spitzen der eisernen Stäbe. Mit gedämpftem Plumpsen sprang er auf der anderen Seite herab und riß ein großen Loch hinein. Gewandter folgte ihm Adolf Schuber. Wie Indianer auf dem Kriegspfad schlichen sie von Busch zu Busch. Am nächtlichen Himmelsgewölbe flammten kalt und erhaben die Sterne, unberührt von menschlicher Torheit und Leidenschaft. Sie erreichten die Veranda. Gebückt schlich Morsa hinauf. Sein Umhang fegte die Stufen. Und wie er gesagt hatte: gleich rechts befand sich das Fenster. Er preßte die flache Hand gegen die Scheibe, da öffnete es sich nach innen. Ohne sich umzusehen stieg er ein. Adolf Schuber folgte ihm auf dem Fuße.

Dann standen sie drinnen, im Dunkeln, auf einem hochgeschorenen Teppich, in dem der Fuß versank. Mit geblähten Nüstern sog Adolf Schuber die fremde Atmosphäre ein. Ein fast betäubender Wohlgeruch herrschte im Zimmer, – ein Duft, der ihm seltsam bekannt vorkam, der seinen Sinnen in dieser aufdringlichen Stärke jedoch fremd war.

Morsa hatte eine elektrische Taschenlampe hervorgezogen und ließ flüchtige Blitze umherschweifen. Das Gold schwerer Bilderrahmen, kristallene Spiegel und die Prismen des Deckenleuchters funkelten auf und sanken in Dunkelheit zurück. Der dünne Lichtstrahl zuckte seitwärts und ließ die Politur eines kunstvoll gebauten, zierlichen Schreibtisches erglänzen.

Klack – Morsa hatte das Licht ausgeschaltet. Er drückte Adolf Schuber das Brecheisen in die Hand.

»Dort...«, flüsterte er. »Und schnell an's Werk! Ich werde die Nebenzimmer einer Durchsicht unterziehen.«

Das Flüstern erstarb. Morsa hatte sich unhörbar entfernt. So sehr Adolf Schuber sein Gehör auch anstrengte, er konnte keinen Laut mehr vernehmen. »Morsa«, rief er leise, »Morsa...« und erhielt keine Antwort. Jetzt wandte er sich dem Schreibtisch zu und begann ihn abzutasten. Rechts und links befanden sich Schubladen.

Er setzte das Brecheisen an und setzte es wieder ab. Ein innerer Widerstand machte sich mit solcher Kraft bemerkbar, daß er am liebsten das Verbrecherwerkzeug weit von sich geschleudert hätte und fortgestürzt wäre, fort, nur fort! Doch einmal am Ort der Tat, schien es ihm zur Rückkehr zu spät zu sein. Er biß die Zähne zusammen und setzte wieder an. Das Holz begann zu knirschen. Der Tisch bekam Stimme, zirpte und schrie.

»Verfluchter Lärm!«

Adolf Schuber perlte die Stirn. Plötzlich erschrak er. Er glaubte leichte Schritte vernommen zu haben, ein Rauschen wie von seidenen Gewändern. Doch da er inne hielt, war alles wieder still. Mit stark klopfendem Herzen ging er von neuem an die Arbeit. Wieder zirpte und schrie der mißhandelte Tisch. Adolf Schuber hatte das entsetzliche Gefühl, als verginge er sich an einem lebenden Wesen; es klang seinen Ohren, als jammere da eine hohe, durchdringende Kinderstimme.

Plötzlich fuhr er wild herum.

Der Schalter der elektrischen Beleuchtung knackte und in festlichen Glanz getaucht lag das Gemach.

Auf der Schwelle zum Nebenzimmer stand eine blendende Erscheinung in großer Toilette, im hochblonden Gelock einen kostbaren Reiher, und sah lächelnd zu dem ertappten Einbrecher herüber.

»Adolf«, sagte eine wohlbekannte Stimme.

»Morsa!!« schrie Adolf Schuber auf.

»Ich bin's«, sagte Morsa und streckte ihm seine beiden, mit Juwelen überreich geschmückten Hände entgegen.

Adolf Schuber starrte ihn an, als sähe er ein Gespenst.

Morsa raffte die rauschende Schleppe seines Ballkleides zusammen, trat auf ihn zu, nahm ihn bei der Hand und führt den Willenlosen in das Nebenzimmer.

»So kalt sind deine Hände«, sagte er zärtlich, »so sehr bist du erschrocken!«

In dem anderen Raum bot sich ihnen der lockende Anblick einer kleinen, aber üppigen, im Glanze vieler Kerzen funkelnden Tafel. In geschliffenen Karaffen glühte tief dunkelrote, feurig goldene und smaragden grüne Glut.

Morsa ließ von dem feurigen Gold in eine flache Schale rinnen und reichte sie dem jungen Manne.

»Trink«, sagte er, »dieser Wein erweckt Tote zu neuem Leben!«

Im Hintergrund stand in pompöser Livree, in götzenhaft erstarrter Haltung, ein Diener von wahrhaft Michelangeloscher Gewalt der Gliedmaßen. Auf einen Wink Morsas verließ er das Zimmer.

Morsa schenkte sich selbst ein.

»Berausche Dich!« sagte er zu Adolf Schuber. Er führte den Kelch zum Munde und leerte ihn auf einen Zug. Seine feuchten, glühenden Lippen lechzten ihm entgegen.

»Berausche Dich! Der Wein ist nicht vergiftet! Vielleicht löst sich im Rausch der Riegel von der Pforte Deiner Seele und ich kann, und sei's auch nur in ihren Vorhof, eindringen.«

Er näherte sich mit verzückt ausgebreiteten Armen dem jungen Mann. Aber hart wich Adolf Schuber zurück. »Geh weg!« sagte er böse. »Was soll das alles?!«

»Adolf!« rief Morsa und preßte die linke Hand auf sein Herz, als spüre er dort plötzlich heftigen Schmerz. Das bacchantische Lächeln fiel ab wie eine Maske, sein Gesicht ward nackt in seiner Qual. Und nochmals sagte er gebrochen: »Adolf...« und lag ihm zu Füßen.

»Meinen Reichtum, mein Leben für deine Liebe!« stöhnte er. »Bettelnd, flehend und heischend pochte ich an die Pforte Deiner Seele, doch Du verriegeltest sie nur noch fester ...

Adolf! Erbarme Dich meiner! Laß den Balsam nur Deines Mitleids auf die Wunden meines von Höllenglut verbrannten Herzens träufeln! ...

Viele Leiber waren mir für Gold zu Willen. Eine Seele kann man nicht kaufen! Man muß sie einfangen mit teuflischer List. Aber Deine Seele ist herb und abweisend und deshalb liebe ich Dich so unsinnig, junger Mensch ... Steh' nicht so starr und finster! Öffnest Du mir nicht das Tor Deiner Seele, dann brech' ich's auf!«

Fiebrig lüstern umklammerte er seine Knie. Adolf Schuber war es, als träume er einen tollen Traum. Doch als Morsa gar sein glühendes Gesicht in seinen Schoß drückte, erfaßte ihn ein namenloses Grauen. Ihm beide Knie vor die Brust stoßend, versuchte er mit vor Abscheu verzerrtem Gesicht, ihn von sich abzuschütteln wie ein ekliges Gewürm. Doch Morsa hatte sich in seiner Hose verkrallt und verbissen, kaum konnte er einen Fuß vor den andern schieben, der Türe zu. Auf der Türschwelle ließ der Rasende ihn plötzlich los und deckte mit seinem Körper den Ausgang. Aus dem Ausschnitt des Ballkleides zog er einen Revolver hervor und warf ihn Adolf Schuber vor die Füße.

»Da!« rief er, »nur über meine Leiche führt Dein Weg in's Freie.«

Adolf Schubers Aufregung legte sich plötzlich. Er wurde ganz kalt und ruhig. Er erkannte unter der Maskerade Morsa wieder, erkannte unter den falschen weiblichen Reizen den Andern, dessen Qualen und seelische Erschütterungen in ihm nur Ekel und Widerwillen auslösten.

Er stieß die Waffe mit dem Fuß zur Seite.

»Den Revolver brauch' ich nicht«, sagte er mit furchtbarer, nichts Gutes verheißender Ruhe.

»Zum letzten Mal: gib den Weg frei!«

»Nie!« rief Morsa leidenschaftlich, »nie! ...«

Er hatte das Wort kaum hervor gestoßen, da fühlte er sich von Schubers eisernen Fäusten hochgerissen und mit brutaler Kraft in's Zimmer hinein geschleudert. Er flog gegen den Tisch, welcher schwankte und klirrte. Eine Kerze fiel vom Leuchter, rollte, heißes Wachs vergießend, über das damastene Tischtuch und fiel auf den Teppich herunter, glücklicherweise verlöschend.

Morsa hatte einen gellenden Schrei ausgestoßen und blieb wimmernd liegen.

Ohne ihn auch nur noch eines Blickes zu würdigen, ging Adolf Schuber zur Tür. Der Weg war frei. Nur fort von hier! Aber seine Flucht wurde vereitelt. Wie durch Zauber war der Diener im Zimmer. Mit zwei gewaltigen Sätzen war er bei Adolf Schuber und riß ihn rücklings zu Boden. Mit der ganzen Last seines riesenhaften Körpers kniete er auf ihm.

Morsa war katzenhaft emporgeschnellt. Er rief dem Manne einige Worte zu, in einer Sprache, die Adolf Schuber nicht verstand, und löste die taudicken Schnüre, welche die schweren Vorhänge zusammenrafften, die nun, ihres Haltes beraubt, zusammenschlugen und in steilen Falten herabhingen, und warf sie dem Riesen zu.

Vergeblich war Adolf Schubers verzweifelter Widerstand. Hände und Füße wurden ihm zusammengebunden und sein Oberkörper vielfach umschnürt. Darauf hob der Diener ihn wie ein Bündel auf und schleppte ihn zu einem Ruhebett, auf das er ihn behutsam niederlegte. Einem weiteren Befehl Morsas kam dieser Mensch, der neben seinem Amt als Diener noch eine geheimnisvolle, verruchte Rolle spielen mochte, nur zögernd und sichtlich widerstrebend nach. Morsa mußte erst ungeduldig mit dem Fuß aufstampfen, ehe er sich mit sklavischer Unterwürfigkeit entfernte.

Hochaufatmend stand Morsa mitten im Zimmer. Nun trat er an das Ruhebett und neigte sich über den Überwältigten, mit einem Ausdruck auf ihn niedersehend, in dem Triumph und Qual sich seltsam mischten.

Adolf Schubers Lippen schlossen sich ehern aufeinander. Seine Augen, Stirn und Brauen sprühten Verachtung und unbändigen Trotz.

Da entrang sich Morsas Brust ein schwerer Laut, geboren aus Qual und Raserei: ein Ächzen, erpreßt durch furchtbarste seelische Folter, gepaart mit einem Stöhnen wilder Brunst.

»Ich kann Dir nicht das Stöhnen der Wollust entlocken«, würgte er mit heiserer, gänzlich unverständlicher Stimme hervor. »Will Dir den sauren Todesschweiß von der Stirn küssen –«

Und er stieß ihm ein goldenes Obstmesser bis zum Heft in den Hals.

Adolf Schuber bäumte sich empor, wie ein mit Wucht angerissener Bogen und fiel jäh zurück, als sei plötzlich die Sehne durchschnitten.

Nie hatte der Zauber seines Angesichts mächtiger auf Morsa gewirkt, als jetzt, da der Todeskampf sich erschütternd darauf abspielte.

Nie war sein Opfer ihm hinreißend schöner erschienen,

aber auch nie – – in eisigere Fernen entrückt ..., als jetzt, da er Schuber mit beiden Armen umschlungen hielt, bittern Blutgeschmack auf der Zunge und im Paroxysmus der Verzweiflung wie irrsinning immer wieder schluchzte:

»Deine Seele! ... Deine Seele! –«

1921/22

RAINER WERNER FASSBINDER/HARRY BAER

Werwolf

D Ich bin ein Bub, das hab ich gelernt, und gelernt hab ich auch, daß ein Bub nimmer von einem Bub sich berühren läßt oder mehr.

A Was sie dir sagen, ist alles nicht wahr. Wenn sie dir sagen, du bist zu jung, das stimmt nimmer mehr, keiner, dens gibt, ist zum Denken zu jung. Wenn sie dir sagen, du sollst arbeiten, sie tun das, weil den Gewinn von der Arbeit, die du machst, den haben sie. Wenn sie dir sagen, das Glück für die Seele, das käm nach dem Tod, das stimmt nicht, nach dem Tod nämlich ist alles aus. Ein Glück mußt du finden, solange du da bist, auf der Erd, die dich trägt.

D Was du redest, hat alles in meinem Kopf keinen Platz. Das verträgt sich nicht mit die Reden von andere Leut.

A Schau, ich faß dir zwischen die Beine, und kein Donner kommt, kein Blitz bestraft unser Tun. Alles sind Lügen, mit denen du lebst.

D Ich will nit. Weil, wenn du recht hast, ist alles so schlimm. Dann ist ein Mensch doch allein vor den andern und findet nimmermehr ein Ziel, das wichtig.

A Ein Mensch ist allein, vor den andern. Ein Mensch ist allein vor den andern. Hörst?

D Ich kann nit ertragen solche Gedanken, sie sind so schlimm.

A Ich hab das Blut getrunken von einem Wolf. Ich erlös dich von dem Tod.

1969

PETER O. CHOTJEWITZ

Der Ghoul von der Via del'Oca

Es ist wie immer Mitternacht heute und der seltsame junge Mensch, der seit seinem Wiedererscheinen schon zahllose Bewohner der Via del'Oca zu Tode erschreckt hat, erhebt seine Stimme und spricht:

Wenn der Neumond in Konjunktion mit der Sonne steht, sodaß seine der Erde abgewandte Seite nicht beleuchtet wird, wenn die Sonne die Schwelle von West nach Ost überschreitet und wie immer für einen Augenblick lang unsichtbar ist, wenn die Sterne in einem unbeobachteten Moment einen Ruck nach hinten kriegen, der sich im Laufe von Jahrmilliarden als eine Explosion des Universums darstellt, wenn, was die Erde selber betrifft, der Gesang der Vögel verstummt, die Blumen sich schließen, die Hühner auf ihren Stangen hocken, weil sie glauben, es sei Nacht, wenn das wilde Phosphoreszieren, das Heulen und Schmatzen zunimmt, klopfe ich die klumpige braune Erde von meinem schwarzen Anzug und mache mich auf in das Land zwischen Schlaf und Traum, wo der Mensch seine Tage verbringt und erfinde die alten Traumsagen wieder. Die Träume von der Ungewißheit der Wahrnehmungen, der Unglaubwürdigkeit der Sätze mit denen unsere Wahrnehmungen und Schlußfolgerungen belegt sind und der

Unstillbarkeit meiner Lust nach Orgien, Gefühlen und Spielen, in denen das Leben für einen Augenblick sein eigentliches Wesen und seinen Sinn im Sinnlosen enthüllt, ich bin hungrig. Ich bin im Rausch unerklärlicher Drogen, berauschender Getränke, tiefgreifender Störungen, die meinen Nervenplan durcheinanderbringen und mir einen Hunger suggerieren, der mit Brot nicht zu stillen ist.

Dann gehe ich wieder die menschenbelebte Via del'Oca entlang, die leer ist wie immer und suche die alten Freunde wieder. Ich spüre, wie der Boden bei jedem Schritt unter mir nachgibt und nur aufhört in endlose Tiefen zu sinken, wenn ich verharre und ihn sinken lasse, endlos, bis er zum Stillstand kommt und nur still ist, wenn ich noch eine längere Zeit verharre und mich seiner Ruhe versichere. Ich spüre, wie der Baum, an den ich mich lehne, um meine aufgeschreckten Drüsen zu beruhigen, hinter mir zurückweicht, ich rücke die Füße näher zum Stamm hin um nicht zu fallen und warte, bis der Baum aufhört, hinter mir wegzusinken und zur Ruhe kommt, während ich meinen Blick zu den schwankenden, schwebenden, fallenden Häusern richte, wie stets, wenn ich hier bin, die von oben bis unten mit lebenden Toten vollgepackt sind, die still ihre Arbeit verrichten, bis die Fassaden unter meinem starren, entsetzten Blick wieder stumm wie die mehrstöckigen Schließfachwände auf den römischen Friedhöfen sind, hinter denen in mehreren Etagen übereinandergeschichtet die Toten der letzten Wochen leise schmatzend an ihren Leichtüchern lutschen, sie sind hungrig.

Der Becher, nach dem ich meine Hand ausstrecke, befindet sich in weiter Ferne und entfernt sich weiter von mir, bis meine Finger ihn erst berühren, wenn meine Hand ein fremdartiges Objekt an einem weiten Horizont geworden ist, der Stuhl, auf dem ich sitze, schwingt hin und her, bis mein Gesäß und meine Hüften eins geworden sind mit dem Kreisen und Schwingen und ihre Ruhe zu finden glauben, in meinen Ohren dröhnt der Schritt, mit dem ich die Straße nach meinen Leuten durchsuche wie der Schritt unzähliger Menschen, die durch diese

Straße in fast dreitausend Jahren gegangen sind, das macht, daß ich hungrig oder berauscht oder verrückt bin.

Ich kralle die nackte Hand, deren Rinnen und Rillen mit nackter, feuchter, brauner Erde vollgeschwemmt sind, in die Blumenkästen der Vorgärten und stopfe mir eine Hand voll fetter Blumentopferde in den Speichel gefüllten Mund, ich greife nach jeder toten Fliege, nach jedem nachtblinden Wurm, der seinen farblosen Leib durch den Kot der Pferde, Hunde und Katzen windet, um sie mit Lippen, die vor Lust rauh sind und mit Zähnen, die unter dem Giftpilz meiner irregeleiteten Sinne langsam dahinfaulen, hinunterzuschlingen.

Der Inhalt des Bechers rinnt mir durch die Kehle wie Quecksilber, der Rauch der Zigarette bringt die Hormone bis tief in die feinsten Nervenverästelungen zum Erzittern, die Unebenheit der Sitzfläche des Stuhles, auf dem ich sitze, dringt durch das Gesäß, den Darm und die unteren Körperorgane bis tief hinein in die Bauchhöhle, als lege ein unsichtbares Lebewesen mir schwer seine Hand auf das Knie, die Spritze, die ich mit fliegenden Fahnen mir in den Arm steche, geht mit dem flatternden Blut durch alle Organe und Glieder, die Bilder beginnen ihre angelernte Form zu verlieren und teilen sich, teilen sich immer wieder, werden das, was unter dem Zwang der gewohnten Anschauungen einmal ein Bild von den Dingen gewesen ist, Gefühle von schrecklicher Sprachlosigkeit, die mir einprägen, wie entsetzlich hungrig ich bin.

Ich möchte meinen Hunger hassen wie ein Gefangener seine Richter und Wächter hassen kann, ich möchte meinen Hunger besingen, bis er verherrlicht ist wie Hadrian, Timburlan, Napoleon, Hitler und die Jungfrau Maria oder das Jesuskind, aber ich bin nicht imstande, etwas anderes, als meine rauschbringende Sucht zu empfinden, so wie ich den Wunsch nach Tee, Spritze, Zigarette, Stuhl und schiefhängendem Bild zu empfinden vermag, in denen sich alle meine kleinen Suchtmittel befinden, die mir alle den Weg zu dem Gefühl ebnen, daß das Gift tief in meinem Inneren in allen meinen Blutbahnen, Gefäßen,

Adern, Organen und Nervensträngen seine schöpferische Kraft, für die ich nun ein für alle Mal das Wort Hunger einsetzen will, seine zerstörerische Kraft ausübt.

Ich kann kein anderes Gefühl kosten als diesen allesumfassenden, metaphorischen Hunger, der wie ein Gift ist. Dieses Gefühl ist überall in mir und außer mir und es existiert nichts anderes außer ihm und mir und die ganze Welt antwortet nicht mehr mit Gedanken, Worten, Begriffen, Bildern, mit denen jedes Ding, das ein Wort bedeutet und das eines Wortes wegen, das es bedeutet, existiert, mir Antwort gibt, wenn ich es ansehe, anfasse, anhöre, berieche, begreife, bespucke, beschmiere, bekämpfe, sondern es drückt nur aus und bedeutet nur, wie hungrig ich sozusagen bin und dieses Gefühl ist das einzige Gefühl, das es gibt und die einzige Anwort, die mir die Welt gibt und das einzige Wort, das mir nicht nur beschreibt wie eine Sache ist oder aussieht oder sich anfühlt, sondern das einzige Wort, das ich fühle und also das größte und tiefste und wichtigste und allgegenwärtigste und richtigste Wort, das es gibt.

Wenn ich dieses Gefühl lieben oder hassen und das heißt, in Worte kleiden könnte, die nicht dieses Gefühl selbst sind, dann täte ich es, weil es mir eine Tiefe des Liebens oder Hassens und das heißt, des Ausdrucks mit Worten zu geben verspricht, die es sonst, außer den Krankheiten und Geistesstörungen und Giften der schwersten Art wie ich sie zu mir führe nicht gibt. Wenn ich von meinen Zuständen und Aggressionen und Gefühlen der Wut und Stärke und des Genusses beim Vernichten und Fressen und Schlingen und Reißen und Schmatzen und Beißen und Schlürfen, wenn ich von der Welt wie sie wirklich ist auf die Welt wie sie wirklich ist blicken könnte, sehe ich endlose Scharen widerwärtiger kleiner Leichenfledderer in ihren liederlichen, ausgefransten Kleidern aus menschlichen Hautfetzen unter auffallend häßlichen Geräuschen des Schmatzens und Schlingens und Knurrens und Fauchens so, wie eine Katze fauchen wird, der man das Hühnerbein wegnehmen will, das ihr soeben vorgeworfen worden ist, über noch kaum in Verwesung übergegangenen Leichen sitzen, die sie sich vom jüdischen Friedhof ausgebuddelt haben, in unübersichtlichen Straßenecken, wo niemand uns bei dieser wollüstigen Leichenfledderei sieht, mit halb aufgefressenen Leichen, die überall aus den Gräbern in Stadt und Land ausgescharrt worden sind, aus den Präpariersälen der Anatomien und den Sterbezimmern der Krankenhäuser und Bürgerhäuser fortgeschleppt worden sind, ihre grausam lustvollen Orgien des Fleisches und unstillbaren Genusses genießen.

Deshalb stehe ich nun – denn ich empfinde wie sie, weil sie meinem willenlosen Willen entspringen – vor den Haustüren meiner hinterbliebenen Verwandten und einstigen Freunde sowie Freundinnen, Geliebten, Beischläferinnen, Kollegen beim Boccia und Kartenspiel und was der Mensch sonst noch braucht, wenn er die Tatsache seines lebendigen Totseins nicht schon bald nach der Entlassung aus dem Kindergarten spüren will in dieser schönen alten menschenbelebten Straße, wo ich bis vor einigen Tagen wohnhaft gewesen bin, und empfinde in erster Linie Verwunderung, wenn ich sehe, wie sie erblassen, erbleichen, Entsetzen ausdrücken, die Hände vors Gesicht schlagen, laut NEIN schreien oder mich auch nur unter Ausdrücken des ungläubigen Erstaunens sekundenlang anstarren, während die Augenblicke mir in meinem Rausch zu zeitlosen Raumgefühlen gerinnen. Ich sehe sie in unendlich verlangsamten Bewegungen die Haustüren zuwerfen, die Hauseingänge entlang vor mir jahrhundertlang in die Tiefen der Hausflure rennen, ihre verzweifelten Arme und Beine wehen im Wind. Einige stehen still da, während eine ihrer verstörten Schultern in einer schönen und dauerhaften Bewegung gegen den Türstock sinkt, den ich unter ihrem Aufprall einige Zentimeter tief nachgeben fühle, bis er zum Stillstand kommt, weil ich mir Mühe gebe. Sie können den Blick nicht von mir wenden, sie können nicht glauben, daß ich es bin, sie werden den Rest der Welt in sinnloser Andacht verbringen.

Sie sehen vom Kochtopf auf, in dem sie rühren, während ich schon seit Abrahams Zeit auf dem Küchenstuhl sitze, das vergessen sie zeit ihres Lebens lang nicht. Einige verbringen mehrere Abende mit mir und versuchen zu ergründen, warum ich an ihrem Tisch, in ihrem Wohnzimmer, auf ihrem bequemsten Sessel sitze und noch am Leben bin. Sie versuchen, mir den Anzug sauber zu bürsten, aber anderntags ist er wieder mit feuchtbrauner Erde verschmiert. Sie versuchen, mir von ihrem Abendessen anzubieten, während draußen sofort wieder der Neumond tobt oder eine Mondfinsternis die gesamte Natur in derartige Erregung versetzt, daß vor Krach, Sturm, Geschrei, Sturm, Geheul und abgrundtiefem Geschmatze ein ordentliches Gespräch über die Frage des Abendessens nicht möglich ist, aber ich, wenn sie mich einen Moment lang unbeobachtet lassen, in ungezügelter Gier den Kanarienvogel, der seit einer Viertelstunde tot in seinem zierlich verschnörkelten Käfig liegt, verschlinge. Oder sie können vom totgeborenen Wurf ihrer Katze nur noch einige verschieden gefärbte Haare, einige Krallen und Barthaare finden. Oder sie fragen sich, warum ich einen Spaziergang durch ihren Garten machen will, wenn ich doch nicht weiß, daß dort unter Rotbuchen ihr vor drei Tagen unter schrecklichen Schmerzen verstorbener Lieblingshund liegt.

Sie verstehen mich nicht.

Ich habe etwas, das ihnen fehlt.

Ich sehe etwas, das du nicht siehst, ich spüre etwas, das sie nicht spüren.

Was sie nicht selber sehen, hören, riechen, begreifen, fühlen, wofür sie keine Worte haben, wovon sie sich kein Bild machen können, alles was sich ihrer Logik entzieht, gibt es nicht.

So sterben viele von ihnen dahin. Sie werden am dritten Tage begraben und anderntags sind ihre Gräber nicht unberührt. Aber was man nicht sieht, was nur ich sehe, was ihnen nicht begreiflich zu machen ist, sind ihre zerfetzten und zerfressenen Gliedmaßen, die Spuren der Bisse, der

Speichel, das Sperma, die ungestillte Befriedigung aller der Vielen, die hungrig sind, zu viele sind hungrig.

Nicht jeder meiner Freunde, Verwandten, Bekannten, stirbt, wenn er mich sieht. Einige bleiben hundert Jahre still und stumm auf dem Sofa sitzen, auf dem sie saßen, als ich erschien und können den Blick nicht von der Stelle wenden, an der ich ihnen erschienen bin. Wer aber sich selbst an diese Stelle stellt, sieht, daß sie durch mich hindurchblicken. Andere glauben nicht, daß sie mich gesehen haben, wenn ich von ihnen gegangen bin und entziehen sich der Einsicht, daß es fast nur unerklärliche Dinge gibt. Wieder andere können sich nicht erklären, daß sie eines Tages minutenlang den Eindruck hatten, mich wieder gesehen zu haben, sie versuchen eine Erklärung, aber sie können es nicht, weil es nicht geht, von mir gewürgt worden zu sein, mir beigewohnt zu haben, wobei die Kälte meiner Liebe, meines Handgriffes, meines Gliedes, mit dem ich sie berühre, meiner Gefühle, sie tief erschütterte, aber sie beginnen ein Bewußtsein dafür zu entwickeln, daß es fast nur unerklärliche Dinge gibt.

Wer kommt, um meinen Hunger zu stillen, wer ahnt, wie hungrig lebendig Begrabene sind, o, wir sind viele, zu viele, die hungrig sind und nur wenige genießen den Schein einer Vorrangstellung, wo das Geschlinge und Geschmatze der scheinbar Begrabenen, der unstillbar Hungrigen eine gewisse Abwechslung bietet. Sie irren umher zwischen Feuer und Wasser und Erde und Himmel und möchten lebendig begraben sein und müssen sich doch in der Welt befinden und das Fleisch sauber geschlachteter Tiere essen, aber in ihren Pupillen sehen wir die Sucht glitzern, während sie in grünem Salat herumstochern wie die Kaninchen und ihre Gier also unbefriedigt ist.

Wenn ich auf dem Wege zu meinen alten Freunden in der Via del'Oca bin, sehe ich sie. Sie sind eine junge hungrige Frau, an deren Haustür ich versehentlich klingele und in deren Augen meine verstörten Blicke, meine glänzenden, gebrochenen Augen den Wunsch nach den zarten Muskeln eines in Verwesung übergegangenen Jünglings zu sehen wünschen. Um ihre triebhaften Lippen, so sehe ich sie, in der tiefen Sexfalte, so scheint es mir, die sich von den Nasenflügeln zu ihren nymphomanischen Mundwinkeln, weil das mein Blick ist, hinzieht, liegt tief begraben der zerstörerische Verzicht, so würde ich fühlen, auf den ersehnten Besitz eines knabenhaften Körpers abends im Bett, der wenigstens sechs Tage lang tot ist, wenn ich je diese riesige Scham zwischen Augen und Kinn küssen könnte und würde und dürfte.

Manche Männer sterben und haben im Augenblick ihres Sterbens ein stark erigiertes Glied. Das sind die jungen Krieger, die sich die junge Frau wünscht, an deren Haustür ich mich verirre, das ist mein fester Wunsch, auf den verzichte ich nicht. Sie wird ihn einen Monat lang mehrere Stunden täglich, wenn die Sonne sinkt bis die Sonne aufgeht, wie eine Kranke lieben, deren Körper und Geist durch die herrlichsten und zerstörerischsten Suchtmittel vergiftet und vernichtet worden ist.

Sie bittet mich zu sich ins Haus, weil sie mich liebt und weil sie sieht, wie nahe sie dem Ziel ihrer Lust gekommen ist, sie versteckt mich vor ihrem Mann, der ihren besessenen Leib mit seinem entsetzlich gesunden, lebenden Körper immer wieder lieben will, obwohl niemand an seinem schrecklich blutdurchpulsten, warmen Leib Geschmack empfindet, wenn er nicht wie sie (und ich) ein Fürst jener traumhaften Gifte und Entbehrungen ist, die diese Gefühle hervorbringen. Sie muß mich in einem aus Korb geflochtenen Koffer in der dunkelsten Ecke ihres Dachbodens verstecken und ihrem Mann Schlafmittel einflößen, um mit mir zwischen Neumond und Neumond ein paar Lichtjahre des Glücks einer neuen, jungen, schmatzenden Liebe ungestört zu genießen, während Himmel und Erde vom Geheule der Hungrigen, die berauscht von Hunger um unser Liebesnest schwirren, erfüllt ist, denn sie riechen und hören und wissen und fühlen und sehen, daß dort eine triebhafte Frau ihre faulig leuchtende Liebe verschlingt, um meinen Hunger zu stillen.

O, nein, sie glauben, wenn ich ihre Häuser betrete, an

ihren Haustüren klingele, ihnen den Weg verstelle, wenn sie auf einem nächtlichen Gang sind, ihnen auf den Nacken springe und ihnen im Nacken sitze, so tue ich es, um sie in ihrem Innersten zu erschrecken, sodaß ihre Seele ihnen das Signal zum Sterben gibt, damit sie sterben und begraben werden und ich sie aus ihren Gräbern herauswühlen kann, um ihr Fleisch zu verschlingen. Aber ich hoffe, daß ihre Seele ihnen den altvertrauten Befehl zum Sterben gibt, damit sie begraben werden und auferstehen, wenn der Gesang der Vögel voll Schreck verstummt ist. Ich sehe sie mehr werden und größer, wenn sie herauskommen und vor dem Portal der Friedhofskapelle niedersitzen, mit geilen Blicken.

Ich sehe sie sich mit lüsternen Blicken am ganzen Körper berühren, ich sehe sie ihre Hände tief um ihr fauliges Fleisch schlingen. Ich sehe sie näher und näher zueinanderrücken, bis ihre Körper sich ganz berühren, ich sehe und höre sie mit ihren hingabevollen Nasen sich Haare, Hals, Achselhöhlen, Gesäß, sowie Kniekehlen und Schoß beschnüffeln, ich sehe und höre sie, während sie Mund und Nase im Schoß des anderen tief vergraben zu schmatzen beginnen. Sie werden zu zweit einen Körper bilden, sie werden zu dritt einen Körper bilden, sie werden einen einzigen Körper beginnen, sie sind so viele, die hungrig sind.

Sie geraten in immer größere Erregung, sie schleudern große Fetzen Fleisch, das in seiner eitrigen Verwesung grünlich schimmert und wild phosphoresziert, um sich, sie holen mich. Sie holen mich, sie heben mich auf, ich spüre ihre knochigen Finger, von denen Haut und Fleisch schon abgenagt und abgefault sind, tief in mein fauliges Fleisch dringen. Sie legen mich in die Mitte des Kreises, den sie vor der Kapelle unter dem Jesusbild bilden und sehen mich an, mit geilen Blicken. Sie schließen den Kreis, sie verengen den Kreis immer mehr, ich kann ihren gierigen Atem schon spüren.

Sie werden mich alle, alle besitzen, sie werden mich alle, alle lieben und befriedigen und satt machen, bis nur noch mein unstillbarer Hunger von mir übrig ist.

Sie nehmen mich, erst einer, dann viele. Sie berühren wild alle Öffnungen meines Körpers, die für die Liebe bestimmt sind. Ich liebe sie, drei oder vier auf einmal, sie wechseln sich ab in der Liebe. Ich gebe ihnen herrliche Befriedigung, wie der Fisch dem Wasser Befriedigung gibt, es hat nichts zu tun mit Gefühlen, die man erklären könnte, denn was hier geschieht, hat etwas damit zu tun, daß schreckliche Naturgesetze sich erfüllen und uns vor Augen führen, daß die Natur beseitigt werden muß. Ich lege ihnen selbst die schönsten Stücke von mir in die reißenden Finger, ich stecke ihnen meine hellglänzenden Extremitäten in die stinkenden Münder, als ob auch ihr Innerstes schon ganz verfault ist.

Wir feiern bis in die Morgenstunden, bis nur noch ein säuberlich abgenagtes Gerippe und ein weiß schimmernder Schädel ohne Fleisch und Blut übrig ist und meine Liebhaber hungrig und unbefriedigt wie immer in ihren Ruhestätten, in ihren Stadthäusern verschwinden, wo Ehepartner, Geliebte, Eltern, Erzieher, Aufsichtsbeamte und was auch immer zur Belehrung und Schändung eines riesigen Heeres Unterdrückter, das sich schon fast über die ganze unschuldige Erde ausgebreitet hat, tief im Halbschlaf sie nicht vermißt haben und nur in ihren tiefsten Wachträumen ahnen sie, daß die von ihnen Ausgebeuteten ein paar orgiastische Stunden lang auf der abermals vergeblichen Suche gewesen sind, ihren immerwährenden, profunden Hunger zu stillen. Und auch ich werde nun für alle Zeit vergeblich die Befriedigung meines Hungers in rauschhaften Allegorien genießen müssen, denn ich bin nackt bis auf die Knochen und habe nichts mehr, nicht einmal ein fauliges Stück von meinem Gesäß, das vom Verwesungsgeruch meines Körpers verpestet ist.

Doch nun, wie ich meine tägliche Ansprache führe, mich wieder dem zuwende, was einst das Gift im Tee, der Stoff in der Zigarette, das Zeug in der Spritze gewesen ist, für die ich mit flippernden Fingern immer wieder noch einmal einen Fetzen der Vene in meiner Armbeuge finde, mich wieder in die Träume und Halluzinationen der Hungrigen flüchte, geschieht es: ich höre sie wühlen.

Mit heißen Fingern und weichem Geschlecht sucht mich die hungrige junge Frau, die mir kürzlich in einem meiner Wachträume in der alten Via del'Oca an einer Haustür begegnet ist und sucht mich mit fahrigen Fingern, um mich zu lieben und meinen Hunger zu stillen. Ich spüre mit jeder Fiber, mit jedem Nerv, wie sie tiefer und tiefer dringt, sie atmet schwer, sie stöhnt, sie schreit auf, sie winselt, sie stachelt mich auf, JAJA ruf sie, JA, TIEFER, und dann: JA, JA, JA, JA, JA, JAJ, AJAJA, JAJAJAJ, AJAJAJAJA, wenn sie meinen Sargdeckel unter ihren brennenden Fingern fühlt, o, die Lust mit der sie über mein faulendes Fleisch herfällt, verbrennt sie und mich, es war nur ein Traum, daß mich alle jene ekelhaften Ghoule vor der Friedhofskapelle zerrissen, mein Fleisch hängt sicher noch fett und saftig voll schwerem Leichenwasser von mir herab und wartet, daß sie sich daran befriedigt und meinen krankhaften Hunger stillt, der unstillbar ist.

So wird sie jetzt auch zurückgerissen von rohen Händen, die vorgeben, die Tat der Leichenfledderin zu verhindern. Man wird meine schon so nahe herbei gekommene Geliebte mit grauenhafter Brutalität in Handschellen und Zwangsjacke zwingen und sie den unmenschlichen, menschlichen Gesetzen unterwerfen. Sie greifen selber zum kalten Spaten, statt die mich umgebende Erde mit liebevollen Gebärden nach mir zu durchwühlen und ihre Münder in meinen verfallenden Leib zu pressen, wenn sie mich finden. Sie lieben mich nicht, sie können nicht ahnen, was ich empfinde und es wäre ein unerträgliches Gefühl für mich, ihre faden, nichtssagenden, normalen Lippen auf meiner großen Begierde zu fühlen.

Sie lieben die Erde nicht, in der wir voll Sehnsucht und Hunger die Jahrzehntausende verbringen, bis auch die letzte Erinnerung an Fleisch und Lust und Begierde und Schmatzen und Lutschen aus unserem Staub verschwunden ist. Sie werfen die Erde unachtsam hinter sich, obwohl in ihr schon so viele von uns gierig, hungrig und bis zur Unsichtbarkeit unkenntlich geworden und deformiert noch enthalten sind, so daß man nicht weiß, wieviel Begierde von uns in einem Mund voll Erde enthalten ist, sie graben mit der Dummheit von Archäologen bis mein Sargdeckel freiliegt.

Sie lockern mühsam den schweren Deckel und finden mich schon halb verzehrt: Blut, frisches Blut rinnt mir aus den Augen, der Nase und den Mundwinkeln, meine Hände, mein Hals, mein Gesicht sind blutig. Ich habe mein Leichentuch beinahe ganz verzehrt und halte große Fetzen Fleisch aus meinem Gesäß, meinem Bauch und meinen Hüften in beiden Händen, um sie in mich hineinzuschlingen, sobald das entsetzliche Gefühl des unstillbaren, immerwährenden Hungers abermals untragbar wird.

Sie pressen sich die Finger in die Ohren, um mein entsetzlich lautes Schmatzen nicht hören zu müssen und hören es doch. Sie drücken sich die Handballen in die Augen, um nicht zusehen zu müssen, wie ich mir ein blutiges Stück Fleisch von meinem eigenen Körper in den Mund schiebe und schlucke und schlinge und sehen es doch und müssen doch den Handteller gegen ihre Lippen drücken, um nicht der Begierde nachzugeben, sich auf mein fauliges Fleisch zu stürzen, denn ich bin nicht einer von jenen Menschen, die das verwesende Fleisch anderer, toter Menschen begehren, ich begehre mich selbst, einen Toten und fresse mich. Ich begehre mich selbst und ich fresse mich. Ich fresse mich. Ich fresse mich. Ich fresse mich.

Sobald aber das geschehen ist, senkt der seltsame junge Mensch, der seit seinem Wiedererscheinen vor mehreren Tagen schon einige Menschen, die die Via del'Oca bewohnen, zu Tode erschreckt hat, seine Stimme, beendet seine entsetzliche Geschichte, verschließt den Lügen den Mund und schweigt stille, wie immer.

1987

WILLIAM T. VOLLMANN

Poes Grab

Er folgte dem Fluß Auber, vorbei an den roten Klippen von Tscherkassy, und die Sonne ging unter, und er stieg hinab ins Tal der Ruhelosigkeit, wo die Lilien sich über ein Grab neigten – wessen, wußte er nicht, wollte es auch nicht wissen; und nun war es endlich dunkel, und er war im Waldland von Weir, wo Ghule umgingen; und das Wasser des Auber war ein gesprenkeltes Silber, das ihm sein eigenes Spiegelbild zeigte. Psyche kam ihm am Ufer entgegen, und er war froh, sie zu sehen, doch wie er geschrieben hatte, *Unsere Rede war ernsthaft und nüchtern, doch unsre Gedanken, die waren gelähmt und verdorrt,* und in Wahrheit beunruhigten ihn ihre blicklosen Augen mit dem glitzernden Weiß und Pupillen wie grüne Murmeln weit mehr als das Heulen der Rudel von Ghulen, die in der dunstigen Dunkelheit hinter ihnen die Friedhöfe verheerten; und plötzlich sank ein Sternenball aus fauchenden Gasen durch die Bäume herab, und Psyche sagte, ich fürchte mich vor der Bleiche dieses Sterns, doch er zeigte ihr lachend die Zähne und sagte, hab keine Angst, Sis, ich versichere dir, ein Stern, der so hell ist wie dieser, kann uns nur den Weg leuchten, doch sie sagte, nein, Eddie, ich will nicht. – *Darauf* besänftigte er seine süße Psyche gewiß; er mußte; ich als Leser bin befugt zu sagen, daß er sie küßte und dabei immer noch an das kristallische Licht dieses Sterns dachte, das ihn aufgeregt und toll machte; doch Psyche schluchzte immer noch und ließ ihre kleinen Flügel im Staub schleifen; um sie also von ihrem Argwohn und Trübsinn abzulenken, fragte er, was, glaubst du, geschieht mit den toten Geschichten?, und sie sagte, oh, Eddie, sie sind gar nicht so unglücklich, wie du denkst, denn ich sehe sie alle so sprühend und lebhaft um mich herum, überall schweben sie wie Löwenzahnsamen, so *viele* von ihnen, selbst hier an diesem schrecklichen finsteren Ort sind sie um mich wie Gestirne!, doch als sie das sagte, erinnerte sie sich des bösen Sterns, der sie beide weiterzog, und ihr fröhliches Gesicht verfiel wieder; und um sie davon abzuhalten, ihrer Furcht nachzuhängen, sagte er, aber sind diese toten Geschichten denn nicht ruhelos?, und sie sagte, ja, aber sie versuchen geduldig zu sein, denn eines Tages wird jemand sie von neuem schreiben, und sie werden als frische, lebendige Mädchen und Bräute wiedergeboren, so gesund und glücklich, und sie sagte auch, Eddie, du solltest das Papier der toten Geschichten nicht verbrennen, denn das tut ihnen weh, während sie über Zypressenwege tiefer hinab in die Richtung gingen, in die der Stern sie zog, und die Ghule waren verstummt, und Psyche sagte, bitte, Eddie, laß mich nicht weiter mit dir gehen, und wieder schleiften ihre Flaumfittiche im Staub, doch er legte den Arm um sie und sagte, was macht deine toten Geschichten am glücklichsten?, und sie sagte, wenn ein Kind an sie denkt, hast du je Kinder gehört, wenn sie sich Geschichten erzählen?, und er sagte, nein, und sie sagte, armer Eddie, und er sagte, aber du gibst zu, daß sie an ihre Körper gebunden bleiben?, und sie sagte, ja, und er sagte triumphierend, nun deshalb gehen wir ja zu den Gräbern unserer toten Frauen, weil ihre Gebeine dort liegen, damit wir sie lieben und unter den marmornen Platten in Ehren halten! Gibst du nicht zu, daß ein Grab und ein Leichnam wirklicher sind als eine Erinnerung und eine Locke?, und sie sagte, ich habe dich nie für so einen Materialisten gehalten, Eddie, und er lachte, und sie gingen weiter in die erstickende Düsternis, und der Stern ging langsam über dem schwarzen Tal unter, was er kraft seiner Überlegungen in Verbindung mit seiner genauen Ortskenntnis in kühner Erleichterung hatte voraussagen können, und während der Stern unterging, warf er einen letzten Strahl durch die Nachtbäume, die den Abgrund verbargen und zärtlich über die reine Dunkelheit darunter streiften wie ein Rocksaum über seine Lippen; und Psyche sagte, laß uns jetzt heimgehen, Eddie, bitte!, doch er küßte sie so viele Male und fiel auf die Knie und flehte sie an und brachte sie zum Lachen, indem er ihr erzählte, wie ihre Katze Catarina ihrem eigenen Schwanz nachgelaufen und wie perplex Muddie darüber gewesen war, bis er ihre Tränen getrocknet hatte; und so gingen sie Hand in Hand unter den traurig riechenden Nachtbäumen und stiegen in diesen Schlund von geballter Dunkelheit hinab, und er sah, daß in die Wand gegenüber ein Gesicht gemeißelt worden war – ein titanisches Gesicht, dessen Mund Armeen hätte verschlingen können; und er versteifte sich wie ein galvanisierter Leichnam, als er erkannte, daß es das Gesicht des *Füchsischen Phantoms* war! Seine Kiefer malmten, und es knirschte mit den schwarzen steinernen Zähnen. Seine Augäpfel hatten die Größe von Mühlsteinen, und sie rollten düster grollend hin und her. Doch die arme kleine Sissy mochte er das nicht sehen lassen. Also redete und redete er immer rascher und aufgekratzter auf sie ein, wie seine Feder so verzweifelt über das Papier eilte, um die sterbenden Geschichten zu retten; und Psyche lächelte durch ihre Tränen hindurch wieder und sagte, oh, du bist so komisch, Eddie, und so stiegen sie Hand in Hand hinab in den süß schwefeligen Gestank verdichteter Sterblichkeit. Sie waren in einem engen Tal voll Knochen und schwellender Dämpfe, noch mehr verengt durch Simse, die über ihren Köpfen vorsprangen und aus einem rosa Mineral wie Chalcedon bestanden, in das weiße, wie Eckzähne geformte Gebilde eingelassen waren; davon tröpfelten kleine Tropfen Flüssigkeit unangenehm herab. Sie hielt weiter seine Hand fest, und er war glücklich, mit ihr zusammen zu sein, obschon ihr Gesicht so geisterhaft bleich und schwarzer Moder um ihre Augen und Mund war; und der gelblich-grünliche Rauch, der sie umkräuselte, ließ ihr Haar versengt riechen, und er spürte, wie der Moder sich kalt und klamm auf seinen Augenbrauen sammelte, und er hatte den Geschmack des Todes im Mund, und so kamen sie an ein riesiges Tor von fleckigem Eisen. Er sagte, Sissy, was steht da am Tor? Und sie beugte sich vor, um die Lettern mit den Fingern nachzuziehen (denn die dunkle Luft war in Wahrheit so dick, daß es trotz der Lichtkügelchen, die sich durch die Atmosphäre wanden wie Maden, schwierig war, etwas zu sehen); und sie sagte *U,* und sie sagte *L,* und ein plötzlicher quälender Schreck ließ sein Herz so laut schlagen, daß er sie nicht hören konnte, und er schrie, ja? ja?, das gequälte Gesicht erhoben, und sie sagte *ULALUME!,* und sein Herz wurde so aschen und spröde und braun wie ein abgestorbenes Blatt. – Ich habe sie *getötet,* sagte er in einer Art erstickter Verwunderung. Jetzt erinnerte er sich, wie die Erstickung vollzogen wurde. – Psyche hatte begonnen wegzugehen. Eine frostige und steife Majestät ging von ihr aus. Sie rief über die Schulter zurück: – Ja, sie ist tot, aber *sie wartet drinnen auf dich!*

Bitte verlaß mich nicht, sagte er mit sehr kleinlauter Stimme, wie zu sich selbst.

Erinnere dich, lachte Psyche von weit entfernt (sie war fast schon außer Sicht), sie warten alle auf dich!

Ein Schlüssel steckte im Schloß, hoch über diesem in weinenden Lettern eingravierten Namen. Das Schloß war dick von Schwämmen überwachsen, und Wasserdampf von den aufsteigenden Dünsten überall um ihn hatte tausend kleine Rinnen in das Eisen geätzt, wie Tränenbäche, nunmehr versiegt unter Rost und Flechten. Aus der Felsspalte, wo dieser massive Eisenblock in den Eingang des Grabes eingepaßt war, verströmte eine üble Ausdünstung, und er dachte bei sich, *so* war es an dem Platz, wo wir Madame Usher begruben! – Sogleich erschien ihm eine Vision von diesen seinen Tausenden Frauen und Töchtern, die drinnen warteten, ihre weißen Körper aufgebläht von Zersetzungsgasen; was ihn davon überzeugte, daß infolge der Anlage des Grabes als Mahlstrom des Universums diese grauenhaften Dämpfe tatsächlich zu den *Dampfringen* der äußeren Planeten werden könnten. – Er stand vom Schreibtisch auf und stürzte nach draußen, um nach dem Saturn zu sehen. Es war eine klare Nacht; Mrs. Shew hatte ihm überaus freundlich ihr Taschenfernrohr geliehen. – Ja, ja! – Da tatsächlich alle Planeten nicht mehr waren als kugelförmige Verdichtungen dieser Ringformen, war der Schluß unausweichlich (ungeachtet der lachhaften Ignoranz der Astronomen), daß das Universum sich aus nichts anderem zusammensetzte als diesem Miasma. Und da das Gesetz der Schwerkraft nichts war als das Faktum unerbittlichen Zusammenbruchs, konnte man folglich erwarten, daß nach ungezählten Millionen Epochen alle Materie zu jener pechschwarzen, obsidianartigen Form gerann, von der das Tal des Grabes umschlossen wurde! Mochten einige das auch vorschnelle Spekulation nennen; was ihn betraf, so konnte er die Dummköpfe nur belächeln, die ihn zu widerlegen gedachten.

Auf Zehenspitzen stehend, war er kaum imstande, die Fingerspitzen um den Schlüssel zu legen. Der wollte sich nicht bewegen. Er sprang hoch und hängte sich mit seinem ganzen Gewicht an den Schlüssel, stemmte sich bis über die Körpermitte daran hoch und drückte die Ellenbogen zusammen; er verspreizte die Füße in der Tür; sein Gesicht glühte von der wild leuchtenden Freude der Selbstzerstörung. Er mühte und mühte sich, den Schlüssel im Schloß zu drehen, doch der wollte sich nicht bewegen. In seiner Angst und Enttäuschung begann er gegen das Tor zu treten, das mit hohldumpfem Dröhnen widerhallte wie eine riesige Trommel; zuletzt legte er eine Hand über die andere, und dann, pressend, bis die Venen auf seiner Stirn hervortraten, ruckte er mit aller Kraft im Uhrzeigersinn an dem Schlüssel. Es kam ein großes Quietschen und Knirschen. Rostflocken sprühten auf ihn nieder wie blutige Funken. Nun drehte sich der Schlüssel mit Leichtigkeit. Er ließ sich zu Boden und nahm ihn wieder in den Griff; die Kreisumdrehung wurde vollendet, und er hörte ein Klicken. Das schwere Tor schwang langsam nach innen auf. Ein fauliger Wind wehte aus diesem dunklen Ort. Nun würde er die Leichen entdecken. Nun würde sich ihm das Grab öffnen wie eine Vagina. Mit einem Freudenschrei lief er hinein. Zu spät sah er, daß das Innere eine keilförmige Sackgasse mit

Reihen von eisernen Spitzen war. Voll Bestürzung und Grauen machte er kehrt, um zu entkommen, doch lang ehe er das Tor erreicht hatte, schlug es mit hämischem Dröhnen zu; nur einen Augenblick später schloß sich der Rachen der Wände um ihn.

1991

4 Wo liegt Dein Geheimnis?

FRANK WEDEKIND

Die Büchse der Pandora

(Lulu öffnet die Türe und läßt Jack eintreten. Er ist ein Mann von gedrungener Figur, von elastischen Bewegungen, blassem Gesicht, entzündeten Augen, hochgezogenen, starken Brauen, hängendem Schnurrbart, dünnem Knebelbart, zottigen Favorits und feuerroten Händen mit vernagten Fingernägeln. Sein Blick ist auf den Boden geheftet. Er trägt dunklen Überrock und kleinen runden Filzhut.)

JACK *(die Geschwitz bemerkend)*: Wer ist das?

LULU: Das ist meine Schwester, Herr. Sie ist verrückt. Ich weiß nicht, wie ich sie los werden soll.

JACK: Du scheinst einen schönen Mund zu haben.

LULU: Den hab ich von meiner Mutter.

JACK: Danach sieht er aus. – Wieviel willst du? – Viel Geld hab ich nicht übrig.

LULU: Wollen Sie denn nicht die ganze Nacht hierbleiben?

JACK: Nein, ich habe keine Zeit. Ich muß nach Haus.

LULU: Sie können doch morgen zu Hause sagen, Sie hätten den letzten Omnibus verpaßt und hätten bei einem Freund übernachtet.

JACK: Wieviel willst du?

LULU: Ich verlange keinen Goldklumpen, aber doch – ein kleines Stück.

JACK *(wendet sich zur Tür)*: Guten Abend! Guten Abend!

LULU *(hält ihn zurück)*: Nein, nein! Bleiben Sie um Gottes willen!

JACK *(geht an der Geschwitz vorbei und öffnet den Verschlag)*: Warum soll ich bis morgen hierbleiben? – Das klingt verdächtig! – Wenn ich schlafe, kehrt man mir die Taschen um.

LULU: Nein, das tu ich nicht! Das tut niemand! – Gehen Sie deshalb nicht wieder fort! Ich bitte Sie darum!

JACK: Wieviel willst du?

LULU: Dann geben Sie mir die Hälfte von dem, was ich sagte!

JACK: Nein, das ist zuviel. – Du scheinst noch nicht lange dabeizusein?

LULU: Heute zum erstenmal. – *(Sie reißt die Geschwitz, die sich immer auf den Knien halb gegen Jack aufgerichtet hat, an dem Riemen, den sie um den Hals trägt, zurück.)* Willst du dich kuschen!

JACK: Laß sie in Ruh! – Das ist nicht deine Schwester. Sie ist in dich verliebt. *(Er streichelt der Geschwitz wie einem Hunde den Kopf.)* Armes Tier!

LULU: Was starren Sie mich auf einmal so an?!

JACK: Ich beurteilte dich nach der Art, wie du gehst. Ich sagte mir, die muß einen gutgebauten Körper haben.

LULU: Wie kann man denn so etwas sehen?

JACK: Ich sah sogar, daß du einen hübschen Mund hast. – Ich habe aber nur ein Silberstück bei mir.

LULU: Nun ja, was macht das! Gib es mir nur!

JACK: Du mußt mir aber die Hälfte herausgeben, damit ich morgen früh den Omnibus nehmen kann.

LULU: Ich habe nichts in der Tasche.

JACK: Sieh nur mal nach! Such deine Taschen durch! – Nun, was ist das? Laß mich's sehen!

LULU *(hält ihm die Hand hin)*: Das ist alles, was ich habe.

JACK: Gib mir das Geldstück!

LULU: Ich wechsle es morgen früh; dann gebe ich dir die Hälfte!

JACK: Nein, gib mir das ganze.

LULU *(gibt es ihm)*: In Gottes Namen! – Aber nun komm auch! *(Sie nimmt die Lampe.)*

JACK: Wir brauchen kein Licht, der Mond scheint.

LULU *(stellt die Lampe weg)*: Wie Sie meinen. *(Sie fällt Jack um den Hals.)* Ich tu Ihnen nichts zuleide! Ich habe Sie so gern! Lassen Sie mich nicht länger betteln!

JACK: Mir soll's recht sein. *(Er folgt ihr in Schigolchs Verschlag.)*

(Die Lampe erlischt. Auf der Diele unter den beiden Fenstern erscheinen vom Mondlicht zwei viereckige grelle Flecke. Im Zimmer ist alles deutlich erkennbar.)

DIE GESCHWITZ *(allein, spricht wie im Traum)*: Dies ist der letzte Abend, den ich mit diesem Volk verbringe. – Ich kehre nach Deutschland zurück. Meine Mutter schickt mir das Reisegeld. – Ich lasse mich immatrikulieren. Ich muß für Frauenrechte kämpfen, Jurisprudenz studieren.

LULU *(barfuß in Hemd und Unterrock, reißt schreiend die Tür auf und hält sie außen zu)*: Hilfe! – Hilfe!

DIE GESCHWITZ *(stürzt nach der Tür, zieht ihren Revolver und richtet ihn, Lulu hinter sich drängend, gegen die Tür; zu Lulu)*: Laß los!

JACK *(reißt, zur Erde gebückt, die Tür von innen auf und rennt der Geschwitz ein Messer in den Leib).*

(Die Geschwitz knallt einen Schuß gegen die Decke und bricht wimmernd zusammen.)

JACK *(entreißt ihr den Revolver und wirft sich gegen die Ausgangstür)*: God dam! Ich habe noch keinen hübscheren Mund gesehen. *(Der Schweiß trieft ihm aus den Haaren, seine Hände sind blutig. Er keucht aus tiefster Brust und starrt mit aus dem Kopf tretenden Augen zu Boden.)*

LULU *(zitternd an allen Gliedern, blickt wild umher. Plötzlich ergreift sie die Flasche, zerschlägt sie am Tisch und stürzt, den abgebrochenen Hals in der Hand, auf Jack los).*

JACK *(hat den rechten Fuß emporgezogen und schleudert Lulu auf den Rücken. Darauf hebt er sie vom Boden auf).*

LULU: Nein, nein! – Erbarmen! – Mörder! – Polizei! – Polizei!

JACK: Sei ruhig! Du entkommst mir nicht mehr! *(Er trägt sie in den Verschlag.)*

LULU *(von innen)*: Nein! – Nein! – Nein! – – O! – O …

JACK *(kommt nach einer Weile zurück und setzt die Schale auf den Blumentisch)*: Das war ein Stück Arbeit! – *(Sich die Hände waschend)*: Ich bin doch ein verdammter Glückspilz! *(Sieht sich nach einem Handtuch um.)* Nicht einmal ein Handtuch haben die Leute hier! – Eine furchtbare ärmliche Höhle! – *(Er trocknet seine Hände am Unterrock der Geschwitz ab.)* Dies Ungeheuer ist ganz sicher vor mir! – *(Zur Geschwitz.)* Mit dir ist es auch bald zu Ende. *(Durch die Mitte ab.)*

DIE GESCHWITZ *(allein)*: Lulu! – Mein Engel! – Laß dich noch einmal sehen! – Ich bin dir nah! Bleibe dir nah – in Ewigkeit! *(In die Ellenbogen brechend)*: O verflucht! – *(Sie stirbt.)*

1894

FRANZ BLEI

Gilles de Rais

Gilles de Rais war der erstgeborene Sohn des Guy-Montmorency-Laval aus der Marie de Craon, die eine Schwester des großen Guesclin und eine Enkelin der Jeanne la Folle war. Gilles' Vater wurde von Jeanne la Sage, dem Familienhaupte der Rais (die sich später Retz nannten) adoptiert, wodurch er selber ein Rais und Erbe ihres großen Besitzes wurde. Gilles kam auf dem festen Schlosse Machecoul in der Bretagne 1404 zur Welt. 1415 stirbt sein Vater, und da sich die Mutter bald wieder verheiratet, übernimmt der Großvater Jean de Craon die Erziehung: er gibt dem dreizehnjährigen Gilles eine Frau, die aber bald stirbt, wie auch eine zweite, die eine Rohan war. Mit der dritten, Catherine de Thouars macht er 1420 Hochzeit. Mit siebzehn Jahren zieht Gilles zum erstenmal in den Krieg; es ging gegen die Penthièvres für Jean V., den diese in Ketten hielten. Mit fünfundzwanzig Jahren wird er bei der Krönung Charles VII. in Reims Marschall von Frankreich und darf ein Lilienband im Wappen führen. Er kämpft vor Orléans und Paris mit großer Tapferkeit – er liebte die Einzelkämpfe – an der Seite der Jeanne d'Arc, deren Ritter zu Dienst er ist, einer der ersten Barone Frankreichs. Michelet (Histoire de la France, V. 208) beschreibt ihn als von »bon entendement, belle personne et bonne façon lettré de plus, et appréciant fort bien ce qui parlaient avec élégance la langue latin«. Dem Gilles gehörten von Jeanne la Sage die festen Plätze und Schlösser: Machecoul, Saint-Etienne-de-Mer-Morte, Pornic, Prinçay, Vue, Ile de Bonin und andere. Vom Stammhause seines Vaters besaß er die Herrschaften von Blaison, Chemillé, Fontaine-Milon und Grattecuisse in Anjou; dann Ambrières, Saint-Aubin de Toste-Lovuin in der Provinz Maine; und andere in der Bretagne. Von den Craons: das Kastell La Suze in Nantes, die Schlösser Briollay, Champtocé, Ingrandes, Sénéché, Laval-Botereau, Bénate, Bourgneuf-en-Rais-Voulte und andere; von seiner Frau: Tiffanges, Pouzanges, Chabanais, Confolens, Chateau-Morant, Savenay, Lombert, Crez-sur-Maine »et plusieurs autres terres fort belles et leurs dependencies«. Gilles ist neunundzwanzig Jahre alt und noch lange war nicht aller Lorbeer von den Bäumen geschnitten, denn ein Krieg fand nur im Beginn eines andern sein Ende. Aber der Marschall legt sein Schwert hin und geht auf seine Schlösser, für sich selber ein Herr. Die Chronisten jener Zeit, Monstrelet, Chartier, und Argentré aus der nächsten, erzählen Erstaunliches von seiner Lebensweise, die man mit Worten beschreiben möchte, die wie reichgestickte seidene Gewänder sind, die von selber stehen, in Sätzen berichten wie: Sardanpal gab seinen zehntausend Edlen ein Fest. – Gilles hatte seine eigenen Soldaten, seine Priester mit einem von ihm ernannten Bischof, dem Francesco Prelati, den er sich aus Italien holte, um einen zu haben, mit dem er lateinisch sprechen konnte. Wenn Gilles mit seinem Hofstaat nach Nantes oder nach Angers oder nach Orléans kam, ritten ihm seine Herolde voraus, die nach Posaunenstößen ankündeten, daß »wir, der vornehme und mächtige Baron Gilles de Rais, Marschall von Frankreich, Herr von ... (es folgen die Namen der Herrschaften) beschlossen haben, die Stadt mit unserem Besuche zu begnaden«. Und die Menge jauchzte, denn es gab Goldstücke und Theaterspiel und viel zu gaffen und zu staunen, Feste eine Woche lang. Theater und Musik waren in dieser Zeit seines Lebens des Gilles liebste Unternehmen. Er ließ auf offenem Markte spielen, wo mit großem Aufwand eine kunstvolle Bühne errichtet wurde, oft zwei Stockwerke hoch. Da ihm die Stücke seiner Zeit zu einfach waren und ohne Gelegenheit für Entfaltung großen Glanzes, schrieb er selber andere, wie die Siège d'Orleans in 20000 Versen, die fünfhundert Menschen auf der Bühne brauchte und darin er selber in der Rolle des Gilles de Rais eine Hauptfigur spielte. Den Versen seiner Stücke gab er weit geringere Aufmerksamkeit als den Kostümen seiner Schauspieler, die er echt liebte, wie die heiligen Gefäße, die er zur Benutzung in dem Theater aus seiner Kapelle entnahm. Und nicht öfter als einmal durften die Komödienspieler diese kostbaren Kleider tragen – für eine andere Aufführung ließ er neue machen, denn seine Lust an neuen Einfällen des Luxus war so groß wie die andere, sein Vermögen zu verschwenden. Ein Schloß ums andere verkaufte er, die letzten seiner Sitze rettete ihm der König selber durch ein Dekret, das ihm verbot, auch diese zu veräußern. So war es nach wenig Jahren damit vorbei, daß die Herolde die Gnade seines Besuches verkündeten. Gilles blieb auf Tiffanges in der Gesellschaft des Francesco. Er schrieb alte Handschriften ab für seine Bibliothek, wie des Ovid Metamorphosen, für die er einen Einband fertigte aus weißem Saffian mit silbernen Ecken und einem silbernen Kreuz auf dem Rücken. Oder er trieb die schwarze Kunst und rief Satan. Oder –.

GILLES: Siehe, Franciscus, ich habe meine Frau hinweggeschickt, auf daß sie dem Suchen meiner Seele nicht im Wege sei; es wäre sonst ein Tag gekommen, daß ich sie hätte anders von mir entfernen müssen; früh habe ich mit den Frauen begonnen, und dieses wohl wird es sein, das mir die Erkenntnis brachte, daß wir, die Liebe suchend, immer irren, denn immer treffen wir zu rasch die Antwort, die sich unserem Suchen als das Weib in den Weg stellt. Wir vergessen und versinken in der Lust, bis diese wieder zu Ende ist, und nicht wissen, ob diese auch ihre letzte Nacktheit enthüllt hat. Verstehst du mich, Franciscus?

FRANCISCUS: Die Liebe ist ein Unvollkommenes, o Gilles.

GILLES: Aber Gott ist in uns, und sein Sinn geht auf das Vollkommene. Unsere Zähne beißen Wunden in das weiße, geschlossene Fleisch, daß aus ihnen mit dem Blute die Erlösung käme. Doch sind wir nur voll Verzweiflung, weil unsere Lippen bloß das Blut lecken, unsere Ohren nur das Schreien der Sinne vernehmen, wir aber den Sinn nicht erkennen. Warum sind wir so voll Wut gegen das, was wir lieben? Warum ist unsere Ohnmacht so groß und unsere Macht so klein, o Franciscus?

FRANCISCUS: Weil sich Gott, der in uns ist, unser schämt, daß wir nicht die Schönheit lieben, sondern das Weib. Da wird sein Leiden groß und er kehrt es gegen uns, o Gilles.

GILLES: Strecken wir nicht unsere schamlosen Hände nach aller Schönheit, daß wir sie damit brechen und unserem niederen Sinn zu eigen geben, o Franciscus?

FRANCISCUS: Du sprichst Literatur, o Gilles! Laß die Gefühle von all dem deinen Knechten, denen du hießest, dem Volke daraus eine Moral zu machen, denen die mühselig und beladen sind und denen eigene Häßlichkeit den Trost versagt. Warum aber verunreinigst du deinen reinen Körper mit der Seele? Ist ein Palast eine Hundehütte? Gott ist in deinen Händen, deinen Augen, deinen Lenden und in allen Teilen deines Körpers. Was gibst du ihm, dem Einzigen, noch diesen armseligen Wohngenossen, die Seele, diese Erfindung der Gottlosen, jener, in denen Gott nicht wohnt, weil er die Herberge ihres Körpers zu dürftig für seine Größe fand?

– – Das war nicht die Furcht vor Krieg, die das Volk der Bretagne im Frühjahr 1432 so erregte; denn in vielen Jahren war es mit diesen Schrecken vertraut geworden. Es war auch nicht die Angst vor der Pest und dem großen Sterben. Und es war der Schrecken so groß, weil man ihn nicht messen konnte, weil davor aller Trost und Sinn versagte. Man wußte nicht, was es sei. Und erst glaubte man es überhaupt nicht, so furchtbar war es. Manche sprachen von einem Vampir, der aber solche Gestalt angenommen habe, daß er nicht mehr auf das letzte Gebet des Opfers warten konnte. Hier war er heute und dort, weit weg davon, morgen. Tage, Wochen, Monate vergingen, daß man nichts von ihm merkte, bis es plötzlich wieder von Haus zu Haus, von Dorf zu Dorf ging: er war da! Er war wieder da! denn wieder weinte eine Mutter über ihr verschwundenes Kind. Von sechs zu achtzehn waren die Mädchen und Knaben alt, die verschwanden, als hätte sie die Erde verschlungen. Als es zum erstenmal, zum andernmal geschah, dachte man, la petite Marion oder les gars Jean hätte ein Unfall betroffen, seien in einen der tiefen Ströme oder von der Höhe eines steinigen Ufers ins Meer gefallen und ertrunken. Dann erst kam dieser große Schrecken, von dem die Chronisten berichten, als man sah, daß kein Haus der ganzen Gegend sicher war, daß kein Zufall den Schlag führte, daß er jeden treffen konnte. Man glaubte, der Teufel sei in Gestalt des schrecklichen unsichtbaren Tieres auf die Erde gekommen, die Sündigen an ihren unschuldigen Kindern zu strafen. Dies dauerte Jahre lang. Acht Jahre dauerte es, und hunderte von Kindern waren verschwunden, und keines wiedergekommen, zu erzählen. Da nahmen es Leute, die auf den Landstraßen leben, immer häufiger wahr, daß immer, wenn es geschah, sich in der Gegend einer von Gilles de Rais Leuten aufgehalten hatte, Eustache Blanchet sah man, oder Henriiot Griart oder Jean Rossignol oder Gilles de Sillé oder Hugues de Bremont oder Etienne Corillaut oder Robin Romulat oder die Hexe Maffraye. Das waren Abenteurer, Dichter toller Verse, Priester aus Gilles' geistlichem Hofstaat, vom Galgen geschnittene Soldaten. Nur den Gilles selber sah man nie. Der blieb auf Tiffanges oder Machecoul, wohin man die Kinder brachte. Sie wurden mit Speise und Spiel ergötzt, köstlich gekleidet, bis die Zeit für sie gekommen war, daß Gilles sie tötete; mit dem Dolche tat er es und langsam, saß bei dem Knaben und genoß das Sterben. Die schönsten Leichen küßte er und konnte sich von ihnen kaum trennen.

GILLES: Es ist gottschauende Seligkeit, o Franciscus! Durch das Böse errungen – so wunderbar sind die Wege des Herrn.

FRANCISCUS: Wir wollen ihn loben! ...

– – Im Juli 1440 erließ der Bischof von Nantes eine Infamerklärung gegen Gilles; im September des Jahres erschienen die Bewaffneten des Bischofs vor Machecoul, wo Gilles gerade war, um ihn zu fangen. Entgegen aller Erwartung ergab er sich lächelnd; denn es wäre ihm leicht gewesen, auf dem festen Kastell mit seinen guten Leuten Widerstand zu leisten. Er wurde nach Nantes auf die Tour neuve gebracht, in dem zwei Jahrhunderte später ein anderer Retz, der Kardinal, gefangensaß, und den auch die schöne Herzogin von Berry im vorigen Jahrhundert traurig kannte. Das geistliche Gericht zuerst machte dem Gilles den Prozeß, wegen Teufelsverehrung, schwarzer Kunst, vielfachem Mord und Unnatur. Die Akten darüber sind auf der Pariser Bibliothek für jeden zu lesen. Gilles erschien vor dem Gericht in Weiß, Gold und Scharlach angetan, auf der Brust unter seinem tiefschwarzen Bart hing eine heilige Reliquie. Die lange Reihe der Zeugen, die Mütter und Väter, die ihn des Mordes ihrer Kinder beschuldigten, beachtete er gar nicht, die Richter höhnte er. Viermal aufgefordert, den Eid seiner Unschuld zu leisten, weist er dies viermal zurück. Er beteuert, immer ein guter Katholik gewesen und auch jetzt noch zu sein. Er erklärt den Richtern, daß er sich lieber hängen lasse wie ein Ehrloser als vor ihnen etwas auszusagen oder gar sich zu verteidigen; er verlangt ein weltliches Gericht, kein geistliches, denn er habe nichts gegen Gott getan. Die Inquisitoren schleudern den einzigen Blitz, den sie zur Verfügung haben, auf Gilles: Die Exkommunikation; dies verändert Gilles Haltung völlig. Die ewige Verdammnis schreckt den Katholiken, der ohne die kleinste Furcht vor aller irdischen Strafe war. Am Tage, der seinem Ausschluß aus der Kirche folgt, anerkennt er das Gericht, gesteht die Morde und bittet, man möge die Exkommunikation widerrufen, was auch geschieht. Die Richter waren aber mit einem allgemeinen Geständnis nicht zufrieden; gute Leute aus dem XV. Jahrhundert waren sie Freunde starker Aufregungen, wovon ihnen, dem Volke! dieses Quälen des feinen Menschen nicht die geringste war. Gilles aber wollte nicht mehr sagen, als daß er gemordet habe. Die Richter hießen die Knechte nach den Foltern gehen. Gilles wird blaß und sagt, was man von ihm verlangt, nicht aus Angst vor den Schmerzen der Daumenschrauben, aber aus Ekel vor der Gemeinheit dieser Dinge. Auf die Frage des Richters, wieso und durch wen er auf die Absicht seiner Verbrechen kam, beginnt er sein Geständnis (das sie ihm Stück für Stück herausreißen), mit den Worten: Mein eigener Gedanke trieb mich, das zu tun. Es war mein eigner Gedanke, den ich nichts sonst zuzuschreiben habe als meinem eignen Verlangen nach Kenntnis des Bösen. Aus allen Antworten klingt immer: Quält mich doch nicht, ihr Tölpel, macht euer Ende. Auf die immer wiederholte Frage der Richter, warum er dies tat, antwortet Gilles: weil ich das Böse kennenlernen wollte. Es ist kein anderer Grund. Je vous ay dit de plus grans choses que n'est cest cy, et assez pour fair mourir dix mille hommes. Als er von Francesco Prelati Abschied nimmt, sagt er ihm: Gott mit dir, Franciscus, wir werden uns in dieser Welt nicht mehr wiedersehen, aber in drei Tagen werden wir der Freuden des Paradieses teilhaftig sein. Dann sprach er noch dreimal zu den Müttern und Vätern. – Den Franciscus verbrannte die Inquisition, den Gilles de Rais das Hochgericht am 26. Oktober 1440. – –

1903

GEORG TRAKL

Blaubart. Ein Puppenspiel

Vorausnahme

Beklagst du, Gerechter, dies wirre Bild,
Das von Gelächter und Irrsinn zerwühlt
Glaub' mir, bis wir uns wiedersehn
Wird mein Helde auf sittsameren Wegen gehn!
Amen!

2. Szene

Blaubart und Elisabeth.

ELISABETH:
Mein Herr! Als wir gingen durch dies Haus
Da löschten alle Fackeln aus!
BLAUBART:
Meine Taube, fühlst gar darin einen Sinn?

ELISABETH:
Ich weiß nicht Herr! Meine Hände glühn!
Mich däucht es weint wo immerzu!
BLAUBART:
Geh! Alter! Leg dich zur Ruh!
DER ALTE *(kniet vor ihm nieder)*:
Gott sei Euch gut!
BLAUBART:
Was weinst du?
DER ALTE:
Kreist hundert Jahr nun schon mein Blut –
Hab nie Herr einen gesehn in der Welt –
Der so wie Ihr von Gott gequält!
Gäb' gern dies bißchen Leben für Euch –
Und kann nur weinen und knien vor Euch.
BLAUBART:
Du redest irr! Geh altes Kind!
DER ALTE *(küßt seine Hände)*:
Erbarm dich dieser Hände so bleich –
O Jesus! dieser Hände so bleich
Gut Nacht! *(ab)*
BLAUBART *(am Fenster)*:
Der Mond
Wie eine besoffene Dirne stiert –
ELISABETH:
Mich friert!
BLAUBART *(tritt zurück)*:
Hier zitterndes Kindlein – trink Wein!
Daß die Augen dir glühn! Wie sehn sie rein!
Hei! Bist du torig! Ich trink dir zu!
Vergaß ich es? Wie alt bist du?
ELISABETH:
Fünfzehn Jahre Herr! In dieser Nacht!
Was ist Euch Herr?
BLAUBART:
Hab' ich gelacht?
Hei trink! Du zartliche Braut!
Sieh nur, wie der Mond dich brünstig anschaut!

ELISABETH:
Versteh Euch nicht, hab Angst vor Euch!
BLAUBART:
Wahrhaftig! Deine Wangen sind bleich!
Ich sing dir ein Lied, das dich lachen macht.
ELISABETH:
Das sänget Ihr?
BLAUBART:
Der Tausend ich weiß ein Liedlein dir,
Das oft ich vernommen in solcher Nacht.
(Er singt) Wer sagt, daß ihr Licht erloschen war,
Als ich zur Feier löste ihr Haar.
Was klagt ihr mich an ihr Glocken
Möchtet lieber frohlocken.

Wer sagt, daß ihr stummer Mund verwest,
Als ich zur Nacht bei ihr gewest.
O schweige, schweige, du leise
Unendliche traurige Weise.

Wer sagt, daß offen stünd' ein Grab,
Und daß ich im Blick was Böses hab!
Wenn das mein Herze wüßte!
Erbarm' dich, o Jesus Christe!

ELISABETH *schluchzt auf*
BLAUBART:
Wie stehn dir die schimmernden Tränen gut!
Trink Wein!
ELISABETH:
Ich hab' ihn verschüttet – er leuchtet wie Blut!
BLAUBART:
Sagtest du Blut! Des Mondes trübe Glut
Nichts weiter! Hörst du, wie der Maien rauscht!
ELISABETH:
Mich däucht, daß im Dunkel zitternd wer lauscht
⟨...⟩
Träumt gestern unter dem Lindenbaum
An Vaters Haus einen bösen Traum.
(träumerisch) Heinrich, mein Knabe! Hilf!

BLAUBART *(flüsternd)*:
Du Hur!
Ist's ein Affe oder ist's ein Stier –
Ein Wolf oder sonstig reißend Getier!
Hei lustig geschnäbelt zur Nacht,
Bis zweie nur mehr eines macht –
Und das ist drei!
So hört ich's die Spatzen pfeifen im Mai!

ELISABETH *(wie verzaubert)*:
Komm Lieber! Feuer fließt mir im Haar
Weiß nimmer, nimmer, was gestern war
Blut stickt und würgt mir die Kehle zu
Nun hab' ich keine Nacht mehr Ruh!
Möcht nackend in der Sonne gehn,
Vor aller Augen mich lassen sehn,
Und tausend Schmerzen auf mich flehn
Und Schmerzen dir tun, zu rasender Wut!
Mein Knabe komm! Trink' meine Glut,
Bist du nicht durstig nach meinem Blut,
Nach meiner brennenden Haare Flut?
Hörst nicht, wie die Vögel im Walde schrien
Nimm alles, alles was ich bin –
Du Starker – mein Leben – du nimm hin!
Was stehst du fern –

BLAUBART:
Ist erst erloschen der letzte Stern – –

ELISABETH *(wie verzaubert)*:
Trägst du nicht am Hals ein Schlüsselein?
Es leuchtet – möcht's ein goldenes sein?
Was öffnet's mir?

BLAUBART:
Es öffnet zum Brautgemach die Tür!
Sein Geheimnis ist Verwesung und Tod,
Erblüht aus des Fleisches tiefster Not.
(Es schlägt Mitternacht! Alles Licht erlischt)
In Mitternacht du brünstige Braut
Zur Todesblume greifend erblaut –
Sei dir dies süße Geheimnis vertraut.

Starb Gott einst für des Fleisches Not
Muß der Teufel feiern zur Lust den Tod.
(Er sperrt eine Tür auf)
Hörst du des Asrael Flügelschlag –
Wie die Vögel du schreien hörtest im Hag.
Lust peitschen Haß, Verwesung und Tod
Entsprungen dem Blute, gellend und rot
Komm zitternde Braut! *(Er fällt über sie her)*

ELISABETH:
Hu! Hu! Wies mich schüttelt und graut!
Nicht du! Nicht du! O rette mich!
Lieber!

BLAUBART:
Wie dein Knabe – so keusch, o lieb ich dich!
Doch soll ich dich Kindlein ganz besitzen –
Muß ich, Gott will's den Hals dir schlitzen!
Du Taube, und trinken dein Blut so rot
Und deinen zuckenden, schäumenden Tod!
Und saugen aus deinem Eingeweid
Deine Scham und deine Jungfräulichkeit

ELISABETH:
Erbarmen! Was zerrst du mich am Haar!

BLAUBART:
Keusch blühende Rose auf meinem Altar –

ELISABETH:
Gott steh mir bei! Du geifernd ⟨Tier⟩!

BLAUBART:
Ist's ein Affe, oder ist's ein Stier
Ein Wolf oder ander reißend Getier
Hei lustig geschnäbelt zur Nacht –
Bis zweie nur mehr eines macht!
Und eins ist der Tod!

ELISABETH:
Neigt niemand sich meiner grausen Not?

BLAUBART *(schreit)*:
Gott!

(Er zerrt sie in die Tiefe. Man hört einen gellenden Schrei. Dann tiefe Stille. Nach einiger Zeit erscheint Blaubart, bluttriefend,

und trunken außer sich und stürzt wie niedergemäht vor einem Crucifix nieder)

BLAUBART *(verlöschend)*:

Gott!

1910

HEIMITO VON DODERER

Eine Person von Porzellan

Eine Person von Porzellan sah ich neulich im Café. Sie war so hell und rein und zart und weiß, daß man, sie ansehend, sich selbst wie mit Schmutz bedeckt vorkam. Sie legte kleine, ebenso reine Dinge vor sich auf das Tischchen hin: ein Täschchen, ein Döslein, ein Etui aus schön poliertem Holz, dem sie winzige Zigaretten entnahm. Alles an ihr war – überaus: die Beine und Füßchen waren überaus wohlgeformt ebenso wie etwa das Näslein, auch die Hände, welche mit viel Sorgfalt und Zierlichkeit bewegt wurden. Sie saß nicht müßig hier oder zu ihrem Vergnügen: sie sah alle Modefachblätter durch und machte mit einem glatten goldenen Stift Notizen in ein Büchlein, das in violettes Leder gebunden war. Auch zeichnete sie dies und jenes aus den Blättern mit leichten Strichen in ihr Buch. Die Gelenke ihrer Hände mit wenigem Schmucke glänzten dabei weiß auf. Mir schien es erwiesen, daß ihr Tun zu ihrem Berufe gehöre, und so glaubte ich denn auch bald zu wissen, daß diese kleine strenge Gottheit des wohlgeordneten Seins einen Schneider-Salon innehabe (so pflegt man das zu nennen), eine Werkstatt also, in welcher eine Reihe von wohlhabenden Damen ihre Außenhaut herstellen läßt. Zudem schien mir unsere Person von Porzellan zehn bis vierzehn Lehrmädchen zu beschäftigen, recht wacker zu erwerben und von dem Erworbenen nicht nur sich selbst zu erhalten, sondern auch ihre Eltern, bei denen sie wohnte, zu unterstützen, ja, darüber hinaus den alten Leuten geradezu ein angenehmes Leben zu bereiten, auch was ein schönes Empfangsgerät und dergleichen mehr betrifft. Darum saß sie jetzt, nachdem Werkstatt und Geschäft des Abends geschlossen worden waren, hier in diesem Café, das für ein ›vornehmes‹ gilt, und hielt sich auf dem Laufenden, und verschaffte sich Kenntnisse, und sah nach, was man etwa in Paris neues unter die Leute gebracht hatte. Darum auch kümmerte sie sich um niemanden hier und schon gar nicht um die Männer, die ihrerseits jedoch der Person von Porzellan einige Aufmerksamkeit widmeten.

So auch ich, denn als sie endlich ihre Beschäftigung abbrach, den Kellner rief, aus einem winzigen Börslein von Silberdraht ihren Mocca bezahlte (was ich für mein Teil fürsorglich schon erledigt hatte) und Anstalten traf um zu gehen, war ich bereit und ging ihr dann auch unverzüglich nach. Der Weg führte in die Vorstadt, nicht gar weit, immerhin hätte sie die Straßenbahn benutzen können. Das tat sie jedoch nicht, sparte ihr Geld und ging durch den lauen Frühlingsabend friedsam dahin, zwischen den hier zahlreichen Menschen auf den Gehsteigen, an Gartengittern entlang, hinter denen da und dort noch ein Vogelpfiff ertönte. Die Dämmerung war indessen schon ganz herabgesunken, in den Gassen lag's wie tiefblauer Rauch und jenseits eines gegen Westen sich öffnenden breiten Platzes standen drei Streifen in gedrücktem Rot und Schwefelgelb am Rande eines sonst bereits nächtlichen Himmels. Das Viertel, wohin wir jetzt gelangten, war stiller und ärmer an Verkehr.

Das Haus, welches ich nur durch ein paar Augenblicke von außen sah, schien mir alt; ich trat ohne weiteres hinter ihr ein, nachdem ihr Schritt im Flur verhallt war; denn sie hatte davon, daß ich ihr nachging, nichts bemerkt. Nun hörte ich ihre winzigen Schuhe über mir auf der

Treppe. Was mir da beifiel, weiß ich heute nicht mehr genau. Man handelt übrigens in solchen Fällen immer richtig und auch mit Glück. Ich sah die Tür klappen, erkannte aber aus dem leichten Zurückprellen des Flügels, daß sie nicht schloß: sie indessen schien davon nichts bemerkt zu haben. Ihr Schritt entfernte sich. Es blieb drinnen dunkel. Entweder hatte sie kein elektrisches Licht oder sie machte davon keinen Gebrauch. Ich nützte den Umstand, daß ich an diesem Tage Schuhe mit Gummisohlen trug, und glitt in's Vorzimmer.

Sie hatte in der Tat kein elektrisches Licht. Wenigstens sah ich am Ende eines auffallend langen Ganges eine Kerze schwanken. Dann fiel der unruhige Schimmer aus einem anliegenden Raum, in welchem sie ziemlich tief hineingegangen zu sein schien, nach dem Lichte zu schließen. Ich machte etwa zwölf lautlose und rasche Schritte und sah durch die offene Tür.

Das sehr große Gelaß, in welches ich blickte, mochte etwa sechs Meter im Geviert, somit eine Bodenfläche von sechsunddreißig Quadratmetern haben, war demnach recht ausgedehnt. Von irgendwelcher Einrichtung konnte ich keine Spur entdecken. Der Boden schien grau von Schmutz und an den Wänden sah ich lange Streifen einer in Fetzen herabhängenden Tapete gleicher unbestimmbarer Farbe. In der von mir am weitesten entfernten Ecke hockte am Boden – sie kniete nicht, sondern sie hockte, offenbar um ihr Kleid nicht zu beschmutzen – die Person von Porzellan. Mit der rechten Hand vollführte sie irgendwelche ruckartige, zerrende oder reißende Bewegungen – ich konnte nicht sehen, was sie da trieb, der Schlagschatten ihrer Gestalt entzog es mir, und zudem mußten sich meine Augen erst an die geringe Beleuchtung gewöhnen – während das Licht in ihrer Linken naturgemäß entsprechend schwankte.

Jedoch wurde jetzt, durch eine Vierteldrehung ihres Oberkörpers, mit welcher Bewegung sie sich noch mehr von mir abwandte, die Sicht für mich frei und ich konnte endlich erkennen, was da seitwärts von ihr lag; denn bisher hatte ich mich vergebens bemüht, den unruhig und schwach beleuchteten Raum mit dem Blicke zu durchdringen, vielmehr nur den beträchtlichen Umfang des in Frage stehenden Gegenstandes ausgenommen und beiläufig die ganz unbestimmten Formen. Auch war, was ich jetzt feststellen konnte, zu unerwartet, zu sehr außerhalb jeder Gedankenverbindung befindlich, als daß es eine Wahrnehmung schon früher, und vor dem unwiderleglichen Augenschein, hätte in mir auslösen können.

Auf dem Boden lagen in der Ecke zwei oder drei Menschen. Ob die Toten – denn als solche erkannte ich sie mit meinen seinerzeit im Kriege geschärften Instinkten ganz unzweifelhaft – Männer oder Weiber waren, vermochte ich nicht sogleich zu sehen, ebensowenig, ob es nur zwei oder nicht etwa doch drei Gestalten sein konnten, die dort in der Ecke auf dem Fußboden dunkel und bündelhaft sich abhoben. Was der Person von Porzellan zunächst lag aber war jetzt gut beleuchtet, und war ein Mann. Seine Kleider hatte man über der Brust ganz aufgerissen und beiseite geschoben, so daß diese selbst frei lag; und überdies war der Brustkorb, etwa von der Höhe der Schlüsselbeine bis tief unter die falschen Rippen hinab, mit einem scharfen Werkzeug, vielleicht mit einer Hacke, wie die Fleischer sie haben, aufgehackt und der eröffnete Thorax noch auseinandergezerrt worden, so daß er weit klaffte. Man sah das rote Fleisch. Mit dem sich darbietenden Hohlraume aber war die Person von Porzellan eben beschäftigt. Sie führte bei ihrer Hantierung in der Tat ein Werkzeug, aber es war doch keine Hacke, sondern ein schweres und starkes, an beiden Enden hakenförmig und senkrecht abgebogenes Stück Eisen, also eine Zimmermanns-Klammer oder ›Klampe‹, wie man sie beim Bau einer Blockhütte zum Festlegen der Balken braucht. Mit diesem Ding nun riß und ruckte, hackte und zerrte sie in der oberen Leibeshöhle der vor ihr am Boden liegenden Leiche herum, nickend und wippend, ruhend und wieder zupackend, wie ein Aasgeier bei einem gefallenen Tier.

Mein Unglück wollte es zudem noch, daß mit der einen, nun endlich klar und unabweisbar gewordenen Wahrnehmung, noch schlagartig zwei andere zustande kamen. Die erste betraf meinen Geruchs-Sinn. Die zweite mein Gehör, insoferne, als ich mir plötzlich der ansonst hier herrschenden völligen Stille und Öde bewußt ward.

Ansonst – sagte ich. Denn abgesehen von den stärker und heftiger werdenden und jetzt bereits ganz klaren Geräuschen ihrer Tätigkeit, dumpf, hohl, feucht und auch klatschend, gab die Person von Porzellan, wie ich jetzt bemerkte, zudem noch kleine Töne von sich: Seufzerchen und ein leises, ihr selbst sicher nicht bewußtes Quieken und Grunzen.

Ich behielt meinen Kopf oben und überlegte ganz deutlich, daß, da meine in der Hüftentasche steckende Flasche mit dem Gin einen Verschluß hatte, der in Gummi lief und also nicht kreischen konnte, die Möglichkeit bestand, dieses Gefäß mit der nötigen Lautlosigkeit hervorzubringen – mindest so lautlos, daß die in ihre Beschäftigung Versunkene des Geräusch's nicht würde inne werden – und so das Erbrechen zu verhindern, welches mich augenblicklich am meisten bedrohte. Ich wollte es nicht wagen, auch nur einige Schritte nach rückwärts zu machen ohne den Schnaps gebraucht zu haben, denn ich fühlte, daß die, wenn auch noch so geringe Erschütterung beim Gehen genügen mußte, um mir die letzte Herrschaft über meine Übelkeit zu rauben.

Ich kriegte die Flasche zwischen meine Lippen und der Wacholder rann urkräftig in meinen Magen und hielt diesen nieder. Dann wich ich nach rückwärts vom Fleck, wandte mich, alle Sinne gespannt, und kam glücklich davon und in das Stiegenhaus, ohne auf dem Wege durch's Vorzimmer irgendwo angerannt zu sein, wohl auch deshalb, weil hier nicht das geringste Möbelstück stand, wie ich, scharf in das halbe Dunkel spähend, bemerkt hatte.

Auf der Straße ging ich rasch davon, um in eine andere Gegend der Stadt zu gelangen, und bestieg den nächsten Zug der Untergrundbahn.

Als ich nun, vor dem Einsteigen noch, einen weiteren Schluck von dem Gin genommen und die erste Zigarette geraucht hatte, machte ich eine ganz erstaunliche Entdeckung – und um dieser Entdeckung willen habe ich, offen gestanden, die ganze Geschichte hier überhaupt erzählt.

Ich kam nämlich ganz unzweideutig dahinter, daß meine begreifliche Erleichterung gar nicht so sehr von meinem glücklichen Entrinnen herrührte, sondern in viel höherem Grade von dem nun gewonnenen Wissen über die eigentliche Natur dieser Person von Porzellan: daß sie nämlich derlei trieb; in Leuten herumwühlte; zupfend, hackend, nickend; hingebungsvoll; grunzend, quiekend – ja, das alles machte sie mir eigentlich weit weniger schrecklich und quälerisch nachwirkend. Über die Wahnsinnige würde ich mich beruhigen können, das wußte ich wohl. Die kleine, strenge und überaus zierliche Göttin des wohlgeordneten Seins aber hätte mich noch lange verfolgt und vielleicht in bösen Träumen. An ihr, in Wahrheit, hatte ich mir eine Nase voll geholt, und obendrein in Verbindung mit einer Art von nervöser Anziehung, welche sie auf mich auszuwirken fähig gewesen war. – Mein Bericht wäre unvollständig, würde ich nicht noch angeben, daß ich die Person von Porzellan am nächsten Tag in dem gleichen Café wiederum sitzen sah; ohne daß ich mich irgendwie um sie bekümmert hätte. Später hab' ich sie dann nie mehr zu Gesicht bekommen. (Ist wohl eingesperrt worden.)

1935

THOMAS HARRIS

Roter Drache

In der großen Dunkelkammer war es kühl, und es roch nach Chemikalien. Francis Dolarhyde kontrollierte die Entwicklerflüssigkeit im Tank A. Hunderte von Metern Schmalfilm aus allen Teilen der USA bewegten sich stündlich durch diesen Tank. Temperatur und Sättigungsgrad der Lösung waren von vorrangiger Bedeutung für den Entwicklungsprozeß. Neben allen anderen Arbeitsgängen, bis ein Film den Trockner passiert hatte, fiel dies in seinen Verantwortungsbereich. Unzählige Male nahm er Tag für Tag stichprobenweise einzelne Filme aus dem Tank und kontrollierte sie Bild für Bild. In der Dunkelkammer herrschte Stille. Dolarhyde unterband jede Unterhaltung unter seinen Mitarbeitern und verständigte sich vorwiegend durch Handzeichen mit ihnen.

Nach Feierabend blieb er allein in der Dunkelkammer zurück, um ein paar seiner eigenen Filme zu entwickeln.

Gegen zweiundzwanzig Uhr kehrte Dolarhyde nach Hause zurück. Er wohnte in dem großen Haus, das seine Großeltern ihm vermacht hatten. Es stand am Ende einer gekiesten Auffahrt, die nördlich von St. Charles, Missouri, auf der St. Louis gegenüberliegenden Seite des Missouri durch einen großen Obstgarten verlief. Der Besitzer des Gartens kümmerte sich nicht um dessen Instandhaltung. Unter den grünen Bäumen standen auch zahlreiche kahle und abgestorbene. Und nun – es war Ende Juli – hing der Geruch verfaulender Äpfel in der Luft. Tagsüber gab es hier viele Bienen. Der nächste Nachbar wohnte fast einen Kilometer weit entfernt.

Jedes Mal, wenn Dolarhyde nach Hause kam, inspizierte er erst das Haus; vor ein paar Jahren hatte jemand einen, allerdings unverrichteter Dinge wieder abgebrochenen, Einbruchsversuch unternommen. Er machte einen Rundgang durch das Haus und knipste in jedem Zimmer das Licht an. Ein Besucher hätte nicht den Eindruck gewonnen, daß Dolarhyde das Haus allein bewohnte. In den Schränken hingen noch die Kleider seiner Großeltern, und auf dem Schminktisch seiner Großmutter lagen mehrere Bürsten mit Haaren zwischen den Borsten. Aus einem Glas auf dem Nachttisch bleckten einem die Zähne ihres Gebisses entgegen. Das Wasser darin war längst verdunstet. Seine Großmutter war seit zehn Jahren tot.

(Der Leiter des Bestattungsinstitutes hatte ihn gebeten: »Mr. Dolarhyde, würden Sie mir bitte noch das Gebiß Ihrer Großmutter bringen?« Doch er hatte nur erwidert: »Machen Sie ruhig schon mal den Sargdeckel zu.«)

Nachdem er sich vergewissert hatte, daß er allein im Haus war, ging Dolarhyde nach oben, um ausgiebig zu duschen und sich die Haare zu waschen.

Dann zog er einen Kimono aus synthetischem Material an, das sich wie Seide anfühlte, und legte sich auf das schmale Bett in dem Zimmer, das er seit seiner Kindheit bewohnte. Er stülpte sich die altmodische Trockenhaube seiner Großmutter über und schaltete sie ein. Während er nun unter der Trockenhaube saß, blätterte er in einer neuen Modezeitschrift. Der Haß und die Brutalität, die aus manchen der hochmodischen Fotos sprachen, waren bemerkenswert.

Als er beim Betrachten der Modefotos eine wachsende Erregung verspürte, drehte er den Metallschirm seiner Leselampe so herum, daß das Licht auf einen Druck an der Wand über dem Fußende des Bettes fiel. Es handelte sich dabei um William Blakes *Der große rote Drache und die mit der Sonne bekleidete Frau.*

Er war wie betäubt gewesen, als er das Bild zum erstenmal gesehen hatte. Nie zuvor hatte er etwas gesehen, das seinem bildlichen Denken so nahe gekommen war. Er hatte das Gefühl, als hätte Blake durch sein Ohr einen Blick in das Innere seines Kopfes geworfen und dort den roten Drachen erspäht. Wochenlang hatte Dolarhyde sich

Sorgen gemacht, seine Gedanken könnten durch seine Ohren nach außen strahlen, könnten in der Dunkelkammer sichtbar werden und die Filme verschleiern. Deshalb steckte er sich Watte in die Ohren. Aus Angst, die Watte könnte Feuer fangen, ging er zu Drahtwolle über. Davon begannen seine Ohren zu bluten. Schließlich schnitt er aus einem Bügelbrettbezug kleine Asbeststücke heraus und rollte sie zu kleinen Kügelchen zusammen, die in seine Ohren paßten.

Der rote Drachen war alles, was er lange Zeit hatte. Doch mittlerweile war das nicht mehr so. Er spürte die ersten Anzeichen einer Erektion.

Er hatte eigentlich vorgehabt, sich Zeit zu lassen, aber nun konnte er es nicht mehr erwarten.

Dolarhyde zog die schweren Vorhänge vor den Fenstern im Wohnzimmer im Erdgeschoß zu und baute Leinwand und Projektor auf. Sein Großvater hatte gegen den Widerstand seiner Großmutter einen bequemen, beliebig verstellbaren Fernsehsessel im Wohnzimmer aufgestellt. (Worauf sie es sich nicht nehmen hatte lassen, zumindest über die Kopfstütze ein Spitzendeckchen zu legen.) Doch Dolarhyde war inzwischen nur froh darüber. Der Sessel war sehr bequem. Er legte ein Handtuch über die Armlehne.

Dann knipste er die Lampen aus. Und als er sich dann in dem verdunkelten Raum in den Sessel zurücklehnte, hätte er sich überall befinden können. An der Decke hatte er eine Lichtorgel angebracht, die sich langsam drehte und dabei unzählige verschiedenfarbige Lichtpunkte über die Wände, den Fußboden und seine Haut wandern ließ. Er hätte sich genausogut in der Kanzel eines Raumschiffes befinden können, nur durch eine Glaskuppel vom Universum und den Sternen ringsum getrennt. Wenn er die Augen schloß, glaubte er, die Lichtpunkte über seine Haut kriechen zu spüren, und wenn er sie wieder aufschlug, stellte er sie sich als die Lichter von Städten über oder unter ihm vor. Es gab kein Oben und Unten mehr. Mit zunehmender Erwärmung begann die Lichtorgel sich schneller zu drehen, und die Lichtpunkte schwärmten über ihn hinweg, flossen in eckigen Strömen über die Möbel und stürzten in Meteorkaskaden über die Wände. Er hätte ein Komet sein können, der durch den Andromeda-Nebel schoß.

Nur eine Stelle im Raum wurde nicht von den Lichtpunkten berührt. Er hatte ein Stück Pappe so an der Lichtmaschine angebracht, daß sein Schatten genau auf die Filmleinwand fiel.

Ein anderes Mal würde er vielleicht vorher etwas rauchen, um die Wirkung noch zu steigern, aber diesmal hielt er das nicht für nötig.

Er drückte auf den Startknopf des Projektors neben sich. Ein weißes Rechteck sprang auf die Leinwand, die nach kurzer Zeit grau und streifig wurde, als der Vorspann durchlief. Und dann spitzte der grau-weiße Bobtail seine Ohren und rannte zur Küchentür, wo er freudig mit seinem Stummelschwanz wedelte. Ein Schnitt auf den Hund, wie er eine Straße entlanglief und immer wieder den Kopf herumdrehte, um nach etwas an seiner rechten Flanke zu schnappen.

Nun kam Mrs. Leeds mit den Einkäufen in die Küche. Sie lachte und fuhr sich mit der Hand durchs Haar. Die Kinder kamen ihr hinterher.

Dann ein Schnitt auf eine schlecht ausgeleuchtete Szene in Dolarhydes Zimmer im Obergeschoß. Er steht nackt vor dem Druck des *Großen roten Drachen und der mit der Sonne bekleideten Frau*. Er trägt seine ›Kampfbrille‹, eine eng anliegende, mit Gummiband befestigte Sportbrille. Er hat eine Erektion, der er von Hand nachhilft.

Das Bild wird immer unschärfer, je näher er in stilisierten Bewegungen auf die Kamera zukommt, bis nur noch sein Gesicht den Bildausschnitt füllt und seine Hand sich nach der Schärfeeinstellung ausstreckt. Das Bild gerät ins Zittern und wird plötzlich für eine Großaufnahme seines Mundes scharf; seine entstellte Oberlippe ist zurückgestülpt, die Zunge zwängt sich zwischen den Zähnen vor, und in einer oberen Ecke ist gerade noch ein Auge zu erkennen. Der Mund füllt die Leinwand schließlich ganz aus, die weit aufgerissenen Lippen geben den Blick auf die zackigen Zähne frei, und dann tritt plötzliches Dunkel ein, als sein Mund sich um das Objektiv schließt.

Die mit der nächsten Einstellung verbundenen Schwierigkeiten waren offensichtlich.

Ein bebendes, verschwommenes Etwas in grellem Scheinwerferlicht wurde zu einem Bett, in dem Charles Leeds verzweifelt mit den Armen um sich schlug und Mrs. Leeds sich, die Augen mit der Hand gegen das blendende Licht abschirmend, aufsetzte, um sich dann ihrem Mann zuzuwenden und ihre Hände auf ihn zu legen. Gleichzeitig rollte sie sich an den Rand des Bettes, um sich, bei dem Versuch aufzustehen, mit den Beinen in den Laken zu verheddern. Die Kamera zuckte zur Decke hoch, so daß die Deckenkanten wie Notenlinien über die Leinwand ruckten, bis das Bild sich wieder stabilisierte. Mrs. Leeds lag nun rücklings auf dem Bett, und auf ihrem Nachthemd breitete sich ein dunkler Fleck aus, während Leeds mit verzweifelt aufgerissenen Augen die Hände an den Hals preßte. Die Leinwand wurde für eine Weile schwarz, und dann folgte das kurze Zucken einer Schnittstelle.

Die Kamera bewegte sich nun nicht mehr; sie war auf einem Stativ befestigt. Inzwischen waren sie alle tot. Und auf ihren Plätzen. Zwei Kinder saßen gegen die Wand gegenüber dem Bett gelehnt; eines saß in der Ecke gegenüber und sah in die Kamera. Mr. und Mrs. Leeds lagen unter den Laken im Bett. Mr. Leeds saß gegen das Kopfteil gelehnt, und das Laken verdeckte das Seil um seine Brust. Sein Kopf war zur Seite gesackt.

Mit den exakten Bewegungen einer balinesischen Tänzerin kam nun von links Dolarhyde ins Bild. Blutverschmiert und bis auf seine Brille und die Handschuhe splitternackt, tanzte und gestikulierte er zwischen den Toten herum. Auf diese Weise näherte er sich der hinteren Seite des Bettes, wo Mrs. Leeds lag, ergriff eine Ecke des Lakens und riß es dann ruckartig vom Bett, um wie ein Matador nach einer eleganten Veronica in Pose zu verharren.

Während Dolarhyde nun den Film im Wohnzimmer des Hauses seiner Großeltern ansah, bedeckte sich sein Körper zunehmend mit einem glänzenden Schweißfilm. Seine dicke Zunge zuckte beständig zwischen den Lippen hervor, so daß die Narbe an seiner Oberlippe vor Feuchtigkeit glänzte, und er stöhnte, während er dabei Hand an sich legte.

Selbst auf dem Höhepunkt seiner Lust mußte er zu seinem Bedauern feststellen, daß ihm in der folgenden Szene des Films alle Anmut und Eleganz der Bewegungen abhanden gekommen waren, als er, der Kamera achtlos das Gesäß zugewandt, in wilder Gier drauflos rammelte. Plötzlich waren da keine dramatischen Pausen mehr, kein Sinn für Steigerungen und Höhepunkte, nur noch viehische Raserei.

Trotzdem war es herrlich. Den Film anzusehen, war herrlich. Doch nicht ganz so berauschend wie der Akt selbst.

Die zwei wesentlichsten Schwachpunkte bestanden nach Dolarhydes Auffassung darin, daß im Film nicht der jeweilige Tod der einzelnen Familienmitglieder zu sehen war und daß gegen Ende zu seine schauspielerische Leistung mehr und mehr zu wünschen übrigließ. Es schien, als hätte er plötzlich alle guten Vorsätze über Bord geschleudert. So hätte das der Rote Drache jedenfalls nicht gemacht.

Nun ja, er würde schließlich noch viele solcher Filme drehen, und mit wachsender Erfahrung würde es ihm vielleicht auch gelingen, selbst in den Momenten äußerster Lust eine gewisse ästhetische Distanz zu bewahren.

Jedenfalls durfte er nicht aufgeben. Dies war seine Lebensaufgabe. Ein Werk, das ihn überdauern würde.

Vor allem durfte er keine Zeit verlieren. Es galt, seine nächsten Mitdarsteller auszuwählen. Er hatte bereits mehrere Filme von Vierter-Juli-Familienausflügen kopiert. Wenn gegen Ende des Sommers die Ferienfilme eingeschickt wurden, hatten sie in der Entwicklungsanstalt Hochbetrieb. Ein ähnlicher Ansturm setzte nach Thanksgiving ein.

Tag für Tag gingen die Aufträge unzähliger Familien bei ihm ein.

1981

CHRISTOPH MECKEL

Die Vampire

Ich war auf dem Jahrmarkt und langweilte mich, da bemerkte ich zwischen Karussellen, Tingeltangelbuden und Trinkhallen ein Transparent mit der Aufschrift: ÜBERNEHMEN SIE SELBST DAS HANDWERK GOTTES! Ich trat näher und sah eine Schießbude, auf deren Tisch Pistolen und Gewehre lagen. Ein paar Leute hatten sich vor der Bude versammelt, redeten, rauchten und standen auf Zehenspitzen, um besseren Einblick in die Bude zu haben. Aus einem Lautsprecher schallten Musik und gesprochene Texte, die der Lautstärke wegen schwer zu verstehen waren. Einer dieser Texte lautete: Meine Damen und Herren, übernehmen Sie selbst das Handwerk Gottes! Legen Sie selber Hand an Ihr Geschick und korrigieren Sie es, indem Sie Ihre Tage und Stunden in Form von Holzbällen von der Leine schießen! Schießen Sie, bitte schießen Sie, meine Damen und Herren, und die Dame an der Kasse wird Ihnen die abgeschossene und also ungültige Zeit quittieren, ohne Umstände bekommen Sie Ihre nunmehr verbrauchte Zeit an der Kasse ausgehändigt!

Ich reihte mich unter die Zuschauer und versuchte zu begreifen, was vorging. An einer langsam in Augenhöhe durch die Bude ziehenden Leine schaukelten kleine, numerierte Holzbälle. Die Zuschauer beobachteten einen Pistolenschützen, der soeben einen Holzball mit der Nummer 67 abgeschossen hatte. Alle fünf oder sechs Sekunden krachte ein Schuß und riß einen Holzball von der Leine. Lachen und Gemurmel ging durch die Menge, als der Schütze den hundertdreiundzwanzigsten Ball verfehlte. Eine mit Harlekinkittel, Sonnenbrille und Zylinder verkleidete Gestalt klatschte Beifall und nahm dem Mann die Pistole ab. Eine krächzende männliche Stimme rief durch den Lautsprecher: Haben Sie das gesehn, meine Damen und Herrn! Hier wurde Ihnen soeben bewiesen, daß man Glück haben kann. Schon 123 Tage weniger zu leben! Mein Herr, ich gratuliere Ihnen im Namen unseres zahlreichen Publikums!

Man schob den Schützen zur Kasse. Die Dame im Kassenverschlag reichte ihm ein Papier, das er unterschrieb, zerknüllte und fortwarf. Ein älterer Herr zwängte sich nun durch die Menge an den Schießstand, neue Bälle wurden aufgezogen, er bezahlte eine geringe Summe, der Harlekin legte ihm Pistolen und Gewehre zur Auswahl vor. Der Mann wählte ein Luftgewehr und begann zu schießen, sobald die Leine sich straffte und in Bewegung setzte. Nach einigen hundert fehlerfreien Schüssen lief die Leine leer vorüber, der Mann setzte das Gewehr ab und erkundigte sich, warum er nicht weiterschießen könne.

Bravo, meine Damen und Herrn, bravo, bravo! rief die krächzende Stimme im Lautsprecher, wir machen Sie darauf aufmerksam: noch ein Schuß und wir sprechen uns an der Kasse wieder! Noch ein letzter fehlerfreier Schuß dieses Herrn vor Ihnen und alle Rekorde sind gebrochen! Beachten Sie den Schützen, meine Damen und Herrn, der nun das Gewehr wieder aufnimmt und auf den letzten Ball zielt!

Die erschlaffte Leine spannte sich, und ein kleiner, nicht numerierter Holzball zog schnell durch die Schießbude. Der Schuß krachte, der Ball fiel in Splittern zu Boden. Das Publikum atmete auf; man klopfte dem Mann auf die Schulter und drängte ihn zur Kasse, aus dem Lautsprecher knatterte Tanzmusik. Die Dame im Kassenverschlag schob ein Papier durch die Schalteröffnung und der Mann unterschrieb. Er steckte das Papier in die Tasche, grüßte und wollte sich durch die Menge ins Freie drängen, blieb jedoch stehn, schwankte, verdrehte die Augen und fiel zu Boden. Zwei Harlekine, die bisher unbeschäftigt an den Seitenwänden der Schießbude gestanden hatten, rannten herbei und zogen den Toten aus der Menge und warfen ihn auf eine aus Brettern und Tüchern improvisierte Bahre, die sie eilig hinter die Dekorationen der Schießbude schleppten. Ein dritter Harlekin in Sportmütze und gelben Handschuhen trat aus den Dekorationen und fegte die Splitter der zerschossenen Holzbälle sorgfältig in einen Sack. Einige Zuschauer waren blaß geworden, andere standen unsicher herum, aber der größte Teil der Zuschauermenge schien keine Ahnung zu haben, worum es sich handelte.

Ich begab mich sogleich hinter die Schießbude. Zwischen Wohnwagen und Gerümpel standen zwei Harlekine im nassen, zertretenen Boden und stopften den Toten in eine Kiste. Die Dame verließ den Kassenverschlag, steckte ein Pappschild mit der Aufschrift VORÜBERGEHEND GESCHLOSSEN an die Scheibe und schleppte sich hinter die Schießbude. Sie hatte Mühe sich fortzubewegen, war unglaublich alt und fett und glich einem ausgestopften Raubvogel. Sie war stark geschminkt und paffte eine Zigarette. Sie stellte sich zu den Männern, die die Kiste mit Schrauben und Nägeln verschlossen, zertrat ihre Zigarette und lächelte sparsam. Andere Harlekine und Männer in Arbeitskleidung kamen hinzu, alte, uralte Gestalten mit zitternden Beinen und nickenden Köpfen. Hagere oder dicke Männer mit welken Händen und angemalten Gesichtern, die Augen gierig und schnell oder abwesend, trübe. Sie standen herum und blickten auf die Dame. Als die Kiste verschlossen und weggeschafft worden war, zählte sie kleine Murmeln oder Kapseln aus einem Sack in die offenen Hände der Männer. Einen Rest behielt sie für sich zurück. Hierauf wurden die Splitter der zerschossenen Bälle verteilt. Die Männer gingen auseinander, manche schluckten oder zerkauten eine Murmel. Aus dem Lautsprecher schrammelte ein Tango. Das Publikum hatte sich verlaufen. Ein paar Männer waren damit beschäftigt, die Schießbude abzubrechen, und da es hier nichts weiter zu sehen gab, entfernte ich mich und ging nach Hause.

1983

DON DAVIS

Jeffrey Dahmer

Der Alptraum in Apartment 213
Montag, 27. Mai 1991
Auf der Flucht vor seinem Peiniger rannte der Vierzehnjährige um sein Leben. Eine Weile bildete er sich ein, er hätte es geschafft, dem großen, weißhäutigen Amerikaner zu entkommen, er sei gerettet wie sein Bruder. Aus dem Dunkeln waren nämlich zwei Mädchen aufgetaucht, um ihm zu helfen, und als der Rettungsdienst der Feuerwehr angefahren kam, hatte ihn eine Frau in eine Decke eingewickelt, denn er war nackt geflohen. An den Kotflügel des blau-weißen Streifenwagens gelehnt, sah er sich drei Polizisten in voller Montur gegenüber.

Die Beine des dunkelhaarigen Jungen mit der olivfarbenen Haut waren blutverschmiert – mit Blut aus seinem malträtierten After. Auf seinen Wangen glänzten Tränen. Er fror entsetzlich, und sein Kopf fühlte sich an wie mit

Watte vollgestopft, weil der Mann ihm etwas eingeflößt hatte. Konerak Sinthasomphone war halbtot vor Angst, ein Alptraum verfolgte ihn durch die Straßen von Milwaukee. In seiner Benommenheit konnte er nur immer wieder den Kopf schütteln und »Nein« flüstern. Aber jetzt war ja die Polizei da, die würde den großen Weißen festnehmen wie vor ein paar Jahren den Fremden, von dem sein Bruder ebenfalls gepeinigt und geschunden worden war.

Ende Mai 1991 hatte der strenge, bitterkalte Winter in Milwaukee schon dem Frühling weichen müssen, und diese milde Nacht war bereits ein Vorbote des Sommers. Während der Sommermonate spielte sich das Leben weitgehend im Freien ab, da zog es die Menschen hinaus. Sie aßen und feierten draußen und amüsierten sich nach Kräften. Die Leute gingen aufeinander zu, und Nachbarn, die sich ansonsten abweisend verhielten, klopften sich auf die Schultern. Selbst zu dieser späten Stunde tummelten sich im Sommer in den Parks noch Menschen. Viele kamen auch erst aus dem Kino oder schlenderten zur nahegelegenen 27. Straße. In einem Monat würde es schon richtig warm sein – doch jetzt fühlte sich Konerak erstarrt bis ins Mark und so verlassen wie noch nie im Leben.

Dieser faulige Gestank in der Wohnung des Amerikaners! Was er dort ausgestanden hatte, quälte ihn und ließ ihn nicht mehr los. Er war so geschockt, so durcheinander, daß er dringend Hilfe brauchte. Anhand der Fotos, die überall in dem Apartment herumgelegen hatten, war ihm klar geworden, was ihm noch bevorgestanden hätte, wenn es ihm nicht gelungen wäre, sich aus dem Staub zu machen.

Er konnte sich glücklich schätzen, daß der Mann Bier holen gegangen war, während er, Konerak, noch halb bewußtlos dalag – doch durch die Schmerzen kam er bald wieder zu sich. Es gelang ihm, die Tür aufzustemmen und zu fliehen.

Schnell konnte er allerdings nicht laufen, denn das Schlafmittel, das der Mann ihm eingegeben hatte, wirkte noch. Mit dem flinken Jungen, der sich beim Fußball als Flügelstürmer immer so hervortat, hatte er jetzt nichts mehr gemein. Ihm kam es vor, als müßte er sich durch zähen Morast vorwärtskämpfen. Als er rennen wollte, gehorchten ihm die Beine nicht. Torkelnd schlich er dahin, zu mehr reichte es einfach nicht. Daß er sich überhaupt auf den Beinen halten konnte, lag daran, daß ihn die nackte Angst antrieb, denn er wußte, daß ihn der Mann verfolgen würde, sobald er merkte, daß ihm der Junge entkommen war. Konerak konnte nur noch hoffen, daß irgend jemand verhindern würde, daß ihn der Mann wieder zu fassen bekam. Schwankend setzte er einen Fuß vor den anderen, kämpfte sich mühselig vorwärts, doch kaum hatte er die Straße erreicht, da rannte ihm der Mann schon nach, kam immer näher.

Konerak, ein hübscher Junge aus Laos, galt bei seinen Eltern und Geschwistern seit dem Vortag als vermißt, wo er wie jeden Sonntag zum Fußballtraining in den Mitchell Park hatte gehen wollen. Als Asiate hatte er sich instinktiv dem Fußball zugewandt, während amerikanische Jungen schon in der Wiege zu wissen schienen, wie man einen Baseball wirft. Konerak teilte das Schicksal der Milwaukee Brewers und blieb ihnen treu, obwohl diese in der amerikanischen Ostliga schon stark abgeschlagen waren. Allerdings war es nicht leicht, nach einer Serie von Niederlagen noch großen Enthusiasmus aufzubringen. Immerhin, beim Fußball zahlte sich ein phänomenales Reaktionsvermögen aus, da konnte ein Junge glänzen, vor allem, wenn er nicht sehr groß geraten war. Konerak träumte davon, Profi zu werden wie seine Idole Pelé, Beckenbauer und Maradona. Er trainierte eifrig mit Gewichten, um seine Beinmuskulatur zu kräftigen, und war möglichst bei jedem Spiel dabei.

Die Familie Sinthasomphone lebte noch nicht lange in den Vereinigten Staaten. Nach langen, verheerenden Kämpfen in Indochina hatten die Kommunisten den Sieg davongetragen, und allmählich sagte sich die Familie, daß sie unter den brutalen Machthabern, die Saigon, Phnom

Penh und Vientiane unterjocht hatten, auch in Zukunft nichts als Kummer und Mühsal zu erleiden hätten – trotz der Versprechungen der neuen Herren, dem Volk zu helfen. 1980 floh die Familie aus Laos, tauschte die prikkelnde Luft, die smaragdgrünen Berge und den üppig wuchernden Dschungel gegen eine amerikanische Großstadt ein, in der ihr alles fremd war. Die Familie landete in der Stadt Milwaukee, von Anbeginn an ein Schmelztiegel der unterschiedlichsten Kulturkreise. In Milwaukee geht man davon aus, daß jede Familie aus einem anderen Land stammt und dort verwurzelt ist, daß die erste Generation der Einwanderer noch stockend und mit Akzent spricht. Deren Kinder beherrschen die Sprache dann schon besser, und die Enkel sind bereits integriert – das heißt, so vielversprechend und problembeladen wie alle amerikanischen Kinder. Wenn die Großeltern dann mitansehen, wie die dritte Generation heranwächst, fragen sie sich vielleicht, ob es richtig war, die Heimat zu verlassen – denn was taten die Kinder eigentlich? Sie dröhnten sich die Ohren mit Musik voll, liefen mit ulkigen Frisuren herum und hatten keinen Respekt mehr vor dem Alter. Konerak kam als jüngstes von acht Kindern mit drei Jahren nach Milwaukee. Auf der Straße und später in der Schule sammelte er rasch wertvolle Erfahrungen, und bald fühlte er sich durch und durch als Amerikaner, obwohl er aus Asien stammte.

Die Flucht aus Laos in die Freiheit war eine einzige Strapaze gewesen, und doch war diese mehr als beschwerliche Zeit nichts im Vergleich zu den Ängsten und Gefahren, die in der neuen Heimat lauerten. Etwas Unwägbares, Bedrohliches schien sie in dem Land zu erwarten, von dem sie sich so viel versprochen hatten. Bei den schon länger in den Staaten ansässigen Laoten herrschte die Überzeugung, daß die Flüchtlinge dem Leben in einer amerikanischen Metropole anfänglich nicht gewachsen waren – denn hier war der Urwald im Gegensatz zur Heimat betoniert, und die Bestien waren Menschen, die ganz normal aussahen und denen man nichts Böses zutraute.

Selbst im Krieg war es in Indochina einfach, lebensgefährliche Situationen richtig einzuschätzen, doch in den Vereinigten Staaten sah für die Laoten alles anders aus. Wer Laos gerade erst hinter sich gelassen hatte, bildete sich ein, Amerika sei der Himmel auf Erden, da könne einem nichts geschehen, doch dann mußte jeder die traurige Erfahrung machen, daß die Straßen in den Staaten nicht mit Gold gepflastert waren, sondern daß auch hier überall Gefahren lauerten.

Das hatte die Familie Sinthasomphone schon am eigenen Leib erfahren, bevor Konerak verschwand. 1988 hatte ein großer blonder Mann mit seltsam leerem Blick Koneraks älteren Bruder, damals dreizehn Jahre alt, in seine Wohnung gelockt, eine Weile an ihm herumgespielt und ihm dann fünfzig Dollar dafür geboten, daß er ihn fotografieren, Nacktfotos von ihm machen dürfe. Zu Tode erschrocken war der Junge weggerannt und hatte sich hilfesuchend an die Polizei gewandt. Der Mann war festgenommen und verurteilt worden. Zehn Monate von seiner Strafe saß er auch tatsächlich ab, jedoch als Freigänger und nicht in Sicherheitsgewahrsam. Abends konnte er zur Nachtschicht gehen, und leider ließ man die Leine so locker, daß er morgens gelegentlich mit einer Whiskyfahne ins Gefängnis zurückkehrte, weil er sich zwischendurch gedrückt und ein Glas genehmigt hatte. Als die Hälfte der Zeit im Gefängnis um war, bekam der Mann fünf Jahre auf Bewährung. Und die Familie Sinthasomphone hatte sich schon in Sicherheit gewiegt und angenommen, der Alptraum sei überstanden. Sie irrten sich gewaltig, denn das Schlimmste stand ihnen noch bevor.

Da sich sein Bruder hatte retten können und auch in Fernsehfilmen am Ende immer das Gute über das Böse siegte, hatte Konerak in den frühen Morgenstunden vielleicht geglaubt, auch er sei noch einmal davongekommen. Er hatte aus diesem schrecklichen Apartment fliehen können, in dem es so entsetzlich faulig roch, und mehrere Menschen waren herbeigeeilt, um ihm beizustehen. Er lebte ja nicht mehr in Laos, sondern in Amerika, und fühlte sich als Amerikaner wie auch die anderen Jungen in seinem Alter. Er hoffte, daß er noch einmal mit einem blauen Auge davongekommen war. So hätte es ja auch sein können.

Seine Flucht war nicht unbemerkt geblieben, denn wenn sich jemand so auffallend und sonderbar verhält, werden sogar Städter darauf aufmerksam, obwohl die den meisten Dingen gleichgültig gegenüberstehen; mit der Zeit läßt sie fast alles kalt. Zwei achtzehnjährige Mädchen, die in der Gegend wohnten – Nicole Childress und ihre Cousine Sandra Smith –, entdeckten den nackten, verwirrten Jungen nachts auf der nur schwach beleuchteten Straße. Er wirkte völlig verstört. Sein glasiger, abwesender Blick fiel ihnen auf, sein blutverschmierter Hintern und das Blut an seinen Beinen. Seine Miene drückte blankes Entsetzen aus, und als sie ihn ansprachen, murmelte er nur unverständliche Worte vor sich hin.

Die beiden Mädchen dachten nicht im Traum daran, sich das tatenlos mitanzusehen. Als ein großer Weißer ankam und versuchte, den Jungen wegzuzerren, hielt ihn Sandra Smith am Arm fest, während ihre Cousine zu der Telephonzelle an der Ecke rannte, um die Polizei und die Feuerwehr unter der Notrufnummer 911 anzurufen. Feuerwehrauto Nr. 32 war bald zur Stelle, ebenso zwei blau-weiße Streifenwagen vom Polizeipräsidium in Milwaukee. Die Besatzung bestand aus drei uniformierten Polizisten.

Wenn die Polizei in einem solchen Fall gerufen wird, geht es ihr in erster Linie darum, die Sache so schnell wie möglich beizulegen, damit wieder Ruhe und Ordnung herrscht. Am Schauplatz des Geschehens stießen die Polizisten auf einen Mann und einen Jungen, die miteinander rangen. Der Junge war nackt, und zwei Mädchen halfen ihm, sich gegen den älteren Mann zur Wehr zu setzen. Die Männer in Uniform regelten die Sache schnellstens. Was sich da vor den Oxford-Apartments in der North Street 25 abspielte, war für sie Routine. Den Rettungswagen der Feuerwehr schickten sie gleich wieder weg.

Eine Mitarbeiterin der Feuerwehr hatte den Jungen zuvor in eine Decke gewickelt, da er nackt war und zudem ganz offensichtlich fror. In den Polizeiberichten hieß es später, die Beamten würden sich lediglich an Blut von einem aufgeschrammten Knie erinnern, so sei es ihnen zumindest vorgekommen.

Sobald die Polizisten alles unter Kontrolle zu haben glaubten, ging es ihnen nur noch darum, den Schauplatz des Geschehens zu verlegen, also das Feld zu räumen, um die Betroffenen den Blicken der Sensationslüsternen zu entziehen. Daher beschlossen sie, in das Apartment des älteren Mannes hinaufzugehen, der ihnen einreden wollte, der nackte Junge sei sein Geliebter. Doch die beiden jungen Mädchen, die die Polizei und den Rettungsdienst der Feuerwehr gerufen hatten, gaben nicht so leicht auf und lagen den Polizisten damit in den Ohren, daß sie als Zeuginnen vernommen werden wollten. Sandra Smith hat später ausgesagt, man habe sie trotzdem weggeschickt mit der Begründung, sie würden nicht mehr gebraucht. Sie gingen widerstrebend, doch zu Hause erzählten sie Sandras Mutter Glenda Cleveland erregt und aufgebracht von diesem Vorfall. Das löste eine Kettenreaktion aus, und die Dinge nahmen eine groteske Wendung. Im Anschluß an die erregte Diskussion rief Glenda Cleveland nämlich selbst noch einmal bei der Polizei an, und dieser Anruf machte dann später viel von sich reden.

Doch zunächst einmal bugsierten die Polizisten die beiden Hauptbetroffenen des Dramas, das sich da anzubahnen schien, in das Mietshaus, in dem der Ältere der beiden wohnte. Sie brachten sie in das Apartment 213, das ihnen der schlanke Weiße mit dem kläglichen Schnurrbart nannte. Dort entschuldigte er sich wortreich; es war ihm offensichtlich peinlich, in so einen Schlamassel verwickelt zu sein. Da alles, was er sagte, ganz einleuchtend und vernünftig klang, dachten sich die Polizisten, daß es weiß Gott schlimmere Verbrechen gab, die es zu klären galt. Diebe, Straßenräuber, Rauschgifthändler und vielleicht auch Mörder trieben in der Stadt ihr Unwesen, die sie dingfest machen mußten, doch statt dessen vertaten sie kostbare Zeit damit, sich als Schiedsrichter aufzuspielen, obwohl es sich ganz offensichtlich nur um die Kabbelei eines Liebespaares handelte.

Der große Mann nahm sie für sich ein. Er hatte ein gewinnendes Wesen, war redegewandt und nicht die Spur nervös. Der asiatische Junge hingegen schien betrunken zu sein, sprach unzusammenhängend und redete nur wirres Zeug. Wem sollten sie nun glauben? Der Mann gab unumwunden zu, sein asiatischer Freund sei ihm wieder einmal weggelaufen; deshalb habe er ja versucht, ihn zurückzuholen. Leider sei das schon öfter vorgekommen. Sie seien ein homosexuelles Paar, lebten zusammen in dem Apartment und hätten an diesem Abend wohl ein Glas zuviel getrunken. Dadurch sei es zum Streit gekommen. Der Junge sehe zwar viel jünger aus, sei aber schon neunzehn. Der Mann sprach sein Bedauern aus und beteuerte, das käme nicht wieder vor. Auch Fotos von dem Jungen, auf denen er nichts als eine Unterhose trug, machten die Polizisten nicht stutzig.

Konerak war starr vor Entsetzen. Schweigend saß er auf dem Sofa, während sich die Männer unterhielten – unfähig, sich zu artikulieren, die Sache richtigzustellen und der Polizei reinen Wein einzuschenken. Anscheinend glaubte die Polizei dem großen Weißen alles. Warum nahmen die Polizisten keinen Anstoß an den vielen Fotos, die auf dem Boden herumlagen und an die Wände gepinnt waren? Lauter Fotos von nackten Männern! Fiel ihnen denn der faulige Gestank nicht auf? Glaubten sie dem Mann, daß der Verwesungsgeruch von der Leiche herrührte, die angeblich vor kurzem in der Wohnung nebenan gelegen hatte? Das behauptete der Mann nämlich allen Ernstes, als ihn die drei Polizisten verhörten.

Doch wer Streifendienst in einer Großstadt macht, legt sich mit der Zeit einen Schutzpanzer zu; alle normalen menschlichen Regungen sind bald hoffnungslos verschüttet. Wenn sich ein Polizist jedes Verbrechen, das es aufzuklären gilt, so zu Herzen nimmt, daß es ihm tief unter die

Haut geht, zerbricht er irgendwann daran und überlebt das vielleicht nicht. Er muß sich wappnen gegen all das Elend, das er tagtäglich miterlebt. Die Aufgabe der Polizei besteht darin, Verbrechen aufzuklären und für Ruhe und Ordnung zu sorgen. Von persönlichem Engagement ist abzuraten, sofern es über das Dienstliche hinausgeht.

Die Polizisten konstatierten also, daß sie es mit homosexuellen Gespielen zu tun hatten, und wenn sie sich schon nicht gern in Streitigkeiten zwischen Mann und Frau hineinziehen ließen, so widerstrebte es ihnen erst recht, sich einzumischen, wenn sich Homosexuelle in die Haare gerieten. Die Polizei war außerdem zu dem Schluß gekommen, daß pornographische Bücher und Fotos in den Wohnungen homosexueller Paare eher die Regel sind als die Ausnahme. Also sorgte sie lediglich dafür, daß es wieder friedlich zuging, und sah zu, möglichst schnell wieder hinauszukommen.

»Was sich da in Milwaukee abgespielt hat, ist eigentlich ganz normal, und ich will ihnen auch sagen, wieso«, behauptete ein Mann, der sich als ehemaliger Sanitäter ausgab, als er anläßlich einer Talkshow bei einem Rundfunksender in Cleveland anrief. »Wenn ich zu Homosexuellen gerufen wurde, roch es in 95 Prozent der Fälle in den Wohnungen ganz fürchterlich, auf jeden Fall sehr seltsam. Entweder nach Weihrauch oder irgendeinem exotischen Parfum, aber sehr oft auch tierisch. Ich bin in Wohnungen gewesen, in denen Pornographie kistenweise bis zum Fensterbrett hoch gestapelt stand. Manchmal mußte man buchstäblich darüber hinwegsteigen. Videofilme, Bücher, Hefte, Pornofotos, das ignoriert man einfach, und mit der Zeit sieht man es gar nicht mehr.«

Die Milwaukee Police Association, die Polizeigewerkschaft, gab später bekannt, den drei Polizisten sei nichts aufgefallen, was darauf schließen ließ, daß da etwas nicht stimmte. Ganz im Gegenteil, bald sei es wieder so friedlich zugegangen, daß sie es nicht für nötig gehalten hätten, die beiden Betroffenen genauer zu überprüfen und Hintergrundinformationen einzuholen.

Hätten sie das getan, so hätten sie hochinteressante Dinge erfahren. So zum Beispiel, daß der 31jährige Weiße Jeffrey Lionel Dahmer 1989 wegen Mißbrauchs eines Jugendlichen verurteilt worden war. Sie hätten auch erfahren, daß Dahmer einen Teil der Strafe abgesessen hatte und jetzt auf Bewährung frei war. Wären sie der Sache nachgegangen, dann hätten sie auch entdeckt, daß der kleine Asiate, der so betrunken zu sein schien, daß er sich nicht richtig artikulieren konnte, erst vierzehn Jahre alt war und nicht neunzehn, wie Dahmer ihnen weismachen wollte. Und sie hätten in Erfahrung gebracht, daß dieser Junge der jüngere Bruder des Kindes war, das Dahmer zwei Jahre zuvor belästigt hatte und wofür er zur Rechenschaft gezogen worden war. 1989 hatte Dahmer vor Gericht behauptet, er bereue seine Tat, und auch jetzt erklärte er der Polizei, er bedaure diesen Vorfall und werde dafür sorgen, daß sich so etwas nicht wiederhole.

Die Polizisten setzten sich also nicht über Polizeifunk mit dem Revier im dritten Bezirk in Verbindung, um sich zu erkundigen, ob gegen einen der Beteiligten oder beide etwas vorlag, und waren daher völlig ahnungslos. Offiziell taten sie den Vorfall als Streit oder Wortgeplänkel zwischen zwei Homosexuellen ab, stiegen wieder in ihre Wagen und fuhren weiter, denn sie hatten ja schließlich Streifendienst und fühlten sich vor allem für schwerwiegende Verbrechen zuständig.

Die glänzenden Polizeiabzeichen waren das letzte, was Konerak Sinthasomphone sah, bevor sich die Tür hinter den Polizisten schloß und Dahmer sich ihm wieder zuwandte – mit diesem erschreckend leeren Blick. Sein Gesicht verzerrte sich vor Wut.

Unten angekommen, scherzten die Polizisten über das Verhör, das gerade stattgefunden hatte. Sie ahnten nicht, daß in dem Apartment oben etwas Entsetzliches geschah. Einer von ihnen meldete im Revier: »Nackten betrunkenen Asiaten zu seinem Freund zurückgebracht.« Das wurde auf Band aufgenommen, und im Hintergrund hörte man Gelächter.

»Mein Partner wird sich auf dem Revier entlausen lassen«, fügte der Polizist hinzu, der Bericht erstattete.

Wieder brachen die Polizisten in Gelächter aus. Dann fuhren die beiden Streifenwagen ab.

1992

FRANK GOYKE

Knaben Liebe

Bei der Senke, in der Patrick und Johannes Wirth verschwunden waren, handelte es sich um eine wilde Mülldeponie. Hellersdorf hatten sie hinter sich gelassen, vom Grund der Senke waren nicht einmal die Dächer der Neubaublocks zu sehen. Zwischen vollgestopften Plastikbeuteln, Reifen mit abgefahrenem Profil, rostigen Armierungseisen und zähem Gestrüpp hatten sie sich niedergelassen. Die Müllkippe schien Patricks Lieblingsort zu sein. Wirth stellte sich vor, daß der Junge hier seine Sexualität entdeckt hatte. Daß das Sperma, das er sich aus dem Leib gerieben hatte, den Boden versiegelte. Der Knabe war zwar ein Kind, aber trotzdem war Wirth davon überzeugt, daß sein Körper schon Samen produzierte. Patrick verhielt sich so. Wirth bildete sich ein, daß er sich so verhielt. So, als ob. Wirth mußte lachen. Die Anspannung der letzten Tage entlud sich in Hysterie.

Mit Wirths unaufhaltsamem Gelächter hatte Patrick nicht gerechnet; es ärgerte ihn sogar. Ein lachender Mörder war ein grober Verstoß gegen die guten Sitten. Patrick hatte offenbar etwas Dämonisches erwartet, das ihn überwältigte. Denn daran, daß der Junge beim Masturbieren zwischen den Altreifen von einem qualvollen Tod träumte, gab es für Johannes Wirth keinen Zweifel. Patrick und Wirth hatten einander nicht gesucht und doch gefunden. Wirth hatte nie einen Jungen wie Patrick haben wollen, und Patrick hatte sich einen anderen Mann vorgestellt, nicht einen lachenden Säufer, sondern einen bösen, brutalen Folterknecht. Die Phantasie hatte beiden einen Streich gespielt. Sie wollten, was es nicht gab. Wirth wußte es, Patrick nicht. Er war zu jung für dieses Wissen, und älter würde er nicht werden.

Wirth wünschte es dem Jungen. Er handelte nicht, weil er noch immer hoffte, daß jemand das verhinderte, was beschlossene Sache war. Noch hatte der Deus ex machina die Gelegenheit, über den Dünen zu erscheinen. Doch über die Dünen fuhr nur der Jeep.

Wirth streckte seinen Arm aus und zerriß Patricks Hemd. Der Jeep fuhr wieder. Patrick hatte sich zusammengekauert. Sein Gesicht zeigte nackte Angst. Es war nicht die Angst, die in die Flucht trieb. Diese Angst hatte der Junge immer gewollt. Nun bekam er sie. Er zitterte. Wirth zog ihn aus. Er schaute den Jungen nicht an, seine Hände verrichteten ihre Arbeit mechanisch. Sein Blick war auf die leichte Erhebung gerichtet, die die Senke einfaßte. Er hatte doch alles so eingerichtet, daß er auffallen mußte. Es mußte doch möglich sein, Patrick vor dem Tod zu bewahren. Sie sollten endlich kommen; vermummt, bewaffnet, souverän. Wirth mochte nicht mehr töten. *Sie sind umstellt, geben Sie auf.* Nur diesen einen Satz wollte er hören. Er mußte ja gar nicht mehr umstellt werden. Ein einzelner Polizist, ein gewöhnlicher Wachtmeister, den der Zufall herbeiführte, würde ihm genügen.

Wirth konnte sich nicht mehr retten. Sie waren alle da, alle Jungen des Dorfes, die braunen und die schwarzhäutigen, die Zehn-, die Zwölf-, die Vierzehnjährigen, alle. Und er liebte sie, jeden einzelnen, weil jeder einzelne anders war. Sie hatten straffe, unbehaarte Körper. Sie erdrückten, sie erstickten ihn mit ihren Leibern. Sie waren um ihn, sie waren auf ihm. Sie waren überall. Johannes Wirth schob den toten Patrick auf seinen Bauch.

Die Hütte war voll. Sie quoll über von Jungen. Von nackten Jungen, die befriedigt werden wollten. Und zwischen ihnen lag ihr Besitzer. Zwischen ihnen lag ein Mann mit sehr schlaffer, sehr weißer Haut.

Über die Dünen kam kein Jeep. Es waren keine Dünen da. Nur mit staubigem Gestrüpp bewachsene Hügel. Über diese Hügel kam der Kommissar.

Der Kommissar war nicht vermummt, er hatte keine Waffe im Anschlag. Er ging sehr langsam wie ein kranker Mann. Aber er kam. Er kam unerbittlich näher. Er näherte sich dem schlaffen weißen Körper, auf dem ein schlaffer brauner Körper lag. Ein menschliches Deckbett, das tot war. Der schlaffe weiße Körper darunter lebte noch.

Der Kommissar war angekommen. Wirth weinte. Der Kommissar sagte nichts.

Nach ihm ergoß sich eine Sintflut von Beamten in die Senke.

Wirth und der Mulatte hatten die Stadt verlassen, aber noch immer bestimmte der Junge den Weg, der über wildes Brachland führte. Matzack versteckte den Wagen hinter einem Gebüsch und mußte nun endgültig zu Fuß gehen. Selbst für seine beschuhten Füße war dies eine Tortur, denn die Krume war hart und uneben, nur von Gräsern und Strauchwerk bewachsen, das sich mit dem Existenzminimum begnügte, und um die Ödnis perfekt zu machen, lagen auch noch verrottete Eisenteile herum. Ein paarmal strauchelte Matzack, einmal schlug er hin und sich die Stirn auf. Ihm war vollkommen unklar, welches Ziel der Junge anstrebte.

Das Ziel war eine Senke im Gelände, halb mit Unrat und Bauschutt gefüllt. Matzack umrundete sie, um sich einen günstigen Beobachtungsposten zu suchen. Unten war noch nichts geschehen, der Junge hatte sich bloß auf eine Betonplatte gesetzt, deren Ränder bröckelten. Wirth lachte plötzlich. Matzack duckte sich hinter einen Baum, den einzigen in der Gegend.

Der Junge wirkte für einen Augenblick irritiert, wegen des Lachens wahrscheinlich, das unbegründet war. Schließlich zog er die Beine an seinen Körper heran und massierte sich die Füße. Wirth stand noch. Er tänzelte wie ein Boxer, der sich erwärmte, um den Jungen herum und verdeckte Matzack gelegentlich die Sicht auf das Opfer. Matzack beugte den Kopf ein wenig vor. Schließlich kam Wirth zur Ruhe. Auch er nahm auf der Betonplatte Platz, und Matzack hielt den Atem an. Jeden Moment würde der Mann dort unten zudringlich werden, und Matzack war gespannt, wie sich der Mulatte dazu verhalten würde. Matzack rechnete mit beidem, mit Widerstand oder Duldung. Wirth streckte seinen Arm aus. Zuerst würde er sicher zärtlich sein und den Jungen streicheln.

Wirth streichelte den Jungen nicht. Er ging gleich auf sein Ziel los und zerriß das Hemd des Mulatten. Der Junge kauerte sich zusammen. Nun hatte er endlich Angst. Allerdings hielt er still. Wirth zog ihn aus. Er tat es mit mechanischen Bewegungen, gefühllos fand Matzack, und er schaute den Jungen nicht an.

Für kurze Zeit musterte er sogar den Saum der Senke, als erwarte er jemanden. Matzack zog sich schnell hinter den Baum zurück.

Als er wieder wagte, in die Senke zu schauen, war Wirth schon bei der Arbeit. Der Mulatte war jetzt nackt und lag auf dem Rücken. Wirth hatte sich über seinen Bauch gebeugt und küßte ihn. Unvermittelt und ohne daß der Junge es bemerkte, zog der Mann einen Gegenstand aus der Tasche, den Matzack nicht erkennen konnte. Blitzschnell preßte Wirth die Beine des Mulatten auseinander und rammte den Gegenstand hinein; in den Anus wahrscheinlich, jedenfalls stellte es sich für Matzack so dar.

Matzack dachte nichts. Er schaute nur gebannt auf das, was in der Senke geschah, ohne Lust, ohne Erregung, ein stiller Beobachter. Der Junge hatte sich aufgebäumt und schrie. Wirth quälte ihn mit dem Gegenstand, die Schmerzen schienen fürchterlich zu sein. Nach Liebe sah das alles nicht aus. Matzack blieb in seiner Position.

Und wenn es sogar der Schmerz gewesen war, den der Junge gesucht hatte, jetzt jedenfalls hielt er ihn nicht mehr aus. Mit beiden Armen versuchte er, Wirth von seinem Treiben abzubringen, ihn von sich zu stoßen. Wirth war kein Schwächling, er überwältigte das Kind im Handumdrehen. Es gab kein Entkommen. Wirth legte seine Finger um den Hals des Jungen, beide Hände, wie es sich beim klassischen Erwürgen gehörte. Der Junge wälzte sich auf dem Stein hin und her und schlug aus. Er verletzte sich schwer, Blut war zu sehen. Matzack sprang auf. Ohne Rücksicht auf die Geländeverhältnisse sprintete er zum Wagen, und nicht einmal stolperte er.

Matzack, der seit Jahren mit Tötungen zu tun hatte, hatte noch nie einen Mord gesehen. Und er würde den Anblick für sich behalten müssen.

Es war gewesen, wie er es sich immer vorgestellt hatte. Eine gewaltige Anstrengung für beide Seiten, aber doch nichts Besonderes. Etwas, das jeder hinkriegen konnte. Matzack rief nach dem Einsatzkommando. Und fühlte sich von einem Alp befreit, als es endlich eintraf und den Mann festnahm, der sich mit dem Leichnam zugedeckt hatte. Der befreit wirkte, als man ihn an Matzack vorbeiführte. Der den Kommissar grüßte. Mit einem Kopfnicken. Kroll hingegen gab Matzack die Hand. Das sollte ein Glückwunsch sein. Matzack zog angeekelt seine Hand zurück.

1995

5 Ich will es wissen!

Odysseus' Heimkehr

Aber Odysseus blickte sich um im Saale, ob irgend
Einer noch lebe und sich verstecke, dem Tod zu entrinnen.
Aber er sah sie alle zusammen im Blut und im Staube
Liegen zuhauf, wie Fische liegen, welche der Fischer
Aus der graulichen Woge des Meeres ans krumme Gestade
Im vielmaschigen Netze zog; sie liegen im Sande
Hingeschüttet und lechzen sehr nach der salzigen Woge,
Aber mit sengendem Strahl raubt Helios ihnen den Odem:
Also lagen die Freier dort im Saale zu Haufen.
Und zu Telemachos sprach der erfindungsreiche Odysseus:
Geh', Telemachos, rufe die Schaffnerin Eurykleia,
Etwas hab ich noch auf dem Herzen, das möcht' ich ihr sagen.
Sprach's, und Telemachos war dem lieben Vater gehorsam,
Klopft' an der Tür und rief der Schaffnerin Eurykleia:
Komme geschwind heraus, Großmutter, die du bei uns hier
Aufsicht hast über all' die dienenden Weiber im Hause,
Komm, der Vater ruft dich, er hat dir etwas zu sagen.
Also rief er hinein, und die Schaffnerin drinnen vernahm es,
Und sie machte die Türe auf zu dem räumigen Saale,
Kam heraus und folgte Telemachos, welcher voranging.
Und sie fanden Odysseus umringt von erschlagenen Toten,
Blutbesudelt und staubbedeckt und gleich einem Löwen,
Der auf dem Feld ein Rind zerriß und vom Fraße daherkommt,
Und seine ganze Brust und auf beiden Seiten der Rachen
Triefen ihm von Blut, und fürchterlich ist er zu schauen:
Also troffen von Blut Odysseus' Hände und Füße.
Da sie nun die Erschlagenen sah und die Ströme des Blutes,

Wollte sie laut aufjauchzen ob seinem gewaltigen Werke.
Aber Odysseus hielt sie zurück und wehrte dem Eifer.
Und er begann zu ihr und sprach die geflügelten Worte:
Freu' dich im Herzen, Alte und hüte dich, laut zu frohlocken!
Sünde wär's, über tote Feinde offen zu jauchzen.
Diese vertilgte der Götter Gericht und ihr böses Beginnen:
Denn sie ehrten ja keinen von allen Menschen auf Erden,
Weder hoch noch gering, wer auch um Erbarmen sie ansprach.
Darum traf die Frevler das schreckliche Todesverhängnis.
Aber wohlan, jetzt zeig' mir an die Weiber im Hause,
Die mir Unehre gemacht und die unsträflich geblieben.
Und die Gute sprach, die Schaffnerin Eurykleia:
All das will ich dir sagen, mein Sohn, und ganz nach der Wahrheit.
Fünfzig dienende Weiber hast du hier in dem Hause,
Wir haben selber sie angelernt im häuslichen Wesen,
Wolle gar fein zu krempeln und allen Dienst zu verrichten.
Zwölfe davon aber sind den Weg der Schande gegangen,
Und mich achten sie nicht und auch nicht Penelopeia.
Erst seit kurzem erwuchs Telemachos; aber die Mutter
Duldete nicht, daß er den dienenden Weibern befehle.
Jetzt aber geh ich hinauf in den schimmernden Söller und sag' es
Deinem Weibe; es hat sie ein Gott mit Schlaf umfangen.
Ihr antwortete drauf der erfindungsreiche Odysseus:
Wecke sie jetzt noch nicht, bestelle du erst mir die Weiber
Alle hierher in den Saal, die schimpflich lebten im Hause.
Sprach's; und die Alte machte sich auf und ging aus dem Saale,
Rief die Weiber heraus und trieb sie, eilends zu kommen.
Aber Telemachos rief er, den Rinderhirt und den Sauhirt

Wieder zu sich herbei und sprach die geflügelten Worte:
Auf, fangt an, und tragt mir die Toten hinaus und befehlt es
Auch den Weibern, und wascht hernach im Saale die Stühle
Und die prächtigen Tische mir tüchtig mit Wasser und Schwämmen.
Habt ihr hernach im Haus erst wieder alles in Ordnung,
Dann führt die Weiber alle hinaus aus dem stattlichen Hause,
Zwischen den Rundbau hin und die feste Mauer des Hofes,
Dort erschlagt sie alle mit scharfem Schwert und beraubt sie
Ihrer Seelen, auf daß sie der Unzucht mögen vergessen,
Die sie unter den Freiern im Hause übten und heimlich.
Sprach's; da kamen die Weiber und drängten sich dicht aneinander,
Alle mit wildem Jammern und heiße Tränen vergießend.
Und sie begannen und trugen zuerst die erschlagenen Toten
Unter die Halle hin vor dem wohlumschlossenen Hofe,
Einen dicht zum andern gelegt; es trieb sie Odysseus
Selber beim Werk, und sie taten so gezwungen die Arbeit.
Dann aber machten sie sich daran, im Saale die Stühle
Und die prächtigen Tische mit Schwamm und Wasser zu waschen.
Aber Telemachos, der Rinderhirt und der Sauhirt
Schabten mit Eisen den Boden im fest gemauerten Saale,
Und die Mägde nahmen's und trugen's hinaus vor die Türe.
Aber nachdem sie alles in Ordnung hatten im Hause,
Führten sie die Weiber hinaus aus dem stattlichen Saale,
Zwischen den Rundbau hin und die feste Mauer des Hofes,
Drängten sie dort in den Winkel, daraus nicht mehr zu entfliehn war,
Und der verständige Jüngling Telemachos sprach zu den Hirten:

Wahrlich, den ehrlichen Tod des Schwertes sollen die Weiber
Mir nicht sterben, die auf mein Haupt und das meiner Mutter
So viel Schande gehäuft und heimlich gebuhlt mit den Freiern.
Sprach's und band ein Seil vom blaugeschnäbelten Schiffe
An einer ragenden Säule und zog's hinüber zum Rundbau,
Hoch gespannt, daß keine den Grund mit den Füßen berühre.
Und wie ein Zug von flatternden Drosseln oder von Tauben
Sich im Netze verfängt, das drin im Gebüsche gestellt ist,
Wenn sie ins Nest gewollt und finden ein trauriges Lager:
Also hingen sie dort mit den Häuptern nebeneinander,
Alle den Hals in der Schlinge, und starben des kläglichsten Todes,
Zappelten noch mit den Füßen ein wenig, aber nicht lange.
Auch Melanthios holten sie dann herunter zum Hofe,
Schnitten ihm Nase und Ohren ab mit grausamem Erze,
Rissen die Scham ihm aus und gaben's den Hunden zu fressen,
Hieben ihm Hände und Füße ab in grimmigem Zorne.
Und dann wuschen sie sich die Hände und Füße und gingen
Zu Odysseus ins Haus zurück. Das Werk war vollendet.
Er aber rief der Guten, der Schaffnerin Eurykleia:
Mutter, bring Schwefel, den Fluch zu tilgen, und sorge für Feuer,
Daß ich das Haus ausschwefle. Dann rufe Penelopeia
Zu uns her in den Saal mit ihren dienenden Frauen;
Ruf' auch die Mägde alle im Haus, sie sollen erscheinen.
Ihm antwortete drauf die Schaffnerin Eurykleia:
Ja, du mein lieber Sohn, das hast du wohl recht gesprochen.

Aber zuerst doch bring ich dir Kleider, Mantel und Leibrock,
Daß du nicht so mit den Lumpen da um die rüstigen Schultern
Hier in dem Saale stehst; das wäre bei Gott eine Schande.
Ihr antwortete drauf der erfindungsreiche Odysseus:
Sorge mir erst dafür, daß ich Feuer bekomme im Saale.
Sprach's; da gehorchte gleich die Schaffnerin Eurykleia,
Lief und brachte ihm Feuer und Schwefel. Aber Odysseus
Schwefelte rings den Saal und das ganze Haus und Gehöfte.
Aber die Alte ging durch das schöne Haus des Odysseus,
Rief die Weiber zusammen und trieb sie, schnell zu erscheinen.
Und sie kamen aus ihrem Gemach, mit Fackeln in Händen,
Und umarmten ihn alle und grüßten freudig Odysseus,
Hießen ihn froh willkommen und küßten ihm Schultern und Antlitz,
Nach seinen Händen greifend. Da kam ein süßes Verlangen,
Aufzuweinen, ihn an; sein Herz erkannte noch alle.

8. Jh. v. Chr.

CHARLES PERRAULT

Der Blaubart

Es war einmal ein Mann, der hatte schöne Häuser in der Stadt und auf dem Lande, Tafelgeschirr von Gold und Silber, kostbare Möbel und Kutschen, die ganz und gar vergoldet waren. Aber unglücklicherweise hatte dieser Mann einen blauen Bart; das machte ihn so häßlich und abschreckend, daß alle Frauen und Mädchen vor ihm flohen.

Eine seiner Nachbarinnen, eine Dame von Stand, hatte zwei wunderschöne Töchter. Er hielt bei ihr um eine von beiden an und überließ ihr die Wahl derjenigen, welche sie ihm geben wollte. Aber alle beide wollten ihn durchaus nicht und schoben ihn sich gegenseitig zu, da sie sich nicht entschließen konnten, einen Mann zu nehmen, der einen blauen Bart hatte. Was sie außerdem abstieß war, daß er schon mehrere Frauen geheiratet hatte und daß man nicht wußte, was aus diesen Frauen geworden war.

Um Bekanntschaft zu schließen, führte Blaubart sie mit ihrer Mutter und drei oder vier ihrer besten Freundinnen sowie einigen jungen Leuten aus der Nachbarschaft auf eines seiner Landhäuser, wo man volle acht Tage verweilte. Da gab es nichts als Spaziergänge, Jagdausflüge und Angelpartien, Bälle, Festessen und Nachtmähler: man schlief kaum und brachte die ganze Nacht damit hin, einander Streiche zu spielen; kurz, alles ließ sich so gut an, daß die Jüngere allmählich fand, der Herr des Hauses habe gar keinen so blauen Bart mehr und sei ein höchst ehrenwerter Mann. Sobald man in die Stadt zurückgekehrt war, wurde die Ehe geschlossen.

Nach Verlauf eines Monats sagte Blaubart zu seiner Frau, eine wichtige Angelegenheit nötige ihn, für wenigstens sechs Wochen eine Reise in die Provinz zu machen; er bitte sie, sich während seiner Abwesenheit angenehm zu zerstreuen, ihre guten Freundinnen kommen zu lassen und sie mit aufs Land zu nehmen, wenn sie wolle, und stets gut auftischen zu lassen.

»Hier«, sagte er zu ihr, »sind die Schlüssel zu den beiden großen Möbelspeichern; hier ist der Schlüssel für das Tafelgeschirr von Gold und Silber, das nicht alle Tage im Gebrauch ist; hier ist der Schlüssel zu meinen eisernen Truhen, in denen mein Gold und Silber steckt; dieser ist für die Schatullen, die meine Juwelen enthalten; und dies ist der Hauptschlüssel zu allen Zimmern. Was nun diesen kleinen Schlüssel angeht, so ist es der Schlüssel zur Kammer am Ende des langen Ganges im unteren Stockwerk: öffnet alles, geht überall hin; doch was diese kleine Kammer anbelangt, so verbiete ich Euch, dort einzutreten, und ich verbiete es Euch so sehr, daß Ihr, wenn es Euch ankommen sollte, sie zu öffnen, alles von meinem Zorn zu erwarten habt.«

Sie versprach, alles, was ihr soeben befohlen worden war, genau zu befolgen; und nachdem er sie umarmt hatte, stieg er in seine Kutsche und begab sich auf die Reise.

Die Nachbarinnen und guten Freundinnen warteten nicht, bis man sie abholen ließ, um die Jungverheiratete zu besuchen, so ungeduldig waren sie, alle Reichtümer ihres Hauses zu sehen; solange der Ehemann da war, hatten sie wegen seines blauen Bartes, der ihnen Furcht einflößte, nicht zu kommen gewagt. Jetzt liefen sie sogleich durch alle Gemächer, Gelasse und Ankleidezimmer, die eines schöner und reicher waren als das andere. Danach stiegen sie zu den Möbelspeichern hinauf, wo sie die Zahl und Schönheit der Wandteppiche, Betten, Sofas, Kommoden, Tische und Tischchen gar nicht genug bewundern konnten sowie jene der Spiegel, in denen man sich von Kopf bis Fuß besehen konnte und deren Rahmen aus Glas, Silber oder vergoldetem Silber die schönsten und prächtigsten waren, die man jemals erblickt hatte. Sie hörten gar nicht auf, das Glück ihrer Freundin über und über zu preisen und es zu begehren; die jedoch fand kaum Zerstreuung beim Anschauen all dieser Reichtümer wegen der Ungeduld, die sie verspürte, die Kammer im unteren Stockwerk öffnen zu gehen.

Sie war so sehr von ihrer Neugierde geplagt, daß sie, ohne zu bedenken, wie unhöflich es wäre, ihre Gesellschaft zu verlassen, über eine kleine Geheimtreppe hinunterlief, und zwar mit solcher Hast, daß sie zwei- oder dreimal wähnte, sich den Hals zu brechen. Als sie vor der Tür der Kammer angekommen war, verharrte sie dort eine Weile, dachte an das Verbot, das ihr Mann ihr erteilt hatte und überlegte, daß ihr Unheil daraus erwachsen könnte, nicht gehorsam gewesen zu sein. Aber die Versuchung war so stark, daß sie ihr nicht zu widerstehen vermochte: sie nahm also den kleinen Schlüssel und öffnete zitternd die Tür zur Kammer. Anfänglich sah sie nichts, weil die Fensterläden geschlossen waren. Nach einigen Augenblicken begann sie zu erkennen, daß der Fußboden ganz mit geronnenem Blut bedeckt war, und daß sich in diesem Blut die Körper mehrerer toter, längs der Mauern aufgehängter Frauen spiegelten: das waren alle die Frauen, die Blaubart geheiratet und eine nach der anderen umgebracht hatte. Sie glaubte vor Furcht zu vergehen, und der Schlüssel zur Kammer, den sie eben aus dem Schloß gezogen hatte, fiel ihr aus der Hand.

Nachdem sie ein wenig zur Besinnung gekommen war, hob sie den Schlüssel wieder auf, verschloß die Tür und stieg zu ihrem Zimmer hinauf, um sich ein bißchen zu beruhigen; aber sie konnte es kaum erreichen, so aufgewühlt war sie. Als sie bemerkte, daß der Schlüssel der Kammer mit Blut befleckt war, wischte sie ihn zwei- oder dreimal ab; doch das Blut ging nicht weg. Sie mochte ihn noch so sehr waschen und ihn selbst mit Scheuersand und Bimsstein reiben, es blieb immer Blut daran, denn der Schlüssel war bezaubert und es gab kein Mittel, ihn ganz und gar zu reinigen: wenn man das Blut auf der einen Seite entfernte, kam es auf der anderen wieder zum Vorschein.

Blaubart kehrte noch am selben Abend von seiner Reise zurück und sagte, er habe unterwegs Briefe erhalten und daraus ersehen, daß die Angelegenheit, derentwegen er abgereist sei, soeben zu seinem Vorteil abgeschlossen worden wäre. Seine Frau tat alles, was sie vermochte, um ihm zu bezeugen, daß sie über seine unverhoffte Rückkehr entzückt sei.

Am anderen Tag forderte er ihr die Schlüssel ab, und sie gab sie ihm, allerdings mit einer so zitternden Hand, daß er ohne Mühe alles erriet, was vorgefallen war.

»Wie kommt es«, sagte er zu ihr, »daß der Schlüssel zur Kammer nicht bei den anderen ist?«

»Ich muß ihn wohl oben auf meinem Tisch liegen gelassen haben«, entgegnete sie.

»Versäumt nicht«, sagte Blaubart, »ihn mir bald zu geben.« Nach mehrmaligem Aufschub mußte der Schlüssel schließlich herbeigebracht werden. Blaubart betrachtete ihn und fragte dann seine Frau:

»Warum ist Blut an diesem Schlüssel?«

»Davon weiß ich nichts«, antwortete die arme Frau bleicher als der Tod.

»Ihr wißt davon nichts?« erwiderte Blaubart, »aber ich, ich weiß es wohl. Ihr habt in die Kammer hineingewollt? Nun gut, Madame! Ihr werdet dort hineinkommen und Euren Platz einnehmen bei den Damen, die ihr dort gesehen habt.«

Sie warf sich ihrem Ehemann zu Füßen, weinte und bat mit allen Zeichen einer aufrichtigen Reue um Verzeihung dafür, daß sie nicht gehorsam gewesen sei. Sie hätte einen Stein erweichen können, schön und jammervoll wie sie war; aber Blaubart hatte ein Herz, das war härter als Stein.

»Es gilt zu sterben, Madame«, sagte er, »und das sofort.«

»Wenn es schon zu sterben gilt«, antwortete sie und blickte ihn an, die Augen in Tränen gebadet, »so vergönnt mir ein wenig Zeit, um zu Gott zu beten.«

»Ich gewähre Euch eine halbe Viertelstunde«, erwiderte Blaubart, »aber keinen Augenblick länger.«

Als sie allein war, rief sie ihre Schwester und sagte zu ihr: »Liebe Schwester Anne«, denn so hieß sie, »ich bitte dich, steig oben auf den Turm hinauf und schau, ob nicht meine Brüder kommen; sie haben mir versprochen, mich heute zu besuchen; und wenn du sie siehst, so winke ihnen, sich zu beeilen.«

Die Schwester Anne stieg oben auf den Turm hinauf, und die arme, jammervolle Frau rief ihr von Zeit zu Zeit zu:

»Anne, Schwester Anne, siehst du nichts kommen?«

Und die Schwester antwortete: »Ich sehe nichts als die Sonne, die stäubt, und das Gras, das grünt.«

Unterdessen schrie Blaubart mit einem großen Hirschfänger in der Hand aus Leibeskräften nach seiner Frau: »Komm rasch herunter oder ich komme hinauf!«

»Noch einen Augenblick«, antwortete seine Frau; und dann rief sie: »Anne, Schwester Anne, siehst du nichts kommen?«

Und die Schwester antwortete:

»Ich sehe nichts als die Sonne, die stäubt, und das Gras, das grünt.«

»Komm endlich rasch herunter«, schrie Blaubart, »oder ich komme hinauf!«

»Ich gehe schon«, antwortete die Frau; und dann rief sie:

»Anne, Schwester Anne, siehst du nichts kommen?«

»Ich sehe«, erwiderte die Schwester, »eine große Staubwolke, die von dieser Seite herkommt.«

»Sind das meine Brüder?«

»Ach nein, Schwester, es ist eine Herde Schafe.«

»Willst du nicht herunterkommen?« schrie Blaubart.

»Noch einen Augenblick«, antwortete seine Frau; und dann rief sie:

»Anne, Schwester Anne, siehst du nichts kommen?«

»Ich sehe«, erwiderte sie, »zwei Reiter, die von dieser Seite herkommen, aber sie sind noch weit weg.«

»Gott sei gelobt!« rief sie einen Augenblick später, »es sind meine Brüder. Ich winke ihnen, so sehr ich kann, sich zu beeilen.« Blaubart begann so laut zu brüllen, daß das ganze Haus davon erbebte. Die arme Frau stieg hinab und warf sich ihm ganz verweint und mit aufgelösten Haaren zu Füßen.

»Das hilft gar nichts«, sagte Blaubart, »es geht ans Sterben.« Dann ergriff er sie mit der einen Hand bei den Haaren, und mit dem Hirschfänger in der anderen holte er aus und schickte sich an, ihr den Kopf abzuschlagen. Die arme Frau wandte sich ihm zu, blickte ihn mit ersterbenden Augen an und beschwor ihn, ihr einen kurzen Augenblick zu gönnen, um sich zu sammeln.

»Nein, nein«, sagte er, »empfiehl dich Gott auf's Beste«, und hob seinen Arm …

In diesem Augenblick schlug man so heftig an die Tür, daß Blaubart kurz innehielt. Man öffnete, und sogleich sah man zwei Reiter hereinkommen, die mit dem Degen in der Faust geradewegs auf Blaubart zustürzten.

Er erkannte, daß es die Brüder seiner Frau waren, Dragoner der eine, Musketier der andere, und floh sogleich, um sich zu retten. Aber die beiden Brüder folgten ihm auf dem Fuß, so daß sie ihn einholten, ehe er die Freitreppe gewinnen konnte. Sie stießen ihm ihre Degen durch den Leib und ließen ihn tot liegen. Die arme Frau war beinahe so tot wie ihr Mann und hatte nicht die Kraft, um sich zu erheben und ihre Brüder zu umarmen.

Es fand sich, daß Blaubart keine Erben hatte und daß seine Frau folglich Herrin seines gesamten Vermögens blieb. Sie wandte einen Teil davon auf, um ihre Schwester mit einem jungen Edelmann zu verheiraten, von dem diese seit langem geliebt wurde; einen anderen Teil, um ihren Brüdern Hauptmanns-Stellen zu kaufen; und den Rest, um sich selbst mit einem höchst ehrenwerten Manne zu verheiraten, der sie die schlimme Zeit vergessen ließ, die sie mit Blaubart verbracht hatte.

Moral
Die Neugier, trotz all ihrer Reize,
kostet oft reichlich Reue;
Jeden Tag sieht man tausend Beispiele dafür geschehen.
Das ist, wenn es den Frauen auch gefällt, ein ziemlich flüchtiges Vergnügen,
sobald man ihm nachgibt, schwindet es schon,
und immer kostet es zuviel.

Andere Moral
Wenn man auch noch so wenig Scharfsinn hätte,
und verstünde kaum das Zauberbuch der Welt,
man sähe rasch, daß diese Geschichte,
ein Märchen aus vergangener Zeit ist.

Es gibt keine so schrecklichen Gatten mehr,
und keinen, der das Unmögliche verlangt,
wenn er unzufrieden oder eifersüchtig ist.
Bei seiner Frau sieht man ihn Schmeichelreden führen,
und welche Farbe sein Bart auch haben mag,
man kann kaum erkennen, wer von beiden der
Herr ist.

1697

JEAN PAUL

Von der Verarbeitung der menschlichen Haut

Erstlich schieße doch der Fürst auf der Parforcejagd statt des unbrauchbaren Wildes mitunter einige oder mehrere Bauern, denen es wohl nicht mißfallen kann, daß sie aus den vergangenen, gegenwärtigen und nachfolgenden Mühseligkeiten der Parforcejagd durch einen schnellen Tod gerissen werden. Der Hauptvorteil aber wäre, daß ihre Häute, wenn sie geschickt gegerbet würden, einen ganzen Hof mit *Tanzschuhen* versorgen könnten. Ich will nicht glauben, daß es in unseren Tagen noch Moralisten gebe, die diese Benutzung der Bauern nicht gelinde genug finden; sie werden vermutlich insgesamt ganz wohl einsehen, daß, wenn erst neuerlich in einem gewissen Ländchen jeder Jägerbursche die wohltätige Erlaubnis bekam, die Gerichtsbarkeit über *Hals* und *Hand* eines jeden, den er im Walde für einen Wilddieb ansieht, so fort ihn ohne vorher anzurufen, das heißt, ohne die Formalitäten des peinlichen Prozesses, mit der Flinte auszuüben, daß, sag ich, ein Fürst oder ein Repräsentant von seiner Seele, wohl nicht gegen die Billigkeit anlaufen könne, wenn er an geringen Bauern in der Tat die bloße Gerichtsbarkeit über *Haut* und Haar geltend macht, indem er sie jedoch, um sie für die Schmerzen der Enthäutung einzuschläfern, vorher tot zu schießen sucht. – Und da ich gerade bei den Schuhen bin, so sollte ich meinen, daß man die Absätze der Damenschuhe dem Anschein nach wohl mit keinem feinern und wohlfeilern Leder bekleiden könnte, als mit der Haut eben der Arbeiter, die an dem Bleyweiß umkamen, womit sie die besagten Absätze überstreichen mußten; und wenn man zumal gar hoffen dürfte, daß an dem *Bestreichen* immer so viele sterben würden, als zum *Bekleiden* etwa nötig sind, so verdiente dieser Gedanke noch mehr Empfehlung.

1786

GUSTAVE FLAUBERT

Die Legende von Sankt Julian dem Gastfreien

In der Kapelle saß er zu seiten seiner Eltern; und solange der Gottesdienst auch dauern mochte, er verharrte auf den Knien in seinem Betstuhl, mit gefalteten Händen, das Barett neben sich auf dem Boden.

Als er eines Tages während der Messe von ungefähr den Kopf hob, wurde er einer kleinen weißen Maus gewahr, die aus einem Mauerloch hervorkam. Sie klomm auf die erste Stufe des Altars, und nach zwei oder drei Wendungen nach rechts und links entfloh sie wieder.

Am nächsten Sonntag gab ihm der Gedanke, er könne sie abermals sehen, Unruhe. Sie kam; und an jedem Sonntag wartete er nun auf sie, sie störte ihn, er begann sie zu hassen und beschloß, sich ihrer zu entledigen.

Nachdem er also die Tür geschlossen und Kuchenkrumen auf die Stufen gestreut hatte, stellte er sich lauernd vor das Loch, in der Hand einen Stecken.

Er mußte lange warten; dann erschien ein rosiges Schnäuzchen, darauf die ganze Maus. Er hieb leicht zu und stand hernach verdutzt vor dem kleinen, regungslosen Körper. Ein Blutstropfen befleckte den Boden. Er wischte ihn hastig mit seinem Ärmel fort, warf die Maus vor die Tür und sagte niemandem etwas.

Allerlei Vögelchen pickten im Garten Körner auf. Es fiel ihm ein, Erbsen in ein hohles Schilfrohr zu stecken. Wenn er in einem Baume Gezwitscher hörte, näherte er sich ihm behutsam, dann hob er sein Rohr und bließ die Backen auf; und die Tierchen regneten in solcher Menge auf seine Schultern hernieder, daß er sich des Lachens nicht erwehren konnte, glücklich ob seiner Bosheit.

Als er eines Morgens von diesem Tun über die Mauer zurückkletterte, sah er auf dem Kamm des Walles eine große Taube sich in der Sonne blähen. Julian blieb stehen und schaute sie an; die Mauer war an jener Stelle schadhaft, er hielt losgebrochenes Gestein zwischen den Fingern. Er schob die Hand vorwärts, und der Stein schlug herab auf den Vogel, welcher in den Graben plumpste. Er eilte hinab, ritzte sich am Dorngesträuch und spürte umher, behender als ein Jagdhund.

Die Taube zuckte mit zerschmetterten Flügeln im Geäst eines Ligusterbusches.

Das Beharren ihres Lebens reizte den Knaben. Er begann sie zu erdrosseln, die Zuckungen des Vogels machten sein Herz klopfen und erfüllten ihn mit wilder, rasender Lust. Beim letzten Krampf fühlte er seine Sinne schwinden.

Abends beim Essen meinte der Vater, in seinen Jahren müsse man das Weidwerk erlernen; und er holte ein altes Schreibheft herbei, das in Fragen und Antworten ausführlich alles enthielt, was es von der Jagd zu wissen gab. Ein Meister unterwies darin seinen Schüler in der Kunst, Hunde abzurichten, Falken zu zähmen, Fallen zu stellen, den Hirsch an seiner Losung, den Fuchs an seiner Spur und den Wolf an seinem Lager zu erkennen, das sicherste Mittel, ihre Fährten zu finden, wie sie gehetzt werden, wo sie ihre Schlupfwinkel anzulegen pflegen, welcher Wind am günstigsten sei, die Anzahl der Schreie und die Regeln des Jagdrechts.

Als Julian alle diese Dinge auswendig herzusagen vermochte, stellte sein Vater ihm eine Meute zusammen.

Sie bestand aus vierundzwanzig Berberwindspielen, die schneller waren als Gazellen, jedoch gern durchgingen; aus siebzehn Paaren bretonischer Hunde, weiß gesprenkelt auf rotem Grunde, unbeirrbar zuverlässig, mit starker Brust, dröhnendem Gebell. Für die Sauhatz und gefährliche Gänge waren vierzig wie Bären behaarte Griffons da. Feuerfarbene Tatarenhunde, fast so groß wie Esel, mit breitem Rücken und geraden Läufen, sollten zur Verfolgung des Auerochsen dienen. Das schwarze Fell der Wachtelhunde glänzte wie Atlas; das Belfern der Talbots war dem der Wachtelhunde gleich. In einem besonderen Hofe knurrten acht alanische Doggen, mit ihren Ketten rasselnd und die Augen rollend, furchtbare Tiere, welche Reitern zuleibe gehen und selbst vor Löwen nicht zurückschrecken.

Alle fraßen Weizenbrot, soffen aus Steintrögen und trugen klangvolle Namen.

Die Falknerei übertraf möglicherweise noch die Meute; der biedere Herr hatte sich vermöge seines Geldes kaukasische Sperber verschafft, babylonische Würgfalken, deutsche Gerfalken und Wanderfalken, die auf Klippen, am Gestade eisiger Meere gefangen worden waren, in fernen Ländern. Sie waren in einem strohbedeckten Schuppen untergebracht und saßen der Größe nach auf einer Stange. Vor jedem lag ein Stück Rasen, auf welches sie von Zeit zu Zeit niedergesetzt wurden, damit sie gelenkig blieben.

Säcke, Schlingen, Wolfseisen, mancherlei Fallen wurden verfertigt.

Häufig wurden die Vorstehhunde in die Felder geführt; bald standen sie. Dann gingen Jäger Schritt für Schritt vorwärts und breiteten vorsichtig über ihre regungslosen Körper ein riesiges Netz. Auf einen Zuruf bellten die Hunde; die Wachteln flogen auf, und die mit ihren Gatten eingeladenen Damen der Nachbarschaft, die Kinder, die Kammerfrauen, alle stürzten herbei und griffen sie mühelos.

Zu anderen Malen wurden, um Hasen aufzuscheuchen, Trommeln gerührt; Füchse stürzten in Gruben, oder ein zuschlagendes Eisen fing einen Wolf am Lauf.

Allein Julian verachtete solcherlei bequeme Kunstgriffe; er jagte lieber fern den andern, zu Pferde, mit seinem Falken. Fast immer nahm er einen großen, schneeweißen skythischen Wanderfalken, dessen Lederkappe ein Federbusch überragte; goldene Schellen klingelten an seinen blauen Fängen. Fest saß er auf dem Arm seines Herrn, während das Pferd galoppierte und die Ebenen sich entrollten. Julian löste die Fesseln und gab ihn plötzlich frei; das kühne Tier stieg pfeilgerade in die Luft, und bald sah man zwei verschieden große Punkte kreisen, sich vereinen und dann hoch im Blauen verschwinden. Stets kehrte der Falke erst wieder, wenn er einen Vogel zerrissen hatte, und setzte sich mit bebenden Schwingen auf den Fausthandschuh.

Julian beizte solcherart Reiher, Milane, Kolkraben und Geier. Gern eilte er, das Jagdhorn blasend, seinen Hunden nach, welche am Hügelhang entlangliefen, über Bäche sprangen und dann abermals in den Wald hinaufhetzten; und wenn der Hirsch unter ihren Bissen zu ächzen anhub, erlegte er ihn gewandt und ergötzte sich an der Wut der Hunde, die ihn verschlangen, nachdem er ihn auf seiner dampfenden Decke zerlegt hatte.

An Nebeltagen schlug er sich ins Moorgelände, wo er Gänsen, Fischottern und Enten auflauerte.

Beim Morgengrauen harrten seiner am Fuß der Treppe drei Knappen; der alte Mönch beugte sich vergeblich aus seiner Turmluke und winkte, um ihn zurückzurufen. Julian wandte sich nicht um. Er zog aus bei Sonnenglut, Regen und Sturm, trank Quellwasser aus der hohlen Hand, aß im Trabe Holzäpfel, und wenn er ermüdet war, rastete er unter einer Eiche; um Mitternacht kehrte er heim, blut- und schmutzbedeckt, Dornen im Haar, den Geruch der wilden Tiere ausströmend. Er wurde wie sie. Wenn seine Mutter ihn küßte, litt er frostig ihre Umarmung und schien dabei über tiefe Dinge nachzusinnen.

Er tötete Bären mit Messerstößen, Stiere mit der Axt, Eber mit dem Spieß. Und einmal, als er nichts als einen Stecken bei sich hatte, wehrte er sich gegen Wölfe, die am Fuße eines Galgens Leichen benagten.

Eines Wintermorgens ritt er vor Tagesanbruch fort, wohl ausgerüstet, die Armbrust auf der Schulter, ein Bündel Pfeile am Sattelbogen.

Die Erde dröhnte unter den gleichmäßigen Tritten seines dänischen Hengstes, hinter welchem zwei Dachshunde herliefen. An seinem Mantel bildeten sich Eistropfen, der Wind pfiff scharf. Es dämmerte am Horizonte; im bleichen Morgenlichte spürte er Kaninchen auf, die vor ihrem Bau umherhüpften. Die beiden Dachshunde stürzten sich sogleich auf sie und zerbrachen ihnen, hastig zuschnappend, das Rückgrat.

Bald kam er in einen Wald. Auf einem Ast schlief ein Birkhahn, starr vor Kälte, den Kopf unter dem Flügel. Mit einem Schwerthieb schnitt ihm Julian die Ständer ab, und ohne ihn aufzuheben, ritt er weiter.

Drei Stunden danach befand er sich auf dem Gipfel eines Berges, der so hoch war, daß der Himmel fast schwarz erschien. Vor ihm senkte sich, gleich einer langen Mauer, ein Fels, der über einer Schlucht hing. Auf der äußersten Spitze äugten zwei Steinböcke in die Tiefe hinab. Da er seine Pfeile nicht zur Hand hatte (denn sein Pferd hatte er zurückgelassen), wollte er bis zu ihnen hinabklimmen; halb kauernd, mit nackten Füßen, gelang er endlich zu dem vordersten der Böcke und stieß ihm den Dolch in die Flanke. Erschreckt setzte der zweite an zum Sprung ins Bodenlose. Julian schnellte vor, um ihn zu töten, glitt mit dem rechten Fuß aus und stürzte auf den Kadaver des ersten, das Gesicht über dem Abgrund, mit ausgebreiteten Armen.

Er stieg wieder hinab in die Ebene und ritt den Weiden nach, die am Ufer eines Flusses standen. Niedrig fliegende Kraniche zogen von Zeit zu Zeit dicht über seinem Kopfe dahin. Julian erschlug sie mit seiner Peitsche und fehlte nicht einen.

Mittlerweile hatte lauere Luft den Reif geschmolzen, Nebelschwaden brauten, die Sonne drang durch. Ganz in der Ferne leuchtete das Eis eines Sees auf; er sah aus wie Blei. Mitten im See hockte ein Tier, das Julian nicht kannte, ein Biber mit schwarzer Schnauze. Trotz der Entfernung warf ein Pfeil ihn nieder, und es verdroß Julian, daß er das Fell nicht mitnehmen konnte.

Dann ritt er in einer Allee von hohen Bäumen weiter, deren Wipfel sich gleich einem Triumphbogen vor dem Eingang eines Waldes wölbten. Ein Rehbock sprang aus dem Dickicht, an einer Wegkreuzung stand plötzlich ein Damhirsch, ein Dachs kam aus seiner Höhle, auf einem Grasfleck entfaltete ein Pfau seinen Schweif. Und als er sie alle erlegt hatte, kamen neue Rehe, neue Damhirsche, neue Dachse, neue Pfauen, Drosseln, Häher, Iltisse, Füchse, Igel, Luchse, eine Unzahl von Tieren, bei jedem Schritte mehr. Zitternd umkreisten sie ihn und schauten ihn an mit Blicken voller Sanftmut und Flehen. Doch Julian wurde des Tötens nicht müde; abwechselnd spannte er seine Armbrust, zog er den Degen, stieß er mit dem Fänger zu. Kein Gedanke war in ihm, kein Wissen, was er tue. Seit undenklichen Zeiten war er in irgendeinem Lande auf der Jagd, und dieses einzig, weil er lebte, und alles vollzog sich mit einer Leichtigkeit, wie wir sie in Träumen verspüren. Ein ungewöhnlicher Anblick ließ ihn stehenbleiben. Ein kreisrundes Tal war voll von Hirschen; sie drängten sich aneinander und wärmten sich mit ihrem Hauch, der im Nebel dampfte.

Die Aussicht auf ein solches Gemetzel innerhalb weniger Minuten nahm Julian den Atem vor Lust. Er stieg vom Pferd, streifte seine Ärmel auf und begann zu schießen.

Beim Zischen des ersten Pfeiles wandten alle Hirsche zugleich den Kopf. Dann entstanden Lücken in ihrer Masse; klagende Stimmen wurden laut, und eine große Bewegung schwoll durch das Rudel. Der Talrand war zu steil zum Hinübersetzen. Sie bäumten vor der Böschung und versuchten zu entkommen. Julian zielte und schoß; die Pfeile sausten wie Regenstrahlen beim Gewitter. Die rasenden Hirsche stießen sich, bäumten, stiegen einer über den andern; ihre Leiber mit den verhakten Geweihen bildeten einen breiten Hügel, der zusammensackte, wenn er sich verschob.

Endlich verendeten sie. Schaum vor den Nüstern, mit herausgequollenen Eingeweiden, so lagen sie auf dem Sande. Nach und nach verebbte das Wogen ihrer Körper. Dann regte sich nichts mehr.

Nun brach die Nacht herein. Hinter dem Walde, zwischen den Zweigen, war der Himmel rot wie ein blutgetränktes Tuch.

Julian lehnte sich gegen einen Baum. Mit weit aufgerissenen Augen betrachtete er die Ungeheuerlichkeit der Schlachtung und begriff nicht, wie er das vermocht hatte.

Auf der andern Seite des Tales, am Waldrand, gewahrte er einen Hirsch, eine Hindin und ihr Kalb. Der Hirsch war schwarz und von riesenhaftem Wuchs; er trug sechzehn Enden mit weißen Zacken. Die Hirschkuh war falb wie welkes Laub und äste Gras; und ohne sie am Schreiten zu hindern, sog das gefleckte Kalb an ihrer Zitze.

Noch einmal schwirrte die Armbrustsehne. Das Kalb brach tot zusammen. Da blickte die Mutter zum Himmel und klagte mit tiefer, herzzerreißender, menschlicher Stimme. Außer sich streckte Julian sie durch einen Pfeilschuß mitten in die Brust zu Boden.

Der große Hirsch hatte ihn gesehen und machte einen Satz. Julian schoß auf ihn seinen letzten Pfeil. Der traf die Stirn und blieb dort stecken.

Der große Hirsch schien ihn nicht zu fühlen; er setzte über die Toten, kam immer näher, wollte sich auf Julian stürzen, ihn spießen. In namenlosem Entsetzen wich

Julian zurück. Das seltsame Tier blieb stehen, und mit flammenden Augen, feierlich wie ein Patriarch, wie ein Richter, sprach es, während in der Ferne eine Glocke erklang, dreimal:

»Fluch dir! Fluch dir! Fluch dir! Eines Tages, wildes Herz, wirst du deinen Vater und deine Mutter morden!«

Er sank in die Knie, schloß weich die Augen und verschied.

Julian stand starr, dann überkam ihn eine jähe Müdigkeit; Ekel und grenzenlose Traurigkeit übermannten ihn. Er barg die Stirn in beiden Händen und weinte lange.

1877

JORIS-KARL HUYSMANS

Tief unten

Und [Durtae] frühstückte mit gutem Appetit, nahm an seinem Schreibtisch Platz und stöberte in den verstreuten Materialien für sein Buch.

»Ich war stehengeblieben«, sagte er zu sich, während er rasch sein letztes Kapitel durchsah, »bei den gescheiterten alchimistischen Experimenten und den mißratenen Teufelsbeschwörungen. Prelati, Blanchet, all die Blasebalgtreter und Hexenmeister zu seiten des Marschalls gestehen ein, daß, um Satan zu ködern, Gilles ihm entweder seine Seele und sein Leben übereignen oder Verbrechen begehen müsse.

Gilles weigert sich, seine Existenz hinzugeben und seine Seele abzutreten, aber Mordtaten zieht er ohne Schaudern in Betracht. Dieser Mann, der sich auf den Schlachtfeldern so tapfer schlug, so mutig, als er Jeanne d'Arc begleitete und verteidigte, zittert vor dem Dämon, ängstigt sich, wenn er das ewige Leben in Betracht zieht, wenn er an Christus denkt. Und für seine Helfershelfer gilt das gleiche; um sicherzustellen, daß sie die unfaßbaren Schändlichkeiten, die das Schloß birgt, nicht verraten, läßt er sie auf die heiligen Evangelien die Wahrung des Geheimnisses schwören – wobei er gewiß sein kann, daß keiner von ihnen den Schwur bricht, denn im Mittelalter würde selbst der unerschrockenste Bandit nicht den Frevel auf sich laden, Gott zu betrügen!

Jedenfalls widmet zu eben der Zeit, da seine Alchimisten ihre ohnmächtigen Öfen verlassen, Gilles sich fürchterlichen Prassereien, und sein Fleisch, brandheiß vom Übermaß der Essenzen in den randvollen Gläsern und Schüsseln, kommt zum Ausbruch, kocht hoch in wildem Tosen.

Nun gab es aber im Schloß keine Frauen; ja, Gilles scheint während der Jahre in Tiffauges dieses Geschlecht verabscheut zu haben. Nachdem er die Huren der Feldlager durchgebuttert und gemeinsam mit den Xaintraille und den La Hire die Dirnen am Hofe Karls VII. bearbeitet hat, überkommt ihn offensichtlich Verachtung für weibliche Formen. Schließlich entwickelt er wie all jene, bei denen das Lustideal abirrt und sich verkehrt, einen Ekel vor der Feinporigkeit der Haut, vor jenem Frauengeruch, der sämtlichen Päderasten ein Greuel ist.

Und er verdirbt die Chorknaben seiner Kantorei; er hatte sie übrigens selber für seine Singschule ausgewählt, diese kleinen Hilfspriester ›von engelhafter Schönheit‹. Sie waren die einzigen, die er liebte, die einzigen, die er in den Wallungen seiner Mordgier verschonte.

Bald jedoch erschien ihm Kindesbefleckung eine nur laue Labung. Jenes Gesetz des Satanismus, demgemäß der Erwählte des Bösen die Spirale der Sünde bis zur letzten Stufe hinabzuschreiten hat, sollte sich einmal mehr bekunden. Mußte deshalb Gilles' Seele nicht folgerichtig auseitern, damit in diesem geschwürbesternten Tabernakel der Allerniederste behaglich wohnen konnte!

Und Litaneien der Brunst steigen empor in den salzigen Wind der Schlachthöfe. Gilles' erstes Opfer war ein noch ganz kleiner Junge, dessen Name unbekannt ist. Er schnitt ihm die Kehle durch, trennte ihm die Hände ab, entnahm ihm das Herz, riß ihm die Augen aus und trug die Teile in Prelatis Kammer. Beide brachten sie dieselben unter leidenschaftlichen Anrufungen dem Teufel dar, welcher aber schwieg. Gilles floh erbittert. Prelati rollte jene armseligen Reste in ein Leintuch und begab sich zitternd hinaus in die Nacht, um sie in geheiligtem Boden neben einer dem heiligen Vinzenz geweihten Kapelle zu bestatten.

Das Blut dieses Kindes, das Gilles bewahrt hatte, um damit seine Beschwörungsformeln und seine Zauberbücher zu schreiben, floß in die Breite und wurde furchtbare Saat, die da aufging, und bald konnte de Rais die überbordendste Ernte an Verbrechen einfahren, die wir kennen.

Von 1432 bis 1440, das heißt während der acht Jahre zwischen dem Rückzug des Marschalls und seinem Tod, irren die Bewohner des Anjou, des Poitou, der Bretagne schluchzend auf den Landstraßen umher. Alle Kinder verschwinden; Hirtenbuben werden von den Feldern weg entführt; Mädchen, die aus der Schule kommen, Jungen, die Schlagball spielend durch die Straßen rennen oder sich am Waldesrande tummeln – sie kehren nicht wieder.

Im Verlauf einer Untersuchung, die der Herzog der Bretagne verfügte, erstellen die Schreiber des Jean de Toucheronde, Kommissar des Herzogs für derlei Belange, endlose Listen von Kindern, um die man weint.

Vermißt in La Roche-Bernard: das Kind der Frau Péronne Loessart, ›ein Knabe, der auf die Schule ging und gar trefflich lernte‹, so die Mutter.

Vermißt in Saint-Étienne-de-Montluc: der Sohn des Guillaume Brice, ›welcher ein armer Mann gewesen und nach Almosen ging‹.

Vermißt in Machecoul: der Sohn des Georges Le Barbin, »den man eines Tages gesehen, wie er hinter dem Haus

Rondeau Äpfel gepflückt, und den man seither nimmer gesehen«.

Vermißt in Tonnay: das Kind des Mathelin Thouars, ›den man klagen hört und sich betrüben, und es war besagtes Kind im Alter von ohngefähr zwölf Jahren‹.

Desgleichen in Machecoul lassen am Pfingsttage die Eheleute Sergent ihr achtjähriges Kind zu Hause zurück, und bei der Heimkehr vom Felde ›finden sie besagtes Kind von acht Jahren nimmermehr, darob sie sich gar sehr verwunderten und härmten‹.

Zu Chantelou berichtet Pierre Badieu, Krämer in jener Gemeinde, er habe vor einem Jahr oder so im Pays de Retz zwei kleine Knaben gesehen, neun Jahre alt, die seien Brüder und die Kinder des Robin Parot aus besagtem Orte gewesen. ›Und seit dieser Zeit sah fortan sie keiner, noch weiß wer, was aus ihnen geworden.‹

Zu Nantes sagt Jeanne Darel aus, sie sei ›am Tage des heiligen Petrus in der Stadt verlustig gegangen ihres leiblichen Sohnes, Olivier geheißen, des Alters von sieben auf acht, und habe seit ebenjenem Fest des heiligen Petrus ihn nimmer gesehen noch gehört von ihm‹.

Und die Seiten der Untersuchungen fahren fort, häufen sich, bringen Hunderte von Namen, künden den Schmerz der Mütter, die die Wanderer auf den Landstraßen befragen, das Wehgeschrei der Familien, aus deren Wohnstatt die Kinder geraubt werden, sobald sie sich nur zum Umgraben der Felder und zum Hanfsäen entfernen. Gleich trostlosen Ritornellen kehren am Ende jeder Aussage Sätze wieder wie diese: ›man sieht sie schmerzensvoll darob klagen‹, ›man hört des Jammerns gar viel‹. Überall, wo Gilles' Beinhäuser stehen, weinen die Frauen.

Das verstörte Volk erzählt sich zuerst, böse Feen, übelwirkende Geister zerstreuten seine Nachkommenschaft, doch mit der Zeit steigt schrecklicher Verdacht in ihm auf. Sobald der Marschall den Ort wechselt, sobald er sich von seiner Festung Tiffauges zum Schloß Champtocé und von dort zum Kastell von La Suze oder nach Nantes bewegt, zieht er hinter sich eine Spur aus Tränen. Er durchquert einen Landstrich, und am nächsten Tage fehlen Kinder. Schaudernd stellt der Bauer fest, daß überall, wo sich Prelati, Roger de Bricqueville, Gilles de Sillé, alles Vertraute des Marschalls, gezeigt haben, kleine Jungen verschwunden sind. Schließlich gewahrt er es voll Entsetzen, wenn eine alte Frau, Perrine Martin geheißen, erscheint, die in grauer Kleidung umherstreift und deren Gesicht, genau wie das Gilles de Sillés, hinter einem schwarzen Etamintuch verborgen ist; sie macht sich an die Kinder heran, und ihre Rede ist derart verführerisch, ihr Mienenspiel, sobald sie den Schleier lüftet, derart gewandt, daß alle ihr bis zum Waldessaum folgen, von wo aus Männer sie geknebelt in Säcken forttragen. Und das grauenerregte Volk nennt diese Fleischbesorgerin, diese Werwölfin ›La Meffraye‹ – nach dem Namen eines Raubvogels.

Solche Sendlinge schwärmten durch alle Dörfer und Marktflecken, machten unter dem Befehl ihres Oberjagdmeisters, des Herrn de Bricqueville, Hatz auf Kinder. Nicht zufrieden mit diesen Treibern, setzte sich Gilles in seinem Schloß ans Fenster, und baten dann junge Bettler, angezogen von seinem Ruf der Freigebigkeit, um Almosen, schätzte er sie mit einem Blick ab, ließ jene, deren Physiognomie ihn zur Unzucht stachelte, heraufkommen, und sie wurden in ein tiefes Kellerloch geworfen und dort gehalten, bis der Marschall Appetit in sich spürte und sein fleischliches Mahl verlangte.

Wieviel Kinder hat er wohl der Unschuld beraubt und anschließend hingemetzelt? Er selber wußte es nicht, so hoch war das Ausmaß der Schändungen, die er vollbracht, der Morde, die er begangen hatte! Zeitgenössische Texte zählen sieben- bis achthundert Opfer, aber diese Summe ist zu niedrig, scheint ungenau berechnet. Ganze Gegenden wurden verheert; der Weiler von Tiffauges hatte keine jungen Leute mehr, La Suze ermangelte jeglichen männlichen Nachwuchses; in Champtocé war das gesamte Grundgeschoß eines Turmes angefüllt mit Leichen; ein in der Untersuchung zitierter Zeuge, Guillaume Hilairet, erklärt zudem, ›einer namens du Jardin‹ habe gehört, ›daß in besagtem Schlosse ein Gang gefunden worden, ganz voll mit toten Kindlein‹.

Spuren dieser Meucheleien halten sich bis heute. Vor zwei Jahren entdeckte ein Arzt in Tiffauges ein Verlies und brachte aus diesem Unmengen von Schädeln und Knochen zutage!

Immerhin hat ja Gilles selber gräßliche Hekatomben gestanden, und seine Freunde bestätigen deren grausige Einzelheiten.

Zur Dämmerstunde, da ihre Sinne phosphorn sind und wie niedergeschmettert vom mächtigen Saft der Wildbretgerichte, glutentfacht von flammigen, gewürzdurchsäten Gebräuen, ziehen sich Gilles und seine Freunde in eine abgelegene Kammer des Schlosses zurück. Dorthin werden die zuvor in den Kellerräumen eingeschlossenen Jungen geführt. Man entkleidet sie, man knebelt sie; der Marschall betastet sie und vergewaltigt sie, dann zerschlitzt er sie mit Dolchhieben, vergnügt sich daran, sie Glied für Glied zu zerstückeln. Manchmal wiederum spaltet er ihnen die Brust und trinkt den Atem ihrer Lungen; er öffnet ihnen auch den Bauch, beriecht ihn, verbreitert mit seinen Händen die Wunde und setzt sich hinein. Während er dann sein Fleisch im feuchten Schlamm der lauwarmen Gedärme weicht, macht er eine leichte Drehung und schaut über die Schulter nach hinten, um die äußersten Konvulsionen, die letzten Krampfbewegungen zu betrachten. Er sagt selbst: ›Mehr Befriedigung denn in jedem anderen Vergnügen fand ich darin, mich an Martern, Tränen, Grauen und Blut zu weiden.‹

Später wird er der kotigen Freuden müde. Eine noch unveröffentlichte Passage der Prozeßakten belehrt uns, daß ›ebenjener Herr sich an Knäblein – zuweilen auch an Mägdlein – erregte, welchen er auf ihrem Bauche beiwohnte, weil er, wie er sagte, darin mehr Lust und weniger Mühsal empfinde, als wenn er entsprechend ihrer Natur verfahre‹. Danach sägte er ihnen langsam die Kehle durch, und Leiche, Leibwäsche und Oberkleider wurden in die Glut der mit Holz und trockenem Laub gepfropften

Feuerstatt geschoben und die Asche teils in die Latrinen, teils vom Turm herab in den Wind, teils in Gräben und Wasserwälle gestreut.

Bald steigerten sich seine Rasereien; bisher hatte er an Lebenden oder Sterbenden seine Sinne gestillt; allmählich wurde er aber der Besudelung zuckenden Fleisches überdrüssig, und nun liebte er Tote.

Leidenschaftlicher Ästhet, der er war, küßte er unter enthusiastischen Schreien die wohlgeformten Glieder seiner Opfer; er veranstaltete eine innergruftische Schönheitskonkurrenz; – und erhielt von diesen abgeschlagenen Häuptern eines den Preis, so hob er es an den Haaren hoch und preßte gegen die kalten Lippen leidenschaftlich die seinen.

Die Nekrophilie befriedigte ihn monatelang. Er befleckte die toten Kinder, linderte das Fieber seiner Wünsche in der blutgesättigten Eisigkeit der Grabkammern; ja, er ging eines Tages, als sein Vorrat an Kindern erschöpft war, so weit, einer Schwangeren den Bauch aufzuschlitzen und mit dem Fötus herumzuhantieren! – Nach diesen Exzessen fiel er dann erschöpft in schreckliche Dämmernisse, in lastende Komata ähnlich solchen Lethargien, wie sie nach seinen Grabschändungen den Sergeanten Bertrand überwältigten. – Aber wenn man auch zugeben mag, daß dieser bleierne Schlaf eine der bekannten Phasen jenes noch nicht genügend beobachteten Seelenzustandes Nekrophilie ist, wenn man auch daran glauben mag, daß Gilles de Rais im Bereich der Geschlechtssinne ein Verirrter, auf dem Gebiet der Schmerzen und der Morde ein Virtuose war: man muß doch einräumen, daß er sich von den ausschweifendsten aller Verbrecher, den unbändigsten aller Sadisten durch eine Besonderheit unterschied, die außermenschlich erscheint, so schrecklich ist sie!

Als ihm diese grauenerregenden Wonnen, diese ungeheuerlichen Frevel nicht mehr genügen, setzt er ihnen die ätzende Essenz einer ausgefallenen Sünde zu. Hier handelte es sich nicht mehr einfach um die entschlossene, scharfsichtige Grausamkeit des Raubtiers, das mit dem

Körper seines Opfers spielt. Seine Brutalität blieb nicht länger rein fleischlich; sie steigerte sich, wurde geistig. Er wollte das Kind in dessen Körper und in dessen Seele leiden lassen; durch eine ganz und gar satanische Hinterlist täuschte er die Dankbarkeit, prellte er die Zuneigung, betrog er die Liebe. Damit übertraf er gleichzeitig auch alle Infamie des Menschen und schritt geradewegs in die schwärzeste Finsternis des Bösen.

Er verfiel auf folgendes:

Als eines der unglückseligen Kinder in Gilles' Kammer geschafft worden war, hängten Bricqueville, Prelati, Sillé es an einem in die Wand getriebenen Haken auf, und kurz bevor es erstickte, befahl Gilles, es herabzuholen und den Strick zu lösen. Dann nahm er es behutsam auf den Schoß, brachte es wieder zu Bewußtsein, streichelte es, herzte es, trocknete seine Tränen, zeigte auf seine Komplizen und sprach zu ihm: ›Diese Männer da sind böse, aber du siehst ja, sie gehorchen mir; habe keine Angst, ich rette dir das Leben und gebe dich deiner Mutter zurück‹; – und während das Kind, außer sich vor Freude, ihn küßte, ihn liebte für diesen Augenblick, schnitt er ihm sacht von hinten den Hals ein, ließ es, wie er selbst sich ausdrückte, ›hinschmachten‹; und kaum daß der halb abgetrennte Kopf grüßend nickte in Strömen von Blut, durchknetete er den Körper, drehte er ihn um und schändete ihn brüllend.

Nach diesen abscheulichen Spielen glaubte er wohl, die Kunst des Leichenhauses habe durch seine Finger hindurch ihre letzte Jauchbrühe gedrückt, ihren letzten Eiter geschwitzt, und so meinte er in hochmütigem Geschrei zu seiner Schmarotzerschar: ›Es ist niemand sonst auf diesem Planeten, der solches zu tun wagte!‹

Aber wenn auch das Jenseits des Guten, wenn auch das Drüben der Liebe manchen Seelen zugänglich ist, so bleibt das Jenseits des Üblen doch unerreichbar. Nachdem er sich ermattet hatte in all der Notzucht und all dem Mord, kam der Marschall nun auf diesem Weg nicht mehr weiter. Da mochte er noch so angestrengt sich einzigartige

Schändungen, sorgfältigere, langsamere Martern zurechtsinnen – hier war Schluß; das Grenzgelände der menschlichen Einbildungskraft endete; er hatte es mit seiner Teufelei ja sogar schon überschritten. Er hechelte vor Unersättlichkeit im Angesicht der Leere; er konnte jetzt jenes Axiom der Dämonenkundler bewahrheiten, daß der Böse jene, die sich ihm ergeben oder sich ihm auszuliefern begehren, sämtlich prellt.

Weil er nicht weiter hinab konnte, wollte er kehrtmachen; da aber brach der Gewissensschmerz über ihn herein, packte ihn, folterte ihn ohne Unterlaß.

Er durchlebte Nächte der Sühne, rings von Phantomen bedrängt, jämmerlich heulend wie ein Tier. Man sieht ihn in den abgelegenen Teilen des Schlosses umherrennen; er weint, wirft sich auf die Knie, schwört Gott, Buße zu tun, verspricht, fromme Einrichtungen zu schaffen. Er gründet in Machecoul eine Stiftskirche zu Ehren der Unschuldigen Kinder von Bethlehem; er redet davon, sich in ein Kloster zu sperren, nach Jerusalem zu pilgern und sich auf der Reise sein Brot zu erbetteln.

Aber in diesem wechselhaften und unbändigen Geist überlagern sich die Ideen, vergehen dann, gleiten durcheinander, und bevor die eine verschwindet, läßt sie ihren Schatten auf der ihr folgenden zurück. Plötzlich, noch während er verzweifelt weint, stürzt er sich in neue Ausschreitung, tobt er sich in solches Gerase, daß er über das Kind, das man ihm gerade bringt, herfällt, ihm die Pupillen einstößt, mit den Fingern die blutige Milch der Augen durchrührt; anschließend bemächtigt er sich eines stachelbewehrten Stocks und schlägt ihm auf den Kopf, bis das Hirn aus dem Schädel springt!

Und als das Blut schießt und die Gehirnmasse ihn besudelt, knirscht er mit den Zähnen und lacht. Gleich einem gehetzten Wild flieht er in die Wälder, während seine Spießgesellen den Boden wischen, sich bedachtsam des Leichnams und der Gewandstücke entledigen.

Er durchquert die Forste um Tiffauges, schwarze, dichte Forste, wie sie die Bretagne in Carnoët heute noch birgt.

Er schluchzt auf seinem Wege, wehrt verstört Gespenster ab, die sich ihm nähern wollen, blickt um sich – und gewahrt jählings Obszönes in den uralten Bäumen.

Es ist, als entarte vor seinen Augen die Natur und als wäre es seine bloße Gegenwart, die sie verdürbe; zum ersten Mal begreift er die stetige Geilheit der Gehölze, entdeckt er Orgiastisches an den Hochwäldern.

Hier zeigt sich ihm der Baum als lebendiges Wesen, das mit dem in seinem Wurzelhaar vergrabenen Kopf nach unten dasteht, die Beine in die Luft streckt, sie spreizt, sich teilt in immer neue Schenkel, die sich ihrerseits öffnen, kleiner und kleiner werden, je weiter sie sich vom Rumpf entfernen; dort zwischen jenen Beinen, steckt ein anderer Ast, in regloser Unzucht, die sich von Gezweig zu Gezweig in stetig abnehmender Größe bis zum Wipfel fortsetzt; dort wiederum scheint ihm der Stamm ein Phallus, der emporstößt und unter einem Laubrock verschwindet, oder vielmehr umgekehrt, er kommt aus einem grünen Vlies hervor und taucht in den samtigen Bauch des Bodens.

Bilder verstören ihn. Die Haut der Knaben, Haut vom lichten Weiß der Pergamente, erblickt er in den bleichen, glatten Rinden schlanker Buchen; die elefantische Epidermis der Bettler findet er in der schwarzen, rauhen Hülle alter Eichen; und an den Gabelungen der Äste gähnen Löcher, Öffnungen dort, wo die Rinde sich um ovale Einschnitte wulstet, faltenreiche Spalte, die schmutzigen Ausscheidungsmündungen oder geklafften Geschlechtsteilen von Tieren gleichsehen. Weitere Visionen an den Krümmungen der Äste: Gruben unter Schultern, Achselhöhlen, mit grauen Flechten belockt; im Baumstamm selber Wunden, die sich dickberandet hinziehen unter rotblonden Samtzotteln und Moosbüscheln!

Überall steigen obszöne Formen aus der Erde, schießen wirr zum Firmament empor, das sich ins Satanische wendet; die Wolken blähen sich zu Brustwarzen, spalten sich zu Hinterbacken, runden sich zu fruchttragenden Schläuchen, lösen sich auf zu breit auseinanderrinnenden Strömen von Samenmilch; sie fügen sich ein ins Geschwelg des Hochwalds, wo nichts mehr bleibt als Bilder riesiger oder zwergiger Schenkel, als weibliche Winkel, als große Vs, als Aftermünder, als sich nach innen verbreiternde Narben, als feuchte Abflüsse! – Und diese Landschaft des Greuels verwandelt sich. Jetzt sieht Gilles an den Stämmen unheimliche Wucherungen, gräßliche Auswüchse. Er stellt Überbeine fest und Geschwülste, längs eingehackte Wunden, schankerige Knötchen, scheußliche Knochenfäulnisse; es ist dies ein Siechenhaus der Erde, eine venerische Klinik der Bäume, in der an einer Gangbiegung eine rote Buche aufragt.

Und angesichts all jener purpurfarbenen Blätter glaubt er sich von einem Blutregen übergossen; er gerät in Raserei, träumt, unter der Rinde wohne eine Waldnymphe, und er möchte sich suhlen in Göttinnenfleisch, er möchte die Dryade hinschlachten, sie schänden an einem männlichem Wahn bisher unbekannten Ort.

Er beneidet den Holzfäller, dem es vergönnt ist, den Baum zu morden und zu metzeln; er wird wild, röhrt, horcht verstört in den Wald hinein, der seinen Begierdeschreien mit den schrillen Hohnrufen der Winde antwortet; er bricht zusammen, weint, setzt seinen Weg fort, bis er ermattet im Schloß anlangt und auf sein Bett niedersackt.

Und nun, da er schläft, zeichnen sich die Phantome deutlicher ab. Die unzüchtigen Verschlingungen der Äste, die Paarung verschiedener Holzarten, die sich weitenden Risse, die aufklaffenden Gesträuche verschwinden; die Tränen dieser vom Nordwind gepeitschten Blattwerke versiegen; die weißen Geschwülste der Wolken zergehen im Grau des Himmels; und vorbei ziehen – in großer Stille – die Inkuben und die Sukkuben.

Die Leiber, die er hinmetzelte und deren Asche er in Wassergräben werfen ließ, werden als Schreckgeister wieder lebendig und setzen ihm an den unteren Körperteilen zu. Er schlägt um sich, planscht im Blut, richtet sich jäh empor, und mit gesenktem Steiß wie ein Wolf schleppt er sich auf allen vieren zum Kruzifix hin und zerbeißt brüllend die Füße des Gekreuzigten.

Da erschüttert ihn ein plötzlicher Umschlag. Er zittert vor diesem Christus, dessen krampfverzerrtes Antlitz ihn anschaut. Er beschwört ihn, Erbarmen zu haben, bittet ihn flehentlich, ihn zu schonen, schluchzt, heult, und als er nicht mehr kann und nur noch ganz leise stöhnt, hört er schaudernd in seiner eigenen Stimme die Tränen der Kinder weinen, die nach ihren Müttern riefen und um Gnade schrien!«

Und Durtal, hingerissen von dieser Vision seiner Einbildungskraft, schließt sein Notizheft und erachtet die eigenen Seelenkämpfe achselzuckend für recht kümmerlich, die er um einer Frau willen austrug, deren Sünde – genau wie letztlich die seine – nur eine spießbürgerliche Sünde, nur eine knausernde Sünde ist.

1891

ROBERT MUSIL

Moosbruggers Auflösung und Aufbewahrung

Moosbrugger saß noch immer im Gefängnis und wartete auf die Wiederholung seiner Untersuchung durch die Irrenärzte. Das ergab eine geschlossene Menge von Tagen. Der einzelne trat wohl hervor, wenn er da war, aber er sank schon gegen Abend wieder in die Menge zurück. Moosbrugger kam wohl mit Sträflingen, Aufsehern, Gängen, Höfen, mit einem kleinen Stück blauen Himmels, mit ein paar Wolken, die dieses Stück durchquerten, mit Speisen, Wasser und hie und da mit einem Vorgesetzten in Berührung, der nach ihm sah, aber diese Eindrücke waren zu schwach, um sich dauernd durchzusetzen. Er hatte weder Uhr noch Sonne, weder Arbeit noch Zeit. Er war immer hungrig. Er war immer müde, von dem Herumirren auf seinen sechs Quadratmetern, das müder macht als das Herumirren über Meilen. Er langweilte sich bei allem, was er tat, als ob er einen Topf mit Papp umrühren müßte. Wenn er aber das Ganze überdachte, dann kam es ihm so vor, als ob Tag und Nacht, Essen und wieder Essen, Visite und Kontrolle unaufhörlich und rasch hintereinander drein schnurren würden, und er unterhielt sich damit. Seine Lebensuhr war in Unordnung geraten; man konnte sie vor- und zurückdrehen. Er mochte das gern; es paßte zu ihm. Weit Zurückliegendes und Frisches wurde nicht länger künstlich auseinandergehalten, sondern wenn es das gleiche war, dann hörte das, was man »zu verschiedener Zeit« nennt, auf, daran zu haften wie ein roter Faden, den man aus Verlegenheit einem Zwilling um den Hals binden muß. Das Unwesentliche verschwand aus seinem Leben. Wenn er über dieses Leben nachdachte, so sprach er innerlich langsam mit sich selbst und legte dabei auf die Nebensilben das gleiche Gewicht wie auf die Hauptsilben; das war ein ganz anderer Gesang des Lebens als der, den man alle Tage hört. Er blieb oft bei einem Wort eine lange Weile stehn, und wenn er es schließlich verließ, ohne recht zu wissen wie, kam ihm das Wort nach einiger Zeit mit einemmal wieder anderswo entgegen. Er lachte vor Vergnügen, weil niemand wußte, was ihm begegnete. Es ist schwer, einen Ausdruck für diese Einheit seines Wesens zu finden, die er in manchen Stunden erlangte. Man kann sich wohl leicht vorstellen, daß das Leben eines Menschen wie ein Bach dahinfließt; aber die Bewegung, die Moosbrugger in dem seinen wahrnahm, floß wie ein Bach durch ein großes stehendes Wasser. Vorwärts treibend, verflocht sie sich auch rückwärts, und der eigentliche Lauf des Lebens verschwand fast darin. Er selbst hatte einmal in einem halbwachen Traum davon die Empfindung, daß er den Moosbrugger des Lebens wie einen schlechten Rock am Leib getragen hätte, aus dem jetzt, wenn er ihn zuweilen etwas öffnete, in wäldergroßen Seidenwellen das wunderlichste Futter quoll.

Er wollte nicht mehr wissen, was draußen vor sich ging. Irgendwo war Krieg. Irgendwo war eine große Hochzeit. Der König von Beludschistan kommt jetzt an – dachte er. Überall exerzierten die Soldaten, wandelten die Huren, standen die Zimmerleute in den Dachstühlen. In den Wirtshäusern von Stuttgart, quoll das Bier aus den gleichen krummen gelben Hähnen wie in Belgrad. Wenn man wandert, frägt einen überall der Gendarm nach den Papieren. Überall drücken sie einem einen Stempel hinein. Überall gibt es entweder Wanzen oder keine. Arbeit oder nicht. Die Weiber sind alle gleich. Die Ärzte in den Spitälern sind alle gleich. Wenn man abends von der Arbeit kommt, sind die Menschen auf den Straßen und tun nichts. Immer und überall ist es das gleiche; es fällt den Leuten nichts ein. Als der erste Aeroplan durch den blauen Himmel über Moosbruggers Kopf flog, das war schön gewesen; aber dann kam ein solches Flugzeug nach dem andern, und eines sah wie das andere aus. Das war ein anderes Einerlei als das der Wunder seiner Gedanken. Er begriff nicht, wie es zuwege kam, und es war ihm überall im Weg gewesen! Er schüttelte den Kopf. »Hol der Teufel«, dachte er, »diese Welt!« Oder mochte der Henker ihn holen, er verlor nicht viel dabei …

Trotzdem ging er zuweilen wie in Gedanken zur Tür und versuchte leise an der Stelle herum, wo außen das Schloß saß. Dann sah vom Gang durch die Guckscheibe ein Auge herein, und eine böse Stimme folgte, die ihn schalt. Vor solchen Beleidigungen wich Moosbrugger rasch in die Zelle zurück, und es geschah dann, daß er sich eingesperrt und beraubt fühlte. Vier Wände und eine eiserne Tür sind nichts Besonderes, wenn man aus und ein geht. An einem Gitter vor einem fremden Fenster ist auch nicht viel daran, und daß eine Pritsche oder ein Holztisch ihren festen Standplatz haben, ist nur in Ordnung. In dem Augenblick aber, wo man damit nicht mehr umgehen kann, wie man will, entsteht eben etwas, das ganz unsinnig ist. Diese Dinge, vom Menschen gemacht, Diener, Sklaven, von denen man nicht einmal weiß, wie sie aussehen, werden frech. Sie gebieten Halt. Wenn Moosbrugger bemerkte, wie die Dinge mit ihm herumbefahlen, hatte er nicht übel Lust, sie auseinanderzureißen, und mußte sich mühevoll überzeugen daß ein Kampf mit diesen Dienern der Justiz seiner nicht würdig sei. Aber das Zucken in seinen Händen war so stark, daß er sich fürchtete, krank zu werden.

Man hatte sechs Quadratmeter der weiten Welt ausgewählt, und Moosbrugger ging darauf hin und her. Das Denken der gesunden, nicht eingesperrten Menschen glich übrigens sehr dem seinen. Obgleich sie vor kurzem noch lebhaft von ihm beschäftigt worden waren, hatten sie ihn rasch vergessen. Er war auf seinen Platz gebracht worden wie ein Nagel, der in die Wand geschlagen wird; wenn er einmal darin steckt, nimmt ihn niemand mehr wahr. Andere Moosbruggers kamen an die Reihe; sie waren nicht er, sie waren nicht einmal die gleichen, aber sie leisteten den gleichen Dienst. Es war ein Sexualverbrechen gewesen, eine dunkle Geschichte, ein grauenhafter Mord, die Tat eines Wahnsinnigen, die Tat eines nur halb Unzurechnungsfähigen, eine Begegnung, vor der sich eigentlich jeder Mensch in acht nehmen müßte, ein befriedigendes Zugreifen des Kriminaldienstes und der Justiz …: solche allgemeinen, inhaltsarmen Begriffe und Erinnerungsbereitschaften spannen den leergesogenen Vorfall an irgendeiner Stelle ihres weiten Netzes ein. Man vergaß Moosbruggers Namen, man vergaß die Einzelheiten. Er war »ein Eichhörnchen, ein Hase oder ein Fuchs« geworden, die genauere Unterscheidung hatte ihren Wert verloren; das Bewußtsein der Öffentlichkeit bewahrte keinen bestimmten Begriff von ihm, sondern nur die matten, weiten Felder sich vermengender allgemeiner Begriffe, die so waren wie die graue Helle in einem Fernglas, das auf eine zu große Entfernung eingestellt ist. Diese Zusammenhangsschwäche, die Grausamkeit eines Denkens, das mit den ihm genehmen Begriffen schaltet, ohne sich um das Gewicht von Leid und Leben zu kümmern, das jede Entscheidung schwer macht: solches hatte die Seele der Allgemeinheit mit der seinen gemeinsam; aber was in seinem Narrengehirn Traum war, Märchen, schadhafte oder sonderbare Stelle im Spiegel des Bewußtseins, die das Bild der Welt nicht zurückwarf, sondern das Licht hindurchließ, das fehlte ihr, oder es war höchstens da und dort in einem einzelnen Menschen und seiner unklaren Erregung etwas davon enthalten.

Und was sich genau auf Moosbrugger bezog, auf diesen und keinen anderen Moosbrugger, den man auf bestimmten sechs Quadratmetern der Welt einstweilen untergebracht hatte, seine Ernährung, Überwachung, aktenmäßige Behandlung, Weiterbeförderung zum Zuchthausleben oder zum Tode, war einer verhältnismäßig kleinen Gruppe von Menschen übertragen, die sich ganz anders verhielt. Hier spähten Augen mißtrauisch in Ausübung ihres Dienstes, rügten Stimmen den geringsten Verstoß. Nie traten weniger als zwei Wächter bei ihm ein. Fesseln wurden ihm angelegt, wenn er über die Gänge geführt wurde. Man handelte da unter dem Einfluß einer Angst und Vorsicht, die sich dem bestimmten Moosbrugger in diesem kleinen Bezirk anhängte, aber irgendwie in seltsamen Widerspruch zu der Behandlung stand, die er im allgemeinen erfuhr. Er beschwerte sich oft über diese Vorsicht. Aber dann machte der Aufseher, der Direktor, der Arzt, der Pfaffe, wer immer seine Proteste hörte, ein unzugängliches Gesicht und antwortete ihm, seine Behandlung entspräche der Vorschrift. So war die Vorschrift nun der Ersatz für die verlorene Teilnahme der Welt, und Moosbrugger dachte: »Du hast einen langen Strick um den Hals und kannst nicht sehen, wer daran zieht.« Er war gleichsam um eine Ecke herum an der Außenwelt angebunden. Leute, die zum größern Teil gar nicht an ihn dachten, ja nicht einmal etwas von ihm wußten oder für die er höchstens so viel bedeutete wie eine gewöhnliche Henne auf einer gewöhnlichen Dorfstraße für einen Universitätsprofessor der Zoologie, wirkten zusammen, um das Schicksal zu bereiten, das er unkörperlich an sich zerren fühlte. Ein Bürofräulein schrieb an einem Zusatz zu seinem Akt. Ein Registrator behandelte diesen nach kunstvollen Gedächtnisregeln. Ein Ministerialrat bereitete die neueste Weisung für den Strafvollzug vor. Einige Psychiater führten einen Fachstreit über die Abgrenzung bloß psychopathischer Veranlagung von bestimmten Fällen der Epilepsie und ihrer Vermischung mit anderen Krankheitsbildern. Juristen schrieben über das Verhältnis der Milderungs- zu den Minderungsgründen. Ein Bischof sprach sich gegen die allgemeine Lockerung der Sitten aus, und ein Jagdpächter klagte Bonadeas gerechtem Gatten das Überhandnehmen der Füchse, wodurch in diesem hohen Funktionär die Stimmung zugunsten der Unbeugsamkeit von Rechtsgrundsätzen verstärkt wurde.

Aus solchen unpersönlichen Geschehnissen setzt sich in einer Weise das persönliche Geschehen zusammen, die vorläufig unbeschreiblich ist. Und wenn man Moosbruggers Fall alles individuell Romantischen entkleidete, das nur ihn und die paar Menschen anging, die er ermordet hatte, so blieb von ihm nicht mehr als ungefähr das übrig, was sich in dem Verzeichnis von zitierten Schriften ausdrückte, das Ulrichs Vater einer jüngsten Zuschrift an seinen Sohn beigelegt hatte. Ein solches Verzeichnis sieht folgendermaßen aus: AH. – AMP. – AAC. – AKA. – AP. – ASZ. – BKL. – BGK. – BUD. – CN. – DTJ. – DJZ. – FBgM. – GA. – GS. – JKV. – KBSA. – MMW. – NG. – PNW. – R. – VSgM. – WMW. – ZGS. – ZMB. – ZP. – ZSS. – Addickes a.a.O. – Aschaffenburg a.a.O. – Beling a.a.O. usw. usw. – oder in Worte übersetzt: Annales d'Hygiène Publique et de Médicine légale, hgb. v. Brouardel, Paris; Annales Médico-Psychologiques, hgb. v. Ritti … usw. usw. in kürzesten Abkürzungen eine Seite lang. Die Wahrheit ist eben kein Kristall, den man in die Tasche stecken kann, sondern eine unendliche Flüssigkeit, in die man hineinfällt. Man denke sich an jede dieser Abkürzungen einige Hundert oder Dutzend Druckseiten geknüpft, an jede Seite einen Mann mit zehn Fingern, der sie schreibt, an jeden Finger zehn Schüler und zehn Gegner, an jeden Schüler und Gegner zehn Finger, und an jeden Finger den zehnten Teil einer persönlichen Idee, so gewinnt man eine kleine Vorstellung von ihr. Ohne sie kann selbst der bekannte Sperling nicht vom Dach fallen. Sonne, Wind, Nahrung haben ihn hingeführt, Krankheit, Hunger, Kälte oder eine Katze ihn getötet; aber alles das hätte nicht ohne biologische, psychologische, meteorologische, physikalische, chemische, soziale usw. Gesetze geschehen können, und es ist eine rechte Beruhigung, wenn man solche Gesetze bloß sucht, statt daß man sie, wie in der Moral und Rechtsgelehrtheit, selbst erzeugt. Was übrigens Moosbrugger persönlich angeht, so hatte er, wie man weiß, großen Respekt vor dem menschlichen Wissen, von dem er einen leider nur so kleinen Teil besaß, aber er würde seine Lage niemals ganz begriffen haben, auch wenn er sie gekannt hätte. Er ahnte sie dunkel. Sein Zustand kam ihm unfest vor. Sein mächtiger Körper hielt nicht ganz zu. Der Himmel schaute zuweilen in den Schädel hinein. So, wie es früher oft auf den Wanderungen gewesen war. Und niemals, wenn sie jetzt auch zuweilen geradezu unangenehm war, verließ ihn eine gewisse wichtige Gehobenheit, die ihm durch die Kerkermauern aus der ganzen Welt zuströmte. So saß er als die wilde, eingesperrte Möglichkeit einer gefürchteten Handlung wie eine unbewohnte Koralleninsel inmitten eines unendlichen Meeres von Abhandlungen, das ihn unsichtbar umgab.

1930/31

DENNIS COOPER

Eine Schar

Ray Sexton räkelte sich auf seinem Bett. Er hatte den Großteil des Tages verdöst. Rechts neben sich die neueste Schlagzeile. Die Polizei hatte eines seiner Opfer gefunden.

Es gab ein Foto auf der Titelseite. »So sah er nicht aus«, sagte Ray zu sich selbst. Dieser hier hatte gekämmtes Haar, trug einen Anzug. Der Junge, den Ray gefickt hatte, war nicht so ein »Jasager«, sondern räudiger, verschlafener. Über dem Foto brütend, fühlte sich Ray wie ein Elternteil, das den Fehler gemacht hatte, in den offenen Sarg seines Sohnes zu starren. Es stellte Rays undeutliche Eindrücke von seinem Opfer neu ein. Das war nicht das, was er getötet hatte.

Es gab eine Zärtlichkeit, sie war im Innern des Körpers wie die Leiche eines schönen Jungen in der Erde. Sie lag so kalt und weit entfernt, nur von den hungrigsten Augen erkannt, vom schmachtendsten Blau. Wenn Ray an jemanden dachte, den er brauchte, fühlte er sich leer. Wenn er wußte, er würde kriegen, was er wollte, fühlte er sich leer. In jedem kühlen Körper konnte ohne Grund etwas warm werden. Seine Hände schweiften von seiner Arbeit ab und gingen im Fleisch vor Anker. Wenn es kalt wurde, fühlte er nichts. Er wollte es vorher. Jetzt war es kalt und leer.

Ray betrachtete das Gesicht des Jungen in der Zeitung. Der junge Mann hatte seine Lippen dicht an die Kamera gehalten, gespitzt. Die Kamera hatte sich scharf gestellt, geblitzt. Das Gesicht glitt durch einen seitlichen Schlitz, langsam deutlich werdend. Das Gesicht war eingezwängt auf einer Seite voller Landschaften mit brennenden Häusern und verkohlten Bewohnern. Der Junge war wie eine Geisel unter ihnen. Ray wünschte, er könnte dem Jungen sein Foto zum Signieren geben. »Ich habe dich geliebt«, würde der Junge schreiben, dann seinen Vornamen. Er war unten abgedruckt. Jay. Er tauchte aus dem Tod auf wie ein einzelner Knochen aus einer Teergrube.

Dieser Knochen war einst ein Junge. Er streifte frei umher, inmitten von hysterischen Flipperautomaten und Schlachtschiffen, ausgeschnitten aus *Star Wars.* Pickel sprenkelten sein Gesicht. Er umarmte Mädchen, enger, als Ray sich das vorstellen konnte. Finstere, arrogante Blicke wölbten seine Brauen. Er stritt mit Freundinnen, wurde sauer, ging heim. Ray riß das Bild aus der Zeitung. Er heftete es an eine Tafel zu den anderen. Fünf süße Jungs, die er gekannt hatte. Eine Reihe von fünf niedlichen, schräg gelegten Köpfen, die sich wünschten, daß die Schwarzweißfotos Luken wären, aus denen sie rauskriechen könnten. Fünf Köpfe, von einem Jäger aufgehängt.

Wo Ray stand, war ein Geruch, den er mit Lysol gemildert und mit einem tragbaren Ventilator im Zimmer herumgeblasen hatte. Er war geblieben wie ein träger Geist. Vor zwei Wochen war er Ray aufgefallen, an einem Fleck im Flur und einem beim Sofa. Er hatte sie erforscht und war staubbedeckt wieder aufgestanden. Dann hatte der Geruch das Haus eingenommen. Ray hatte Körper nach unten zum Gewürm gesperrt wie wilde Tiere in einen Käfig. Jezt langten sie durch die Dielen hoch und schlugen nach ihm.

Tagelang hatte dieser Geruch seine Pläne zunichte gemacht. Das Ideal war verdorben. Dann kehrte nach und nach das Verlangen zurück. Der Gestank und das ungewohnte Naserümpfen verstärkten es und ließ die Jungen noch zerbrechlicher erscheinen, unterwegs zwischen Kindheit und... Ray fuhr mit der Hand durch die widerliche Luft. Dem Jungen hatte er befohlen, tief einzuatmen. »Weißt du, was das ist?« hatter er nachdenklich gesagt. »Dorthin gehst auch du.« Der Junge hatte verwirrt geglotzt. Der Begriff war etwa so vage wie der Himmel, doch anders als Gottes Heimstatt konnte ein Junge das hier riechen und wissen, daß es echt war.

Ray schnippte den Fernseher an und postierte sich am Ende seines Bettes. Es war eine Fernsehtruhe, wie das ganze Haus von dem Geld gekauft, das ihm seine Eltern hinterlassen hatten. Sie waren beim Absturz eines Sportflugzeuges umgekommen, als er zwanzig war. Und eben berichtete ein Reporter in den Fernsehnachrichten von einem Flugzeugabsturz an diesem Morgen. Es schien so, als ob jeden Tag eines runterfiel. Rays Verlust war einer von Millionen.

Das Gesicht des toten Jungen erschien auf dem Bildschirm, mehrere Sekunden lang, gefolgt von der plumpen Zeichnung eines anderen, der vor ein paar Tagen gefunden und noch nicht identifiziert worden war. Sie wurde dem Burschen nicht gerecht. Bei ihm hatte Ray die Maske nicht gebraucht. Das Gesicht war in sein Gedächtnis gegraben wie ein Stiefelabsatz. Gerade sagte ein Nachrichtensprecher, die Polizei brächte die Morde miteinander in Verbindung. Das war nichts Neues. Sie suchten nach der Kreatur, die es getan hatte.

»Viel Glück!« Ray brach in Gelächter aus.

Wenn es einen Gott gab, beobachtete Er dies schwelgerisch. Nicht, daß Er nicht andernorts Erkältungen freizulassen hatte, und schlimmere Monster auf Erden und im All, doch eine gewisse Besessenheit hatte Ihn gepackt, aus triftigen Gründen. Noch immer erhoben der Groll und die Gier in seinen Augen zu dreist ihre Häupter. Er hatte wahlweise die Möglichkeit, diese interessante Szene zu beschnuppern oder der Polizei irgendeinen Tip zu geben, was eine Einmischung bedeuten würden. Besser, erkannte Er, es laufen zu lassen wie bisher: unbegreiflich, schön. Gott beugte sich weiter runter. Da war der Mann in seinem Fenster und benahm sich bloß noch närrisch. Da waren die einsamen Freunde, die vor dem Schlafengehen niederknieten und mit gesenkten Gesichtern Gebete noch oben sandten. Er überlegte, welche Art von Logik das sein mochte. »Laß sie zu Nichts werden.« Er schaute noch eine Weile zu, aber Gebete waren der fade Teil und der Tod der langweiligste von allen. Genug für heute. Er ließ Sich langsam wegtreiben, wie ein Frachter nach Löschen der Ladung. Seine Augen auf den Mann gerichtet, bei dem er inne gehalten hatte für einen letzten Eindruck vor dem Träumen.

Ray stand am Schlafzimmerfenster, todmüde. Das Licht im Zimmer und die Dunkelheit draußen machten es zum Spiegel. Er hatte sich an etwas aus den Tiefen seiner Vergangenheit erinnert, einen Trick mit dem Spiegel, den ihm seine Mutter gezeigt hatte, als er viel jünger gewesen war. Sie hatte Ray genauso postiert, alle Lichter im Haus gelöscht, bis auf eine Kerze, die sie ihm ein paar Zentimeter unters Kinn hielt. Als er lange ohne Zwinkern sein Gesicht angestarrt hatte, milderten und veränderten sich seine Züge, entstanden Narben, anderes Haar, verschiedene Nasen und Augen. Sie hatte gesagt, das wären seine Gesichter aus früheren Leben.

Entweder war sie verrückt oder es war irgendwas Besonderes mit der Kerze, denn jetzt gab es nichts zu sehen als Erschöpfung. Das Tageslicht würde kommen und das Bild verwischen. Ray würde aufs neue Ausschau halten, über Jungs herrschen und sie zu Nichts machen. Doch zunächst mußte alles dunkler werden, vollkommen bedeckt sein, ihn zittern lassen, wie er jetzt zitterte, als er die Lampe ausknipste und schlief.

1980

CALEB CARR

Die Einkreisung

Beecham stieß plötzlich einen blutigen, erstickten Husten aus. [Laszlo] Kreisler legte einen Arm unter seinen Nacken und stützte damit den massigen Schädel. »Detective Sergeant?« sagte er dann zu Lucius, der ihm zu Hilfe geeilt war.

Lucius warf einen schnellen Blick auf Beechams Brust und schüttelte den Kopf. »Hat keinen Sinn, Doktor.«

»Das weiß ich«, schnappte Kreisler. »Ich brauche nur – reiben Sie seine Hände, ja? Moore, nehmen Sie ihm doch die verdammten Handschellen ab. Ich brauche nur ein paar Minuten.« Während ich die Hände des Sterbenden befreite, holte Laszlo eine kleine Phiole mit Ammoniaksalz aus der Tasche und schwenkte sie unter Beechams Nase. Lucius klatschte und rieb Beechams Handflächen, Laszlo sah immer besorgter drein, seine Gesten wurden immer fahriger, bis sie fast verzweifelt wirkten. »Japheth«, murmelte er dann, leise, fast flehend. »Japheth Dury, kannst du mich hören?«

Beechams Lider flatterten ein paar Mal und öffneten sich dann, aber die sich rasch eintrübenden Augäpfel darunter rollten unkontrolliert in alle Richtungen.

Endlich gelang es ihm, sie auf das Gesicht zu heften, das dem seinen jetzt ganz nah war. Er zuckte jetzt nicht mehr – sein Ausdruck war der eines verschreckten Kindes, das bei einem Fremden Hilfe sucht und dennoch weiß, daß keine Hilfe möglich ist.

»Ich…«, keuchte er und spuckte noch mehr Blut aus. »Ich – ich sterbe…«

»Hör mir zu, Japheth«, sagte Laszlo und wischte ihm das Blut von Mund und Stirn. »Du mußt mir zuhören – was hast du gesehen, Japheth? Was hast du gesehen, wenn du den Kindern ins Gesicht sahst? Was hat dich gezwungen, sie zu töten?«

Beechams Kopf rollte jetzt schnell von einer Seite auf die andere, und dann lief ein Schauer durch seinen Körper. Er richtete einen tödlich entsetzten Blick zum Himmel, öffnete die Kinnlade weit und entblößte seine großen, jetzt von Blut verschmierten Zähne.

»Japheth!« wiederholte Laszlo, und spürte, daß der Mann ihm entglitt. *»Was hast du gesehen?«*

Der Kopf schlug noch immer von Seite zu Seite, aber Beecham konnte noch einmal seine Augen auf Laszlos beschwörendes Gesicht richten. »Ich … hab's nie gewußt …«, keuchte er, es klang entschuldigend und flehend zugleich. »Ich … hab's nie gewußt! Ich … konnte nicht … sie …«

Das Schütteln erfaßte jetzt den ganzen Körper, und plötzlich verkrallten sich seine Hände in Laszlos Hemd.

Sein von Todesangst gezeichnetes Gesicht zuckte ein letztes Mal, aus dem Mundwinkel rann Blut, vermischt mit Erbrochenem, und dann war John Beecham still. Sein Kopf rollte von Kreisler weg, die Augen verloren ihren entsetzten Ausdruck.

»Japheth!« rief Kreisler noch einmal – aber er wußte, es war zu spät. Lucius schloß Beecham die Lider, worauf Kreisler den Kopf des Toten endlich auf den kalten Stein legte.

1994

Nachwort

Serial Killers in einer Textsammlung zu vereinen erscheint auf den ersten Blick abgeschmackt und unmoralisch. Und doch wird über kaum etwas mit dieser spezifischen Mischung aus Abscheu und Faszination, Groteske und objektiver Sachlichkeit so gerne und so viel geschrieben. Dabei ist von Menschen die Rede, die sich scheinbar mühelos über die Gesetze von Recht und Moral hinweggesetzt haben und auch weiterhin hinwegsetzen, für die das Regelwerk der Gemeinschaft keine Bedeutung hat. Wo aber viel geschrieben wird, sind Widersprüche nicht auszuschließen. Erstaunlich ist, daß es auch in der Wissenschaft über die wesentlichen Definitionen und Fragen keine Einigung gibt: Wann tritt dieser Mörder auf? Gibt es ein Persönlichkeitsprofil? Wieviel Morde ergeben eine Serie? Sind Serienmörder Lustmörder? Wie ist zwischen Massenmördern und Serienmördern zu unterscheiden? Einig sind sich die meisten »Statistiker« darin, daß es sich um eine exklusiv männliche Domäne handelt. Als ein Urvater der Serial Killers gilt der Prostituiertenmörder Jack the Ripper, der bekanntermaßen Ende des 19. Jahrhunderts die Stadt London in Angst und Schrecken versetzte. Andere wiederum verfolgen die Spur der blutigen Taten bis ins 15. Jahrhundert zurück, zum Kindermörder Gilles de Rais, der vor seiner Mordserie Seite an Seite mit Jeanne d'Arc kämpfte und 1440 hingerichtet wurde. Gehören Serienmörderinnen einer anderen Gattung an? Greifen sie allein zu Gift, wenn sie ihre Haut retten müssen? Gibt es nur Schwarze Witwen, Kindsmörderinnen oder Todesengel in Schwesterntracht, die keine sexuelle Motivation kennen? Andersgeartete Serienmörderinnen aus vergangenen Zeiten sind kaum bekannt: Die ungarische Adlige Elisabeth Bathory mordete Anfang des 17. Jahrhunderts zwischen 80 und 600 junge Frauen, um in deren Blut zu baden und sich so ihre eigene schwindende Jugend zu erhalten. Als ihre Verbrechen ruchbar wurden, war von exzessiven lesbischen Orgien die Rede. Aber auch Anne Bonny, »männermordende« Piratin des 18. Jahrhunderts, oder Mary Anne Cotton, Giftmörderin des letzten Jahrhunderts, scheinen gattungsfremd zu sein. Jüngstes Beispiel ist Aileen Wuornos, die zeitgleich mit Jeffrey Dahmer vor Gericht stand. Die lesbische Prostituierte tötete sieben ihrer Kunden mit einem Gewehr. Das Gericht sprach ihr eine unnatürliche Weiblichkeit zu – paradoxerweise aufgrund des »weiblichen« Berufs der Prostitution – und (de)klassierte sie zur asozialen Hure. Dahmers Taten – gerade auch wegen der publikumsträchtigen Kombination von Kannibalismus und Homosexualität – waren bald in aller Munde, Wuornos geriet in Vergessenheit. Daß in der Sexualität die Wahrheit liege, gilt offensichtlich nur für den männlichen Part. Der Blick auf *den* Mörder und *die* Prostituierte verschattet hingegen das Blickfeld auf das beängstigende Gesetz des Seriellen.

Indes, auch die Mörder selbst treten schriftlich in Erscheinung; nutzen doch einige die Presse, wie erstmals in der Geschichte Jack the Ripper, oder schreiben Briefe an Zeitungsredakteure wie David Berkowitz, an die Eltern der Opfer wie Albert Fish, dem dieser Brief zum Verhängnis geriet, weil er damit der Polizei den Weg wies. Sie alle suchen die Öffentlichkeit und entwickeln mit den Morden eine eigene Handschrift, ihren Stil. Oscar Wildes Essay *Stift, Gift, Schrift* über Thomas Griffith Wainewright macht dies unmittelbar deutlich. Mord und Schreibweise spielen sich in die Hand: So werden Berühmtheiten gemacht. Spätestens seit Ende des 18. Jahrhunderts tritt dementsprechend die Moral der Geschichten zugunsten des ästhetischen Genusses der Inszenierung in den Hintergrund. Tieck aber zeigt zu Beginn seines Romans *Die sieben Weiber des Blaubart,* daß gerade in der Aufklärung die Moral ihre Grundlage in dem serienweisen Sterben der jeweiligen Helden und Heldinnen hat und somit

Moral und Poetik ineinandergreifen. Es entsteht ein »Criminalgesetzbuch der Kunst«. Die nicht mehr zu trennende Mischung von Kunst und Leben zeigt sich 1991 noch einmal in aller (Un-)Schärfe: in der Entdeckung des »realen« Kannibalen Dahmer und der Erfindung des »literarischen« Kannibalen Hannibal Lecter in der Verfilmung von Harris' *Schweigen der Lämmer.* Beide wurden in den Medien als Stars gehandelt, im selben Atemzug genannt, nährten sich voneinander bis zur Verschmelzung. Wo war die Kunst, wo das Leben? Serial Killers dringen ein in unser Denken, in unsere Sprache, unsere Schlafzimmer und (Alp-)Träume. Ursache und Wirkung von Gewalt ist so nicht zu trennen. Dieses Wechselspiel von Kunst und Leben, Moral und Ästhetik auszustellen, hat die erste Frage im Sinn: *Serienmorde sind poetisch?*

Die Poetik des Mordens verlangt aber auch nach einer kohärenten Erzählung. Das »Criminalgesetzbuch der Kunst« schreibt fest, daß das Erzählte zusammenhängend und motiviert sein muß. Doch stellt sich beim Erzählen der Morde die Frage nach Motiv und Motivation, nach Sinn, Wahnsinn oder gar Unsinn, nach Verständlichkeit und Lesbarkeit in extremer Weise. Die individuelle Lebensgeschichte der Opfer bleibt ohne Bedeutung, erst in der Wiederholung entwickelt sich der Stil des Mörders, er ist Mittelpunkt der Geschichte, die oft zerstückelten Körper der Ermordeten sind nur als Spuren seiner blutigen Taten zu lesen. Die Blicke der Detektive, Juristen, Psychologen und Literaten folgen diesen Spuren, richten sich auf die Seele des Mörders und errichten ein »Tribunal echter Seelenkunde« (Theodor Lessing). Wie Lessings Kommentar zum Haarmann-Prozeß zeigt, gibt es hierbei Kompetenzprobleme: Wer kann die beste Geschichte der Seele des Mörders erzählen? Wie auch immer, die Seele in den Griff zu bekommen, den Ausdruck derselben am Körper des Delinquenten dingfest zu machen, ist das Bemühen, die beunruhigende Frage nach dem Mörder und seiner Identität zu arretieren, der einer von uns sein könnte, der sich äußerlich doch unterscheiden muß und vor dem wir sicher sein müssen. Kann es der Nachbar sein, wie in Döblins trauriger Geschichte von Jack, dem Bauchaufschlitzer, dem letztendlich seine Tätigkeit auf den Magen schlägt, weil er nichts als Hohn und Spott erntet? Doch ist es genau diese Frage – *Einer von uns?* –, die eine Stadt wie beispielsweise Düsseldorf im Jahre 1929 in Atem hält, aufgespannt zwischen Sensation, Lüsternheit und Grauen, wartend auf den nächsten Schlag des sogenannten »Vampirs« Peter Kürten. »Warte, warte nur ein Weilchen …«

Vampire aber sind, glaubt man den Geschichten, leichter zu erkennen. Seit dem 12. Jahrhundert geistert der blutsaugende Untote durch die Mythen, Sagen, Literaturen fast aller Länder und Kontinente. Dort liest man von ihrer Furcht vor dem Kreuz, ihrem Ekel vor dem Geruch von Knoblauch, der verheerenden Wirkung des Sonnenlichts und nicht zuletzt von dem fehlenden Spiegelbild ihrer Körper. Somit sind Hilfsmittel der Erkennung vorgegeben. Distanz zu halten ist erstes Gebot. Wird die Grenze einmal in der wollüstigen Vereinigung überschritten, bedeutet der blutige Kuß des Untoten seit dem 19. Jahrhundert Syphilis, Abartigkeit, Un-Natur, Judentum oder Homosexualität. Die Zeichen von Francis Ford Coppolas Film *Bram Stoker's Dracula* weisen auf AIDS, verschiedentlich eingestreute Blutzellenaufnahmen legen dies nah. Im selben Atemzug wird die gerade zu Beginn des 20. Jahrhunderts immer wieder problematisierte Unmöglichkeit einer sprachlichen Verständigung zwischen Ich und Du in einem vampiristischen Einverleibungsakt gelöst. Küsse wandeln sich in Bisse, die Sprache des Bluts wird gegen die der fadenscheinigen trügerischen Worte gesetzt. Prekärer aber gestaltet sich diese todbringende Nahrungsaufnahme, wenn es sich hierbei um einen weiblichen Vampir handelt, ist es doch in den Regeln der Rede die (mütterliche) Frau, die ihren Körper masochistisch zur Lust und Speisung hingibt. In der Verwechslung der Geschlechter wird die unheimliche Kehrseite des mütterlichen, weiblichen Körpers ausgestellt. E. T. A. Hoffmanns

Vampirismusgeschichte verklammert auf phantastische Weise Schwangerschaft und Vampirismus. Birgt die Schwangere doch fremdes und eigenes Leben in sich – wie es auch dem Vampir gegeben ist, Leben zu spenden, im Akt des Blutsaugens neue Vampire zu gebären. Der ungezügelte Appetit der Schwangeren erscheint dann als kannibalistisches Gelüst, bedrohlich für die anderen, nach ihrem Leben trachtend, um eigenes und doch fremdes Leben zu erhalten. Das Genre des Vampirfilms kennt dementsprechend auch den weiblichen Vampir, den männermordenden Vamp, aber auch die lesbische Vampirin, als deren Vorbilder Sheridan Le Fanus Carmilla oder die ungarische Gräfin Elisabeth Bathory diente. Die Verwechslung von Küssen und Bissen legt die Verletzlichkeit und das Ausgeliefertsein des männlichen Geliebten bloß, sein Körper wird vom weiblichen Körper umschlossen, einverleibt: in der *vagina dentata* findet nicht nur Poe sein Grab: *Blut ist Leben?*

Es bleibt das Geheimnis der Anziehung. Jack the Ripper verspricht sich zwar einiges vom »schönen Mund« der Wedekindschen Lulu – was aber Lulu treibt dazu, einem Mann mit entzündeten Augen, hängendem Schnurrbart und abgenagten Fingernägeln um den Preis ihres letzten Geldes ihren Körper darzubieten? Auch die Aufforderung zum Mord, die an Trakls Blaubart von Elisabeth ergeht: »Du Starker – mein Leben – Du nimm hin!« erscheint nicht im Rahmen der Vernunft. Doch wo die Vernunft nicht greift, tritt die Liebe auf den Plan. Insofern werden die Spuren der blutigen Taten als Liebesgeschichten gelesen. Daß es dabei auch zu Fehllektüren mit tödlichem Ausgang kommen kann, zeigt die Geschichte von Konerak und seinem »Schlächter« Jeffrey Dahmer. Liebesgeschichten aber haben den »Vorteil«, daß sie eine bestimmte Art und Weise des Erzählens, ein Erzählrepertoire voraussetzen und zur Verfügung stellen. Gegen die schnöde Aufzählung wird das einzigartige Geheimnis der Liebe gesetzt. Auch bzw. gerade eine so berühmte, schöne und gebildete Figur wie Gilles de Rais macht da keine

Ausnahme. Seine Geschichte ist die Liebe zur Schönheit (der Knaben), jenseits des niederen Instinkts, der ihn den Frauen in die Arme treibt, die Suche nach Erlösung, dem Sinn der Sinne. Das Geheimnis der Liebe besteht nicht nur zwischen Täter und Opfer, sondern auch zwischen dem Mörder und seiner Tat. Selbstverliebt betrachtet Frank Dolarhyde die filmische Inszenierung des Mordens, die allen Regeln der Kunst gehorcht. Auch hier geraten mit dem künstlerischen Mordstil die Opfer aus dem Blick. Die Motivation wird zur Kunst. Die Frage *Wo liegt Dein Geheimnis?*, die alle Seelenexegeten der Justiz und Psychiatrie bewegt, ist hier Frage und Antrieb des Mordens (und Erzählens) selbst. Ist das Geheimnis entdeckt, geht die Liebe flöten: Weiß der Erzähler um das Geheimnis der Person aus Porzellan, die »in Leuten herumwühlte; zupfend, hackend, nickend; hingebungsvoll; grunzend, quiekend«, kann er sich beruhigt abwenden, die »zierliche Göttin des wohlgeordneten Seins«, die ihn in nervöse Beunruhigung versetzen könnte, ist eingesperrt worden. Allerdings kann der Wille zum Wissen den Beobachter selbst zum Mörder machen, Verfolger und Verfolgten in eins setzen, wie Frank Goykes Geschichte von Matzak und Wirth zeigt. Der Ekel, der den Kommissar ergreift, ist der Ekel vor sich selbst. Der Mörder hat sein Geheimnis an den Kommissar abgegeben.

Doch auch der Mörder *will es wissen* – bei Odysseus angefangen, der bei der Heimkehr die Guten von den Bösen scheiden will und die untreuen Mägde mit kunstvollem Mechanismus hinrichtet, was postmodernen Splatter-Phantasien in keiner Weise nachsteht. Auch Perraults Blaubart stellt die Treue und vor allem den Gehorsam der Frauen auf die Probe, setzt mit der Übergabe des Schlüssels ein Verbot, das wie seit Genesis' Gedenken die Frauen zur Übertretung reizt. Doch wer zuletzt lacht …, als letzte Frau Blaubarts steht sie am Ende der Serie, überlebt (wenn auch nur knapp), und findet sich als reiche Erbin wieder, die die Geschicke der anderen leitet. Dies ist eine der wenigen Geschichten, die aus der Perspektive des

Opfers erzählt sind. Sinnigerweise scheint hier die Notwendigkeit größer, der weiblichen Neugier mit Moral zu begegnen, als den Mörder zu verurteilen. Diese Blaubart-Erzählung bricht mit der ansonsten mörderischen Stilisierung der Helden, sei es Odysseus, Julian, Moosbrugger, Gilles de Rais, Ray Sexton oder Patrick Bateman. Bei Perrault scheint die Möglichkeit eines Machtwechsels auf, und so nimmt es nicht wunder, daß diese Perspektive erst in Zeiten der Reflexion von weiblicher Autorschaft wieder aufgegriffen wird. Doch ist der Wille zum Wissen nicht nur an die Frage der Treue gebunden. Jean Paul weist mit wissenschaftlichem Blick, Swift folgend, hin auf die objektive Nützlichkeit des seriellen Mordens, auf das Einspannen der toten Körper in eine Maschinerie des Wissens, in der jedwede Moral suspendiert werden kann. In der akribischen Beschreibung *Von der Verarbeitung der menschlichen Haut* folgt er dem Blick des Mörders als unersättlichem Sammler. Jeder Mord komplettiert ein Stück weit seine Sammlung, doch die Gier nach dem perfekten Exemplar ist nicht zu stillen: Das Gesetz der Serie gebietet, daß das perfekte Opfer nur so lange perfekt ist, wie die Lust am Töten währt. Denn – gleich dem Orgasmus – vergeht der Moment der Lust, Perfektion ist nur im künstlerischen Akt konservierbar. Dies ist es, was die Helden ausmacht, der künstlerische Mordblick auf den Körper des Opfers vermag die Serie zum Stillstand zu bringen. Der Blick kann so beliebig lange auf dem Opfer verweilen, wiederholt in den Körper eindringen und die Erkundung des Geheimnisses auskosten. Und doch: Auch die Autorität des objektiven Blicks hält nicht immer der Auflösung des zerstörten Körpers stand. Der wissenschaftliche Blick des Pathologen verfängt sich wiederum selbst im Netz des Seriellen.

Und wir, die wir dies lesen? Der Blick auf das Opfer versetzt uns in die prickelnde Situation, mit dem Mörder einen Pakt einzugehen. Wir erfahren, wie der Killer das Geheimnis des Körpers, sei er kindlich, männlich, weiblich oder gar tierisch, erkundet. Wir werden konfrontiert mit Darstellungen sozialer und sexueller Identitäten, die sich um Tabus zentrieren und Rituale inszenieren. Homosexualität, Sadomasochismus, Päderastie, Nekrophilie, Kannibalismus werden in Akten tödlicher Gewalt aufgezeigt. Wir folgen mit derselben (Neu-)Gier dem erzählenden Mörder, der wissen will, was sich hinter der äußersten Hülle, der menschlichen Haut, versteckt, der es uns mitteilt – nicht selten sich der Lustmaschinerie der Pornographie bedienend. Die Lustproduktion wird dann fatal, wenn der Akt des Erzählens in denjenigen des Mordens mündet, wir nur mehr das tote »Extrakt« in Händen halten. Das vorliegende *corpus* hat zwar seine (historisch nicht unbegründeten) Schwerpunkte Ende des 19. und Ende des 20. Jahrhunderts, doch läßt sich hier kein Anstieg auf der Skala der Brutalität verzeichnen. Der schaudernde Blick auf das Messer, das in den Körper dringt und sein Innerstes offenlegt, wird im 18. Jahrhundert ähnlich brutal inszeniert wie an der Wende zum 21. Das Buch der blutigen Taten der *Serial Killers* ist keine Geschichte der ansteigenden Gewalttätigkeit, sondern es sind viele, jeweils historisch zu ortende Geschichten der Gewalt.

Annette Keck
Ralph J. Poole

Quellenverzeichnis

Die Orthographie der Texte wurde mitunter behutsam modernisiert. Die mit Sternchen versehenen Überschriften wurden von den Herausgebern formuliert.

James Baldwin: Das Gesicht der Macht bleibt weiß. Übers. von Günter von Panske. Reinbek: Rowohlt, 1993, S. 15–18. – © 1985 Editions Stock, Paris. © der deutschen Ausgabe by 1986 Hoffmann und Campe, Hamburg.

Charles Baudelaire: Le Vampire. In: Ders.: Sämtliche Werke. Bd. 3. Übers. von Friedhelm Kemp. München: Hanser, ^{2}1989, S.114–117. – © ^{2}1989 Carl Hanser Verlag München Wien.

David Berkowitz: Ich grüße Euch aus den Ritzen ...* Brief an Jimmy Breslin. In: Daily News, 5. Juni 1977. Übers. von Annette Keck.

Franz Blei: Gilles de Rais. In: Ders.: Prinz Hyppolit und andere Essays. Leipzig: Insel, 1903, S. 39–52.

Franz Blei: Thomas Griffith Wainewright. In: Porträts. Hrsg. von Anne Gabrisch. Wien / Köln / Graz: Böhlau, 1987, S. 85-93.

Bertolt Brecht: Auf den Tod eines Verbrechers. In: Ders.: Gesammelte Werke. Bd. 8. Frankfurt am Main: Suhrkamp, 1967, S. 133. – © Suhrkamp Verlag Frankfurt am Main 1967.

Jorge Luis Borges: Der Tod und der Kompaß. In: Ders.: Gesammelte Werke. Bd. 3/1. Übers. von Wolfgang A. Luchting. München: Hanser, 1981. – © 1981 Carl Hanser Verlag München Wien.

Caleb Carr: Die Einkreisung. Übers. von Hanna Neves. München: Heyne, 1996, S. 563-565. – Mit Genehmigung des Wilhelm Heyne Verlages, München.

Peter O. Chotjewitz: Der Ghoul von der Via del'Oca. In: Der gewöhnliche Schrecken. Hrsg. von Peter Handke. Salzburg: Residenz, 1969, S. 27–37. – © 1969 Residenz Verlag, Salzburg und Wien.

Dennis Cooper: Eine Schar. In: Ders.: Trug. Übers. von Frank Heibert. Wien: Passagen, 1996, S. 45–49. – Mit Genehmigung des Passagen Verlages, Wien.

Don Davis: Jeffrey Dahmer: Der Schlächter, der junge Männer auf bestialische Weise tötete. Übers. von Uta McKechneay. München: Heyne, 1994, S. 9–18. – Mit Genehmigung des Wilhelm Heyne Verlages, München.

Thomas De Quincey: Der Leser lernt einen Mann von krankhafter Tugend kennen. In: Ders.: Der Mord als schöne Kunst betrachtet. Hrsg. und eingeleitet von Norbert Kohl. Frankfurt am Main: Insel, 1977, S. 41–45. – © Insel Verlag Frankfurt am Main 1977.

Alfred Döblin: Das Leben Jacks, des Bauchaufschlitzers. In: Ders.: Autobiographische Schriften und letzte Aufzeichnungen. Hrsg. von Edgar Pässler. Olten / Freiburg i. Br.: Walter, 1977, S. 90–94. – Mit Genehmigung der Walter Verlag AG Zürich.

Alfred Döblin: Warte, warte nur ein Weilchen*. In: Ders.: Berlin Alexanderplatz. Die Geschichte vom Franz Biberkopf. Hrsg. von Werner Stauffacher. Zürich / Düsseldorf: Walter, 1996, S. 282. – Mit Genehmigung der Walter Verlag AG Zürich.

Heimito von Doderer: Eine Person von Porzellan. In: Ders.: Die Erzählungen. Hrsg. von Wendelin Schmidt-Dengler. München: Biederstein, 1972, S. 302–306. – © 1972 C. H. Beck'sche Verlagsbuchhandlung, München.

Ein Massenmörder spielt mit einer Stadt. In: Leben und Wirken von Peter Kürten, genannt der Vampir von Düsseldorf. Hrsg. von Elisabeth Lenk und Katharina Kaever. München: Rogner & Bernhard, 1974, S. 13–14. – © Vito von Eichborn GmbH & Co Verlag KG, Frankfurt am Main, Dezember 1997.

James Ellroy: Stiller Schrecken. Übers. von Rainer Schmidt. Frankfurt am Main / Berlin: Ullstein, 1990, S. 275–276. – © 1990 Ullstein Verlag, Berlin.

Rainer Werner Fassbinder / Harry Baer: Werwolf. In: Rainer Werner Fassbinder: Sämtliche Stücke. Frankfurt am Main: Verlag der Autoren, 1991, S. 408–409. – © Verlag der Autoren, Frankfurt am Main.

Albert Fish: Brief an Mrs. Budd*. In: Stéphane Bourgoin: Serienmörder. Pathologie und Soziologie einer Tötungsart. Übers. von Holger Fock. Reinbek: Rowohlt, 1995, S. 89–90. – © 1995 by Rowohlt Verlag GmbH, Reinbek.

Gustave Flaubert: Die Legende von Sankt Julian dem Gastfreien. In: Ders.: Drei Erzählungen. Übers. von Ernst Sander. Leipzig: Reclam, 1965, S. 72–85.

Jean Genet: Notre-Dame-des-Fleurs. Übers. von Gerhard Hock. Reinbek: Rowohlt, 1984, S. 7–10. – Mit Genehmigung des Merlin Verlages, Vastorf.

Frank Goyke: Knaben Liebe. Berlin: Schwarzkopf & Schwarzkopf, 1995, S. 141–143 und 267–270. – Mit Genehmigung der Schwarzkopf & Schwarzkopf Verlag GmbH, Berlin.

Fritz Haarmann: „früher habe ich nur...". In: Die Haarmann-Protokolle. Hrsg. von Christine Pozsár und Michael Farin. Reinbek: Rowohlt, 1995, S. 636–639. – © 1995 by Rowohlt Taschenbuch Verlag GmbH, Reinbek.

Thomas Harris: Roter Drache. Übers. von Sepp Leeb. München: Heyne, 1988, S. 99–105. – Mit Genehmigung des Wilhelm Heyne Verlages, München.

Benny Hill Show: Für Dich, Liebes!* In: Jane Caputi: The New Founding Fathers: The Lore and Lure of the Serial Killer in Contemporary Culture. In: Journal for American Culture 13, 3 (1990). Übers. von Annette Keck.

E.T.A. Hoffmann: Vampirismus. In: Ders.: Poetische Werke in sechs Bänden. Bd. 4. Berlin: Aufbau, 1958, S. 531–546.

Homer: Odysseus' Heimkehr*. In: Ders.: Odyssee. 22. Gesang, V. 381–501. Übers. von J. H. Voß. Bearb. von H. Rupé und E. R. Weiß. Eltville am Rhein: Rheingauer Verlagsgesellschaft, 1980, S. 820–823.

Joris-Karl Huysmans: Tief unten. Übers. von Ulrich Bossier. Stuttgart: Reclam, 1994, S. 176–187. – © 1994 Philipp Reclam jun. GmbH & Co. KG, Stuttgart.

Joseph Sheridan Le Fanu: Carmilla, der weibliche Vampir. Übers. von Helmut Degner. Zürich: Diogenes, 1979, S. 34–37. – © der deutschen Übersetzung 1968 by Diogenes Verlag AG Zürich.

Theodor Lessing: Der Haarmann-Prozeß. In: Ders.: Wortmeldungen eines Unerschrockenen. Publizistik aus drei Jahrzehnten. Leipzig / Weimar: Kiepenheuer, 1987, S. 292–298. – © Erben Theodor Lessings, Oldenburg 1924, 1987.

Christoph Meckel: Die Vampire. In: Ders.: Ein roter Faden. Gesammelte Erzählungen. München: Hanser, 1983. – © 1983 Carl Hanser Verlag München Wien.

Adolf Muschg: Erziehungsroman eines Vampirs*. In: Ders.: Das Licht und der Schlüssel. Erziehungsroman eines Vampirs. Frankfurt am Main: Suhrkamp, 1988, S. 50–52. – © Suhrkamp Verlag Frankfurt am Main 1988.

Robert Musil: Moosbruggers Auflösung und Aufbewahrung. In: Ders.: Gesammelte Werke. Hrsg. von Adolf Frisé. Reinbek: Rowohlt, 1978, S. 530–534. – © 1978 by Rowohlt Verlag GmbH, Reinbek.

Julius Neuss: Vampir. In: Der Eigene 9 (1921/22), S. 276–282.

Jean Paul: Von der Verarbeitung der menschlichen Haut. In: Ders.: Sämtliche Werke. Abt. II, Bd. 2. Hrsg. von Norbert Miller und Wilhelm Schmidt-Biggemann. München: Hanser, 1976, S. 88--89.

Charles Perrault: Der Blaubart. Übers. von Hartwig Suhrbier. In: Blaubarts Geheimnis. Märchen und Erzählungen, Gedichte und Stücke. Hrsg. und mit einem Nachwort versehen von Hartwig Suhrbier. Köln: Diederichs, 1984, S. 83-89. – © Mit Genehmigung von Hartwig Suhrbier.

Bram Stoker: Draculas Telegramm*. In: Ders.: Draculas Gast. Übers. von Erich Fivian und H. Haas. Zürich: Diogenes, 1968, S. 22. – © 1968 by Diogenes Verlag AG Zürich.

Ludwig Tieck: Moralität. In: Ders.: Schriften. Bd. 9. Berlin: G. Reimer, 1828, S. 89–95.

Georg Trakl: Blaubart. Ein Puppenspiel. Fragment. In: Ders.: Dichtungen und Briefe. Historisch-kritische Ausgabe. Bd. 1. Hrsg. von Walther Killy und Hans Szklenar. Salzburg: Otto Müller, ^{2}1987, S. 435, 440–445. – © Otto Müller Verlag, Salzburg 1969.

William T. Vollmann: Poes Grab*. In: Ders.: Das Grab der verlorenen Geschichten. Übers. von Michael Strand. In: New Gothic. Neue Schauergeschichten. Hrsg. von Patrick McGrath und Bradford Morrow. Frankfurt am Main: Fischer, 1995, S. 358–363.

Frank Wedekind: Die Büchse der Pandora. In: Werke in zwei Bänden. Bd. 1. Hrsg. von Erhard Weidl. München: Winkler, 1990, S. 717–720.

Erich Weinert: Haarmann. In: Ders.: Das Zwischenspiel. Deutsche Revue von 1918 bis 1933. Berlin: Volk und Welt, 1951.

Oscar Wilde: Stift, Gift, Schrift*. Übers. von Felix Paul Greve. In: Ders.: Fingerzeige. Minden: J.C.C. Bruns, 1903, S. 94–97.

Jost Nickel

Der tödliche Rasierspiegel

33 seltsame Morde

173 Seiten. RBL 1594. 16,– DM
ISBN 3-379-01594-6

Da ist der sturmerprobte Kapitän, der allen Widrigkeiten trotzt. Nur nicht dem Rasierspiegel, den ihm sein Mörder schenkt. Oder der unsportliche Manager, der zum erstenmal auf Skiern steht – wie das seine Frau und ihren Liebhaber freut, erfährt er dann nicht mehr. Ein junger Mann stirbt, weil er eine Coladose aus dem Automaten zieht. Eine Dame steigt in den Fahrstuhl und ertrinkt. Ein Herr reibt sich die Hände und erstickt. Und die Moorleiche ist nicht im entferntesten so alt, wie die Zeitungen behaupten.
Nirgends weist die geringste Spur auf einen Täter hin. Alles spricht für Zufall oder höhere Gewalt. Und doch handelt es sich um Morde, um leise, heimliche, perfekte Morde.

Jost Nickel erzählt die bislang unentdeckten Fälle unter strikter Wahrung der Anonymität – ohne plakative Grausamkeiten oder unappetitliche Details. Vielmehr mit Ironie und Witz, als unerhörte Anekdoten.

RECLAM-BIBLIOTHEK

Peter Stephan

Des Lebens Dernier Cri

Ein Lauf- und Lesebuch über Pariser Friedhöfe

236 Seiten. Mit 41 Photographien und 3 Karten.
RBL 1573. 20,– DM
ISBN 3-379-01573-3

Pariser Friedhöfe sind eine Attraktion – für Touristen, die sich mit Moulin Rouge, Sacré Cœur und dem Louvre nicht zufriedengeben. Für Flaneure, die die Seitenpfade der Kultur bevorzugen, vorbei an den Gräbern von Marcel Proust, Charles Baudelaire, Edith Piaf, Dalida, Frédéric Chopin, Jim Morrison, Simone Signoret oder Jean-Paul Sartre.

Des Lebens Dernier Cri führt durch die legendären Friedhöfe wie Père-Lachaise, Montmartre und Montparnasse, ohne die kleinen, abseitigen Orte wie St. Ouen oder Thiais (wo Joseph Roth sein kaum auffindbares Grab hat) zu vergessen. Der letzte Gang gilt dem Hundefriedhof Asnières; dort, gleich am Eingangstor, steht die Büste für den Bernhardiner Barry: »Er rettete 40 Menschen das Leben und wurde vom einundvierzigsten getötet.«

RECLAM-BIBLIOTHEK

Luzifer lacht

Philosophische Betrachtungen von Nietzsche bis Tabori

Herausgegeben von Steffen Dietzsch.
256 Seiten. RBL 1480. 20,– DM
ISBN 3-379-01480-X

Vorsicht – wer lacht, ist ein Ausweichler! Denn Lachen ist Subversion. Da liegt auch schon der Grund, warum alle Weltverbesserer mit dem Lachen so wenig anfangen können: Ihnen ist die Subversion zu gering. Doch Lachen schärft auch das Bewußtsein. Damit öffnet man Grenzen und lacht Wirklichkeit herein. Nicht nur die Griechen, Kant und die Romantiker stritten über das Lachen, nein, sogar die Postmodernen thematisierten die Ironie ... Begeben wir uns also mit Odo Marquard ins »Exil der Heiterkeit«, und gleich finden wir uns in bester Gesellschaft wieder: mit Friedrich Nietzsche und Henri Bergson, mit Joachim Ritter, der 1940 einen Schlüsseltext über das Lachen schrieb, mit George Tabori, Max Frisch, Woody Allen, Manfred Frank und vielen anderen.